【第2版】

入門講義

安全保障論

INTRODUCTORY LECTURES
IN SECURITY STUDIES

宮岡 勲 著

慶應義塾大学出版会

まえがき

本書の狙い

　近年、北朝鮮による弾道ミサイル発射や核実験、世界一流の軍隊を目標とする中国による急速な軍備増強などの長期的な傾向に加え、2022 年 2 月にロシアによるウクライナ侵略が始まるなど、日本を取り巻く安全保障環境はこれまでになく厳しいものとなっている。そうした状況の中、国内外において伝統的な国家間の安全保障への関心が高まっている。また、日本政府は、同年 12 月、9 年ぶりに国家安全保障戦略の改定を行った。その文書で注目すべきは、5 年後の「2027 年度において、防衛力の抜本的強化とそれを補完する取組をあわせ、そのための予算水準が現在の国内総生産（GDP）の 2% に達するよう、所要の措置を講ずる」と明記されたことである。日本は、50 年以上にわたり防衛費を国民総生産（GNP）または GDP の 1% 程度に抑えてきたことを考えると、歴史的な転換と言えるだろう。まさに今日、安全保障論という学問的な見地から具体的に日本の安全保障問題への理解を深めることのできるテキストが望まれているのである。

　本書は、安全保障論の入門的かつ本格的なテキストである。安全保障論は国際政治論（または国際関係論）の中心的な下位領域として発展してきたため、本書は国際政治論のテキストとしても読むことができる。学部生や一般読者を主な対象としている他、この分野を専門としている大学院生や研究者、そして安全保障に関係する省庁の方々にも役に立つ内容も盛り込んでいる。

本書の三つの特徴

1)　安全保障論・国際政治理論・政治思想の基本文献への手引きとなっている。

　本書では、学問としての安全保障論の解説を目的としているため、安全保障論の教育で重視されてきた基本文献（図書・論文）を中心に説明を行う。欧米の大学においては、学部であっても授業の予習として、学生用に平易に書かれ

た教科書ではなく、研究者用に書かれた学術的な図書（の一部）や論文を数点読ませるような課題が出ることが多い。学生にとって学術文献を読むのが大変なことは事実だが、その方が、より深い理解に到達できるからである。ただ、本書は、特定の分野における図書を一冊ずつ紹介するブックガイド（例えば赤木・国際安全保障学会編 近刊）でもなければ、欧米でよく売られているような文献抜粋集（例えば Art and Greenhill eds. 2015）でもない。代わりに、各章のテーマごとに複数の基本文献を組み合わせて、それぞれの重要なポイントや相互の論争を紹介している。本書を読むことにより新たな疑問がいろいろ生じてきて、基本文献を読んでみたいという気持ちにさせることが本書の狙いである。そのため、基本文献の選択においては、できるだけ日本語に翻訳されているものを優先している。

本書では、特に**国際政治理論のリアリズムとリベラリズム**の観点から安全保障問題を考察することを重視する。基本的に、観察による検証が可能な、国際政治現象の原因と結果に関する仮説を提示する経験的理論に焦点を当てる一方、「正しい戦争とはどのようなものであるべきか」（正戦論）など国際政治における善悪の価値判断、道義や倫理を考察する規範理論については扱わない。

なお、第一次世界大戦以降に発展した欧米の国際政治理論のリアリズムとリベラリズムには、それ以前の長きにわたり蓄積されてきた**政治思想**の強い影響がある（これは社会理論をベースとするコンストラクティビズムにはない特徴である）。本書では、リアリズムに影響を与えた政治思想を**現実主義**、リベラリズムに影響を与えた政治思想を**自由主義**、と名称上の区別を行っている。リアリズムとリベラリズムへの理解を深めてもらうために、関連する現実主義と自由主義の思想も紹介していく。

数ある国際政治理論の中でリアリズムとリベラリズムの二つに注目するのは、これらの理論が国際政治論において中核的な地位を占めているからだけではない（宮岡 2019）。関連する現実主義や自由主義の思想とともにアメリカや日本の国家安全保障に関する戦略的思考の土台になっているからでもある。すなわち、これらの思想や理論を学べば、国家安全保障の論理が見えてくるのである。これは、本書独自の視点と言えるであろう。

2) アメリカを中心に発展してきた伝統的な安全保障論に焦点を当てている。

アメリカ合衆国（以下「アメリカ」という）の伝統的な安全保障論には、三つの特徴がある。第1に、研究上の主な対象は、**国家のレベルにおける安全保障の軍事的側面**である。ただし、軍事以外の側面（経済・環境など）や国家以外のレベル（個人・社会など）も、軍事的な国家安全保障に関連する範囲で分析対象に含まれることがある。第2に、**国際政治論の理論に基づく学術的な研究**が盛んなことである。アメリカは、安全保障論の土台となっている国際政治論の分野も牽引してきた。アメリカの安全保障論は研究者の層も厚く、学問的に発展している。第3に、研究成果には、政策が課題としている問題の性質を理解する上で有益な知識を提供できるという意味での**政策関連性**（relevance）があることが期待されている。ただし、日々の政策決定に対し特定の選択肢を提言するという意味での**政策志向性**（orientation）までは求められていない（Gray 1982, 2）。

日本においてアメリカの伝統的な安全保障論に着目する必要性がますます高まっている。その理由としては、次の三点を挙げることができる。第1に、日本周辺の東アジアでは、北朝鮮の核・ミサイル開発や中国の軍事的な台頭などの問題があり、**国家のレベルにおける安全保障の軍事的側面**の重要性は一層増している。日本の国際政治論や安全保障論では、国際政治を理解する上で欠かすことのできない安全保障の軍事的側面について十分な考察がなされていないものが多い。第2に、政策論に終始しがちな日本の安全保障論にとって、**アメリカの理論的な研究**からは学ぶべき点が多い。そして、第3に、アメリカの**政策関連性**の高い安全保障論は、同国の安全保障政策を理解し評価する上で大変に役立つ。これは、日本にとって重要なことである。なぜならば、アメリカは、いまだに国際安全保障環境の現状に多大なる影響を与えている超大国であり、また、日本と共通の脅威・課題に直面している太平洋国家であり、そして、日本の平和と安全にとって死活的な同盟国であるからである。アメリカの安全保障政策は、日本の安全保障政策の与件ともなっている。

3) 概念や理論の具体例として日米の安全保障・防衛政策に注目している。

アメリカの安全保障論を説明する上で、アメリカ政府の安全保障政策に言及しないわけにはいかない。しかし、それだけでは、アメリカの安全保障論と安

全保障政策の単なる紹介に終わってしまう。アメリカの安全保障論を日本の観点から捉え直すことが私たち日本人にとって必要である。また、安全保障論を日本の読者にわかりやすく説明するには身近な例として日本の安全保障・防衛政策にも言及することが望ましい。本書は、伝統的な安全保障論とともに日本の安全保障や防衛に関する理解や考察を深めることを狙っている。ちなみに、防衛は、外交（Diplomacy）、インテリジェンス（Intelligence）、軍事（Military）、経済（Economy）からなる安全保障の4要素（DIME）のうち、軍事に相当するものである。

　そこで、本書では、アメリカと日本の両政府がそれぞれ公表している、自国の安全保障の基本方針である国家安全保障戦略を取り上げる。すなわち、アメリカ政府の「**アメリカ合衆国の国家安全保障戦略報告**（National Security Strategy Report」（以下「**NSS報告**」という）と、日本政府の「**国家安全保障戦略**」（以下「**安保戦略**」という）である。また、本書の第3部と第4部では、日本政府の「**国家防衛戦略**」（以下「**防衛戦略**」という）や、その前身の「**防衛計画の大綱**」（以下「**防衛大綱**」という）にも着目していく。防衛戦略（2022, 2）は、「1976年以降6回策定してきた自衛隊を中核とした防衛力の整備、維持及び運用の基本的指針である」防衛大綱に代わって、安保戦略の下で「我が国の防衛目標、防衛目標を達成するためのアプローチ及びその手段を包括的に示す」文書である。もちろん、これらの公式文書が本当に両国による個別具体的な決定にとっての指針になっているのかについては議論の余地がある。国民や諸外国に対して自国の安全保障政策を正当化するための単なる美辞麗句ではないかという批判もある。しかし、これらは各国の政権の戦略的思考（とその限界）を理解する上でまず読むべき基本文書であろう。

　なお、安保戦略や防衛戦略とともに「安全保障関連3文書」と呼ばれているのが、「**防衛力整備計画**」（以下「**整備計画**」という）である。日本政府は、1985年から2018年まで8回にわたり、「防衛大綱で示された防衛力の目標水準の達成のために、5年間の経費の総額の限度と主要装備の整備数量を明示した」（2022年版防衛白書）「**中期防衛力整備計画**」（以下「**中期防**」という）を策定してきた。防衛戦略の下では、対象期間がおおむね10年となり、名称から「中期」という文字が削除された。

本書の構成・読み方

　本書は、リアリズムから見た紛争と平和、リベラリズムから見た紛争と平和、防衛の戦略的アプローチ、および現代の安全保障課題という4部構成で、各部は3章ずつとなっている。全体としては、序章と12章からなり、半年の授業で使われることを想定している。本書前半の第1部と第2部は安全保障の背景となる国際政治、特に国家間の紛争と平和の問題を取り上げ、後半の第3部と第4部は安全保障の中核となる防衛分野の戦略や政策に焦点を当てている。

　各章の構成は、導入部分と3節からなる。各節は、その章のテーマに関連する基礎的な概念の説明や理論の解説、それに日本やアメリカの国家安全保障戦略の紹介を行っている。一つの節には、二つか三つの項がある。特に【発展】と書かれた見出しの項はやや高度な内容を含むので、初学者は読み飛ばしても差し支えない。なお、項とするには短いが注に入れるには長い文章は、コラムとして独立させている。以上のとおり、単著のテキストとして体系性を重視したものとなっている。

　そして、各章末には注と日本語で書かれた関連文献の案内をつけている。書籍のみならず学術論文にも慣れ親しんでもらうために、学会機関誌の特集号も掲載している。また、本の最後には、引用参考文献リストと索引を付した。ちなみに、文献案内だけに出てくる文献は、引用参考文献リストには含まれていない。

　最後に本書の読み方についてアドバイスしておきたい。本書は、必読文献やそれに準ずる重要文献を紹介している。しかし、必読文献や重要文献であるからといって、いつでもどこでも「正しい」とは限らない。学問や政策に論争はつきものである。本書は、教科書であることから、本書の著者（以下「筆者」という）の個人的見解を強調することは回避したつもりである。むしろ、異なる見解を積極的に紹介している。性急に「正しい答え」を探そうとするのではなく、それぞれの文献を批判的に検討して、それぞれの見解の長所と短所について自分自身の頭で考えることを読者に期待したい。

第 2 版について

　アメリカと日本で 2022 年に国家安全保障戦略の改定が行われた機会を捉え、本書の第 2 版を出すことにした。両国の国家安全保障戦略などに関連する記述は全面的に書き直しを行った。また、文献案内をアップデートするとともに、本の最後に索引を新たに設けた。全面改訂版と言える第 2 版のその他の主な変更点は、次のとおりである。

　第 1 に、各章の節と項の並び方を見直した。初版では、原則として各章の第 I 節は基礎的な概念の説明を、第 II 節はアメリカや日本の国家安全保障戦略などの紹介を行い、最後の第 III 節は一般的な関連理論の解説で終わるように試みた。全章の構成の一貫性を重視した結果、いくつかの章では、項目の並び方が不自然になってしまった。第 2 版では、そのような本全体の一貫性を求めず、各章のスムーズな展開を重視している。また、【発展】マークをつける項も再検討した。なお、第 1 章と第 2 章については、古典的リアリズムとネオリアリズムの観点から二つの章をまとめて再編成した。

　第 2 に、最近の国際情勢や重要性が増してきたキーワード、それに初版にも含めるべきだったと思われる概念や理論を中心に加筆した。第 2 版に新たに追加した節項は、次のとおりである。1 章：はじめに、帝国主義とロシア（III 節全体）／3 章：アメリカの対中関与政策（III 節 2 項）／5 章：「自由で開かれたインド太平洋」ビジョン（コラム 5-1）／6 章：日本の経済安全保障政策（コラム 6-1）／7 章：抑止と連鎖反応（I 節 2 項）、日本の抑止と防衛（III 節）、武力の行使と武器の使用（コラム 7-1）／8 章：安保 3 文書（2022）における日米同盟（コラム 8-1）／9 章：リベラリズムの協調的安全保障（I 節 2 項）、日本の安全保障協力（I 節 3 項）／10 章：核革命の有無（I 節 2 項）、【発展】核兵器拡散の是非（I 節 3 項）、ポスト冷戦期における核戦略（II 節 2 項）／11 章：対テロ戦争から大国間競争へ（III 節 3 項）／12 章：日本のサイバー戦略（II 節 3 項）

　第 3 に、全体の長さが大幅に増えないように、本書後半の第 3 部と第 4 部を中心に、かなり難解な内容の項や重要性がやや低下した項とコラムを削除した。ただし、削除した文章の一部は、他の項や注に移動させた。

資料案内

公的文書・防衛白書
◆　NSS報告（アメリカ）：米国防省歴史室のウェブサイト参照．このサイトには，他に国家防衛戦略，国家軍事戦略，4年ごとの国防政策の見直し（QDR），国防長官年次報告なども所収している．
　　https://history.defense.gov/Historical-Sources/National-Security-Strategy/
◆　安全保障関連3文書（安保戦略・防衛戦略・整備計画）：防衛省のウェブサイト参照．
　　https://www.mod.go.jp/j/policy/agenda/guideline/index.html
◆　日米防衛協力のための指針（ガイドライン）など日米安全保障体制の文書：防衛省のウェブサイト参照．
　　https://www.mod.go.jp/j/approach/anpo/index.html
◆　過去の安保戦略・防衛大綱・中期防，ガイドラインなど：データベース「世界と日本」（政策研究大学院大学・東京大学東洋文化研究所）内の「日本政治・国際関係データベース」参照．戦後日本の国際関係における重要文書がある．
　　https://worldjpn.net/
◆　防衛省（庁）編『日本の防衛―防衛白書』（本書では「防衛白書」という）：防衛省のウェブサイト参照（全文検索可）．
　　http://www.clearing.mod.go.jp/hakusho_web/

学会機関誌
※　J-STAGEのウェブサイト参照（刊行後2年以降の号のみ）．
◆　日本国際政治学会編『国際政治』掲載論文
　　https://www.jstage.jst.go.jp/browse/kokusaiseiji/list/-char/ja
◆　国際安全保障学会編『国際安全保障』掲載論文
　　https://www.jstage.jst.go.jp/browse/kokusaianzenhosho/-char/ja

安全保障論のシラバス
※　発展的な文献案内については，以下の大学院授業のシラバス参照．
◆　Jack Levy, "Theories of War and Peace," Columbia University, Fall 2021.
　　https://fas-polisci.rutgers.edu/levy/syllabi/2021f%20Levy,%20Theories%20of%20War%20&%20Peace%20syllabus.pdf
◆　Ronald Krebs, "International Security: A Survey of the Field," The University of Minnesota, Spring 2017.
　　https://drive.google.com/file/d/1ORIK-di_cTj0cKEB82u0NEv04LDQ5UN/view

目 次

まえがき　　i

序章　安全保障とは何か　　1

はじめに　　1

Ⅰ　安全保障の概念　　1

　1　安全保障概念の定義　1／2　安全保障概念の拡張　3

Ⅱ　学問領域としての安全保障論　　4

　1　安全保障論の位置付け　4／【発展】安全保障論の二分化　5

Ⅲ　アメリカと日本の国家安全保障観　　7

　1　アメリカにおける国家安全保障国の登場　7／2　アメリカの国家安全保障観　8

　／3　日本の国家安全保障観　11

　　［コラム 0-1］実証主義とポスト実証主義　6

　　［コラム 0-2］アメリカ国防省による国家安全保障の定義　10

　　［コラム 0-3］日本の国家安全保障会議　12

第 1 部　リアリズムから見た紛争と平和　　15

第 1 章　国家間の権力闘争　　17

はじめに　　17

Ⅰ　分析のレベルと古典的リアリズム　　18

　1　国際政治の分析レベル　18／2　古典的リアリズムと人間性　19／3　【発展】

　古典的リアリズムの他の原理　21

Ⅱ　古典的リアリズムの勢力均衡論　　22

　1　勢力均衡の起源　22／2　勢力均衡の概要　23／3　【発展】勢力均衡の限界　25

Ⅲ　帝国主義とロシア　　27

　1　帝国主義政策とリーダーの個性　27／2　ロシア・ウクライナ戦争　28／3　戦

　争の原因　29

第 2 章　無政府状態と国家存立　　33

はじめに　　33

Ⅰ　国家の主権と存立　　34

　1　国家主権の概念　34／2　国連は世界政府ではない　35／3　国家存立と日本

　37

Ⅱ　ネオリアリズムの理論　38

1　国際システムの構造　38 ／2　勢力均衡理論　40 ／3　【発展】2 極平和論　41

Ⅲ　安全保障のジレンマ　42

1　安全保障のジレンマの概念　42 ／2　攻撃・防御の識別　44 ／3　【発展】攻撃・防御バランス　46

第3章　覇権の盛衰　51

はじめに　51

Ⅰ　冷戦期からの国際構造の変化　52

1　冷戦期の2 極世界　52 ／2　ポスト冷戦期の単極世界　53 ／3　【発展】単極平和論をめぐる論争　55

Ⅱ　リアリズムの覇権理論　57

1　覇権戦争理論　57 ／2　パワー移行理論　59 ／3　【発展】動的格差理論　60

Ⅲ　中国の台頭　62

1　日米中のパワーバランスの変化　62 ／2　アメリカの対中関与政策　63 ／3　米中戦争？　64

第2部　リベラリズムから見た紛争と平和　69

第4章　民主的平和と普遍的価値　71

はじめに　71

Ⅰ　自由主義思想　72

1　自由主義思想の起源　72 ／2　自由主義思想の世界的な拡大　73 ／3　現代の自由主義思想　75

Ⅱ　民主的平和論　76

1　民主化の波と後退　76 ／2　ラセット著『パクス・デモクラティア』　77 ／3　【発展】リアリストからの批判　79

Ⅲ　普遍的価値と日米の戦略　81

1　戦後日本の自由民主化　81 ／2　アメリカの戦略　82 ／3　日本の戦略　83

第5章　制度的平和と国際秩序　87

はじめに　87

Ⅰ　国際制度の理論　88

1　レジーム概念と安全保障レジーム　88 ／2　【発展】国際レジームに対する異なる見解　89

Ⅱ 制度的平和論 91

1 集団安全保障の概念 91 ／2 国際連盟と国連における集団安全保障体制 93 ／
3 国連軍への参加に関する日本政府の見解 94

Ⅲ 国際秩序と日本 96

1 戦勝国による新秩序形成 96 ／2 リベラルな国際秩序 97 ／3 日本の安保戦
略 99

［コラム 5-1］「自由で開かれたインド太平洋」ビジョン 100

第6章 商業的平和と経済的繁栄 103

はじめに 103

Ⅰ 経済の思想と政策 104

1 重商主義と自由放任主義 104 ／2 現代の国際経済秩序 105 ／3 経済と政治
の関係 107

Ⅱ 商業的平和論 109

1 相互依存関係と平和 109 ／2 相互依存関係と紛争 111 ／3 【発展】因果関係
の問題 112

Ⅲ 経済的繁栄と日本 113

1 貿易国家論 113 ／2 日本の吉田ドクトリンと安保戦略 115

［コラム 6-1］日本の経済安全保障政策 117

第3部 防衛の戦略的アプローチ 121

第7章 自国の防衛体制 123

はじめに 123

Ⅰ 軍事力の二面性 124

1 軍事力の特性 124 ／2 抑止と連鎖反応 126 ／3 抑止と防衛 127

Ⅱ 日本の安心供与 129

1 憲法9条と自衛権 129 ／2 平和国家としての基本政策 131

Ⅲ 日本の抑止と防衛 132

1 防衛力の役割と自衛隊の任務 132 ／2 防衛体制の強化 134 ／3 【発展】防衛
力構想の変遷 136

［コラム 7-1］武力の行使と武器の使用 133

第8章　同盟の形成と管理　139

はじめに　139

Ⅰ　同盟の概念　140

1　同盟の定義　140 ／2　勢力均衡の手段　141 ／3　同盟政策のトレードオフ　143

Ⅱ　同盟の理論　145

1　ネオリアリズムの同盟理論　145 ／2　【発展】ネオリベラル制度論の同盟理論　146

Ⅲ　日米同盟　148

1　日米安保条約　148 ／2　日米安保体制の同盟化　149 ／3　1990 年代後半以降の展開　151

［コラム 8-1］安保 3 文書（2022）における日米同盟　153

第9章　安全保障協力　155

はじめに　155

Ⅰ　国際協調と安全保障協力　156

1　リアリズムと国際協調　156 ／2　リベラリズムの協調的安全保障　157 ／3　日本の安全保障協力　158

Ⅱ　国連の平和活動　160

1　平和活動の分類　160 ／2　平和維持活動　161

Ⅲ　日本の国際平和協力活動　163

1　非軍事的な国際貢献（冷戦終結の頃）　163 ／2　自衛隊による活動の始まり（1990 年代）　165 ／3　自衛隊による活動の拡大（2000 年代〜）　167

［コラム 9-1］「武力の行使との一体化」論　168

第4部　現代の安全保障課題　171

第10章　核兵器の戦略と管理　173

はじめに　173

Ⅰ　核兵器をめぐる論争　174

1　核抑止に関する二つの考え方　174 ／2　核革命の有無　176 ／3　【発展】核兵器拡散の是非　177

Ⅱ　アメリカの核戦略　179

1　冷戦期における核戦略　179 ／2　ポスト冷戦期における核戦略　180

Ⅲ　核兵器の軍備管理　182

1　米ソ間の核軍備管理　182　／2　多国間の核軍備管理　183　／3　核兵器に対する
日本の取り組み　185

第11章　グローバル化　189

はじめに　189

Ⅰ　グローバル化とは何か　190

1　グローバル化の概念と歴史　190　／2　複合的相互依存関係　191　／3　グローバ
リズムとグローバル化　193

Ⅱ　グローバル化と国内紛争　194

1　武力紛争の傾向　194　／2　グローバル化と「新しい戦争」　195　／3　【発展】国
内紛争の他の原因　197

Ⅲ　グローバル化と国際テロ　199

1　情報技術革命と国際テロ　199　／2　日本政府の認識　200　／3　対テロ戦争から
大国間競争へ　202

第12章　グローバル・コモンズ　207

はじめに　207

Ⅰ　海洋・宇宙・サイバーの領域　208

1　海洋と宇宙空間の法　208　／2　海洋と宇宙空間における戦略　210　／
3　サイバー空間とは　211

Ⅱ　日本の領域別戦略　213

1　日本の海洋戦略　213　／2　日本の宇宙戦略　214　／3　日本のサイバー戦略　216

Ⅲ　サイバー革命論をめぐる論争　218

1　サイバー革命論　218　／2　【発展】サイバー革命論への懐疑　220

［コラム 12-1］領域横断的な作戦　216

第2版あとがき　223

初版あとがき　225

引用参考文献リスト　229

索引　243

序章　安全保障とは何か

はじめに

> 安全保障とは酸素のようなものであり、それが希薄になり（息が苦しくなるまでは）、人々は（その重要性に）気づかないが、実際にそうした状況になれば、それ以外のことは考えられないほどに重要なのである。（ナイ 1996, 213）

　これは、1990 年代の半ばに、アメリカ政府の高官を務めたことのあるジョセフ・ナイが述べたものである。この「酸素」という比喩は、抽象的な概念である安全保障の重要性を一般の人々に理解してもらう上で巧みな表現であった 1)。

　本章は、安全保障という用語に焦点を当てる。第 I 節では、安全保障という概念の定義や意味の拡張について述べる。第 II 節においては、学問領域としての安全保障論について簡単に説明しておく。そして、第 III 節では、第二次世界大戦後のアメリカにおいて国家安全保障という概念が登場した背景や、「国家安全保障戦略」という公式文書を題材に、日米両政府による国家安全保障の見方を紹介する。

I　安全保障の概念

　本節ではまず、安全保障概念の最も有名な定義とその問題点について考察する。次に、安全保障概念の拡張（拡大と深化）を紹介する。

1　安全保障概念の定義

　安全保障（security）という用語にはさまざまな定義があるが、最も有名なのは、**アーノルド・ウォルファーズ**が「『曖昧なシンボル』としての国家安全保障」（Wolfers 1962）という小論の中で示した定義であろう。それは「すで

に獲得した価値が守られている状態」というものである。この概念は、「客観的には、獲得した価値への脅威がないことを、主観的には、そのような価値が攻撃されるという恐れがないことを示す」ものであるという。そして、完全な安全保障から、その正反対の脅威または恐怖に満ちた完全な**非安全保障**（insecurity）までの連続的な概念であるとしている（同，150）。

　ウォルファーズの一般的な定義で注目すべきなのは、保護の対象となる価値の範囲があえて定められていないことである。概念そのものは、守るべき価値が何であるのかという選択を一般的に行わずに、その決定を国家内の政治過程に委ねている（Berkowitz and Bock 1965, xi）。国家の最小限の核心的価値は国家独立と領土保全であるが、それ以外の価値の保護も追求する国家が存在する。そこで、「『安全保障』という用語はとても広範囲な目標に該当するので、かなり異なる政策が安全保障政策と解釈し得る」ことになる（Wolfers 1962, 150）。政治的な用語として、指針や幅広い合意の基礎を提供する一方、誰でも自分が推進したい政策を魅力的な名称で呼ぶことを可能にしてしまうというのである。

　また、この定義は、ある時代のある国家にとって望ましいと考えられる安全保障のレベルについても何も語っていない。安全保障は、費用などの面から完全なものとはなり得ず、また、一般的に設定できるものでもない。各国が直面する脅威の程度も異なる。それに、同じ脅威に対しても、過去の経験や自国のパワーなどの違いにより、どの程度対応すべきかについての判断にはばらつきがあり得る。

　さらに、この概念には、どのように安全を保障するのかという手段についての規定もない。安全保障の手段としては、軍備や同盟から、他国との合意に向けた外交交渉といった非軍事的な手段まで多岐にわたる。以上のレベルや手段の多様性から、実際にこれまで各国の安全保障の戦略や政策が同じものになることはなかった。

　つまり、「国家安全保障上の利益を指標として対外政策を追求していくべきだ」というリアリストたちの規範的な主張に対して、ウォルファーズは、このような主張は曖昧であり、かつ誤解を生じやすいと警告を発した。こうした単純な指針には用心すべきであるというのである。意味のある主張にするには、国家が達成したいと望む安全保障の程度や、ある状況において安全保障のために使われる手段を特定化する必要があるという。

2　安全保障概念の拡張

アメリカの学術雑誌『インターナショナル・セキュリティ』の初代編集者たちは、1976 年刊行の創刊号の序文において、安全保障の概念が拡大しつつあることを指摘している。

> 各国は、自国の安全保障について、軍事的強さ、経済的活力、および政府の安定性といった通常の方法だけでなく、以前には主要ではなかった能力、すなわちエネルギー供給、科学技術、食糧、および天然資源の観点からもますます規定するようになりつつある。200 年前、新しい国家は、ろくに訓練されていない民兵と軍用に転換された商船の船団でもって自国の主権と福利を保障することができた。今日では、地球規模の相互依存により、貿易、テロリズム、軍需品、および環境のような国境横断的な懸念が、どの繁栄社会の安全保障の考慮においても必要不可欠な要素となっている。(The Editors 1976, 2)

ここで注目すべきなのは、この学術雑誌が軍事面での緊張緩和が比較的保たれていた 1970 年代半ばに登場したことである。

安全保障の概念を広く捉えるのは、決してアメリカ特有の議論ではなかった。例えば、西ドイツ前首相ヴィリー・ブラントを委員長とする国際開発問題独立委員会（通称、ブラント委員会）は、1980 年 2 月に**国際連合**（以下「国連」という）のクルト・ワルトハイム事務総長に提出した報告書の中で「『安全保障』をより包括的にとらえ、純粋に軍事面にのみ限定されることのない、新しい概念を生み出す」べきであると主張していた（ブラント委員会 1980, 162）。

さて、イギリスの国際政治学者バリー・ブザンは、『**人々、国家、および恐怖**』(Buzan 1983) の中で、安全保障の概念を拡張する上で有益な二つの方向性を示した。一つ目の方向性は、国家・個人・国際システムのレベルにおける**安全保障の客体**（referent object）である。二つ目の方向性は、軍事・政治・経済・社会といった**安全保障のセクター**である。ブザンのこうした考えは、次節で述べるとおり、冷戦後になって、リアリズムに批判的な研究者を中心に受け入れられていくことになる（次節参照）。安全保障の概念は、誰にとっての安全保障かと、どの価値にとっての安全保障かという観点から特定化されるのである (Baldwin 1997, 12–14)。

この安全保障概念の拡張における一つの到達点が、**人間の安全保障**（human

security) という概念である。2000 年のミレニアム・サミットにおける国連事務総長の要請に基づき設立された人間の安全保障委員会 (2003, 11) は、この概念の定義について「人が生きていく上でなくてはならない基本的自由を擁護し、広範かつ深刻な脅威や状況から人間を守ること」と説明している。人間の安全保障は、社会・集団・個人の安全保障への軍事的・非軍事的脅威に焦点を当てたものである (Paris 2001, 98)。

II　学問領域としての安全保障論

本節では、安全保障論について、学問上の位置付けを説明するとともに、本書が焦点を当てる伝統主義的なアプローチだけではなく、冷戦終結後には、拡大・深化主義的なアプローチも独自の発展をしてきたことを紹介する。

1　安全保障論の位置付け

安全保障論は、「学問分野 (discipline) ではなく、[研究対象となる] 問題 (problem)」または「領域 (field)」を示す名称である (Nye and Lynn-Jones 1988, 6)。安全保障論の学術上の位置付けには、三つの特徴がある。

第 1 に、安全保障論は、多様な学問分野にまたがる学際性を保持しつつ、学問分野の一つである**政治学**を学術的な本拠地としてきた (Walt 1991, 214)。**ジョセフ・ナイ**と**ショーン・リン＝ジョンズ** (Nye and Lynn-Jones 1988, 6) は、「主権国家間の政治的紛争が国際安全保障における多くの重要な問題を理解する手がかりとなっていることから、戦争と平和の問題に関係している学問分野の中でも、政治学が中心的な位置を占め続けるであろう」と指摘している。ただし、安全保障論は、経済学や心理学などの学問分野の理論からも影響を受けていることには留意する必要がある。

第 2 に、安全保障論は、1950 年代半ば以降から、政治学の一領域である**国際政治論**または**国際関係論** (**IR**: International Relations) の、さらに下位領域の一つとして位置付けられてきた (Walt 1991, 212)[2]。冷戦後の安全保障論は、国際政治理論を一層重視するなど、国際政治論の下位領域としての性格を強めている。

そして、第 3 に、安全保障論は、**戦略論** (strategic studies) よりも広範な問

題を分析対象にしている。ここで言う戦略とは、「政治的目的のために軍事力を用いること、または用いると威嚇することとの術」と定義され得る軍事戦略のことである（Gray 1982, 5）。つまり、戦略論は、安全保障の軍事的手段に焦点を当てるものであり、安全保障の目標自体は既定かつ自明のものとして、議論されることは少ない（中西 2007）。安全保障論に含まれるが戦略論には含まれない研究対象としては、戦争原因や安全保障と経済との関係といった理論的な問題や、安全保障の非軍事的側面などがある（Nye and Lynn-Jones 1988, 7）。なお、戦車の運用法など戦闘での勝利を目指す軍事科学（military science）は、主に軍事組織内で研究されており、安全保障論にも戦略論にも含まれないと見なされている（同, 6-7）。

　つまり、「X は Y を含む」を ［X］⊃［Y］と表すとすると、研究対象となる問題の範囲は、［政治学］⊃［国際政治論］⊃［安全保障論］⊃［戦略論］と示すことができる（ベイリス・ウィルツ・グレイ編 2012, 22）。

2 【発展】安全保障論の二分化

　冷戦も末期になると、最大の懸念であったソ連からの軍事的脅威が低下し、安全保障論の研究対象や理論・方法論について再検討する機運が高まった。このような要請に対して、安全保障論の今後の在り方をめぐる論争が起きた。一方で、伝統的な安全保障論の継続にこだわる人々（伝統派）がいた。他方で、冷戦後の新しい国際環境に合わせて研究対象を拡大するとともに研究手法を多様化すべきと主張する人々（改革派）もいた（Krause and Williams 1996）。冷戦終結後の安全保障論は、アメリカに多い伝統派による**伝統主義**と、ヨーロッパに多い改革派による**拡大・深化主義**とに分かれて発展してきた（Buzan and Hansen 2009）。

　まず、これらのアプローチは、安全保障概念の捉え方が異なる。伝統主義は、安全保障の見方において軍事・国家中心主義（military-state centrism）である。つまり戦略論に近いと言える。例えば、**スティーヴン・ウォルト**は、安全保障論を「軍事力の威嚇、行使、および管理の研究」と定義し得るとしつつ、軍備管理、外交、および危機管理などの国政術（statecraft）も含むとしている。また、安全保障概念を拡大せよとの主張に対しては、安全保障論の領域を過度に拡張してしまい、その知的な統一性を壊すだけでなく、この研究領域は公害や

病気などの問題の解決には不向きでもある、と反論している。そして、戦争の危険がなくなっていない以上、安全保障論の中核をなす伝統的な問題を無視することは無責任である、と釘を差すことも忘れていない (Walt 1991, 212-213)。

　他方で、拡大・深化主義とは、安全保障の概念を軍事以外の側面（経済・環境など）に「拡大」させることと、国家以外のレベル（個人・社会など）に「深化」させることを意味している。つまり国際政治論に近いと言える。ここで言う拡大と深化は、第 I 節で言及した、ブザンの旧著『人々、国家、および恐怖』(Buzan 1983) において安全保障概念を拡張する方向性として設定された「セクター」と「客体」の考え方を踏襲したものである（前節参照）。

　また、理論的観点からも、これら二つのアプローチを特徴付けることができる。伝統主義は、リアリズムを中心にリベラリズムやコンストラクティビズムなどの理論に依拠することが多い。他方で、拡大・深化主義には、批判的コンストラクティビズム、ポスト植民地主義、人間の安全保障論、批判的安全保障論、フェミニズム、コペンハーゲン学派、およびポスト構造主義などが含まれている。なお、伝統主義の理論は、**実証主義**という科学観に、他方で拡大・深化主義の理論は、実証主義に批判的な**ポスト実証主義**という科学観に依拠している傾向にある（コラム 0-1 参照）。

コラム 0-1　実証主義とポスト実証主義

　論理実証主義の流れを汲む国際政治論の実証主義は、次の四つの前提を含んでいる (Smith 1996)。すなわち、（1）世界を客観的に知ることができるという客観論、（2）自然界も人間社会も同一の科学的方法で分析できるという自然論、（3）知識は最終的には経験によって検証・反証されなければならないという経験論、および（4）人間社会にも規則的な現象が存在するという規則性への信念である。ちなみに、ポスト実証主義とは、実証主義の諸前提（客観論・自然論・経験論・行動論3)）を全面的あるいは部分的に否定する立場である。

　実証主義的な理論とポスト実証主義的な理論とでは、そもそも研究上の目的を異にしている。前者の目的は、「問題をもたらしている原因に効果的に取り組むことによって、社会関係や権力関係そして現存する制度を円滑に運用する」という「問題解決」である（コックス 1995, 216）。他方で、ポスト実証主義的な理論は、「［現に存在する］制度や社会関係、権力関係を当然のこととは考えず（……）問題としてとりあげる」ことによって、より良いオルタナティブな世界を創り出すという批判的な目的を持っている（同, 217）。

Ⅲ　アメリカと日本の国家安全保障観

　本節では、まず、第二次世界大戦後のアメリカにおいて、国家安全保障への関心が高まった背景を述べる。次に、アメリカと日本の両政府が安全保障という用語をどのような意味で使っているのかについて両国の戦略文書を検討する。

1　アメリカにおける国家安全保障国の登場

　そもそもアメリカの政策立案者の間で**国家安全保障**（national security）という用語がよく使われるようになったのは、第二次世界大戦の終結が近づいていた頃であった。**ダニエル・ヤーギン**の『**砕かれた平和**』（Yergin 1977）によれば、アメリカと世界との新しい関係を説明し、それに見合った政策を提案する「国家安全保障ドクトリン」という基本的な考えと、それに基づく「国家安全保障国（state）」が登場した。多くの異なる政治的・経済的・軍事的要因の相互関係により、地球の反対側の出来事であってもアメリカの核心的利益に直接的な影響を与えると考えられるようになった。安全保障の対象領域が広がり、平時から軍事的な準備の態勢が取られ、アメリカは常に警戒を怠らないような国へと変貌を遂げた。ヤーギンによれば、国家安全保障ドクトリンは、当時、認識されていた四つの変化に基づいていたという（同, 193–201）。

　第1に、第二次世界大戦の結果、ヨーロッパを中心とするシステムが、**アメリカとソ連を中心とするグローバルなシステム**に変容した。戦前は、他の大国から地理的に遠く離れていること、すぐれた海軍力による保護、豊富な天然・工業資源などにより、アメリカは安全であり世界の問題から隔離されていると信じられていた。また、複数の大国からなる勢力均衡のメカニズムにより、ある大国がヨーロッパを支配してアメリカを脅かすまでには時間がかかると考えられていた。こうした認識が平時における孤立主義につながっていたのである。しかし、第二次世界大戦により状況が一変した。ユーラシア大陸では、ソ連に対抗できる大国はもう存在しなかった。戦後、アメリカは世界的な責任を自覚した指導的な国家として台頭した。

　第2に、領土拡張を狙っている全体主義国家に対する**宥和や譲歩は危険である**との教訓が第二次世界大戦から引き出されていた。特に1938年のミュンヘン会談が強い印象を残していた。ドイツ系住民の多いチェコスロヴァキアの

ズデーテン地方の割譲を要求するドイツのヒトラーに対し、戦争を望まないイギリスとフランスの両政府がその割譲を全面的に認めた。しかし、この外交的勝利により自信を深めたヒトラーは、翌年には、「さらなる領土要求を行わない」との約束を反故にしてチェコスロヴァキア全土を制圧しただけではなく、ポーランドにも侵攻した。こうして第二次世界大戦の勃発につながった宥和は、「ミュンヘンの教訓」として後々までの語り草となった。

第3に、アメリカの地位に信憑性を持たせるため、**平時からそれなりの軍事力を持っておく必要性**が認識されてきた。第二次世界大戦は軍隊の急な増強でなんとか対応できたが、将来においては軍隊を動員する時間的余裕がなくなるので、平時から戦時への備えをしておかなければならないと考えられるようになった。

第4に、**技術的発展**が戦時への備えの必要性をさらに強く感じさせていた。軍隊の機械化、速力、火力、そして航空戦力が戦争のテンポを速めていた。原子爆弾の登場もこれに拍車をかけると考えられていた。また、平時から研究開発や軍事産業の育成を図る必要も認識されていた。

アメリカでは当時のそうした認識の中で、「国家安全保障国」の諸制度が整備されていった。1947年に制定され、翌々年に改正された国家安全保障法に基づき、**国家安全保障会議**（**NSC**: National Security Council）、**国防省**（**DoD**: Department of Defense、国防総省とも呼ばれる）、および**中央情報局**（**CIA**: Central Intelligence Agency）が設立された。また、1953年になると、NSCスタッフの長として**国家安全保障問題担当大統領特別補佐官**のポストが新設された（花井・木村 1993）。

2　アメリカの国家安全保障観

アメリカ大統領が公表している**NSS報告**（本書まえがき参照）は、最近の『国防省軍事関連用語辞典』によれば、「国家安全保障に寄与する目的の達成に向けて、国力の手段を発展、適用、および調整するための、合衆国大統領によって承認された文書」である（OCJCS 2021, 150）。アメリカ軍の指揮系統を再編し統合する、1986年の**ゴールドウォーター＝ニコルズ国防省再編法**により、大統領がNSS報告を議会に提出することが義務化された。報告書の内容としては、国家安全保障にとって緊要な世界的利益・目標・目的や、国力の政

治・経済・軍事・その他の要素などを盛り込むことが期待されている。最初の報告書は、1987 年に**ロナルド・レーガン**大統領（共和党、任 1981〜89）によって提出されている。その後も報告書はほぼ毎年公表されていたが、**ジョージ・W・ブッシュ**大統領（共和党、任 2001〜09）以降、大統領の任期である 4 年（1 期）に一度の提出にとどまっている。

　NSS 報告における国益の定義は、大きく変化してきたわけではない。最初の NSS 報告（1987）が公表されるよりも前の 1985 年に、国務省や国防省での勤務経験もある**ドナルド・ニヒターライン**は、アメリカが追求すべき基本的かつ長期的な国益として、**国土防衛（国防）**、**経済的安寧（国家経済）**、**好ましい世界秩序（国際安全保障）**、および**価値の促進（イデオロギー）**という四つのカテゴリーを挙げていた（Nuechterlein 1985, 8）。同様に、**バラク・オバマ**大統領（民主党、任 2009〜17）の第 1 期政権が発表した NSS 報告（2010）は、アメリカの永続的な利益として次の四つを挙げている。

　　安全—アメリカ、その市民、およびアメリカの同盟国とパートナーの安全。
　　繁栄—機会と繁栄を促進する開かれた国際経済システムにおける、力強く
　　　　革新的で成長しているアメリカ経済。
　　価値—国内外での普遍的価値の尊重。
　　国際秩序—世界的な課題に対処するためのより強力な協力を通じて平和、
　　　　安全、および機会を促進する、アメリカのリーダーシップによって
　　　　推進された国際秩序。

　国益のカテゴリーとしては、冷戦末期における認識とほぼ同じであった。なお、第 2 期オバマ政権の NSS 報告（2015）では、国際秩序の前に「ルールに基づく（rules-based）」という形容詞がついた。

　ただし、**ドナルド・トランプ**大統領（共和党、任 2017〜21）の NSS 報告（2017）は、本人が強調してきたアメリカ第一主義に基づくものとなっている。すなわち、(1) アメリカの国民（the people）・国土・生活様式の防護、(2) アメリカの繁栄の増進、(3) 力による平和の確保、(4) アメリカの影響力の強化、の四つをきわめて重要な国益と位置付けている。この報告では、「普遍的価値」や「ルールに基づく国際秩序」という用語はまったく見当たらない。

　ジョー・バイデン大統領（民主党、任 2021〜）による NSS 報告（2022, 7）は、国益として (1) アメリカ国民の安全を守ること、(2) 経済的な繁栄と機

会を拡大すること、(3) アメリカ人の生活様式の中心にある民主主義の価値を実現し擁護することの三つを簡単に列挙している[4]。この報告には、オバマ政権が使っていた「普遍的価値」という用語は見当たらないが、普遍的価値の一つである民主主義の価値が強調されている。また、NSS 報告（2022, 10）は、その目標を「自由で開かれた、豊かで安全な国際秩序」としている。「ルールに基づく（国際）秩序」という表現も散見される。以上のことから、バイデン政権の考える安全保障の客体には、個人、国家、および国際システムが含まれると考えられる。この点で、バイデン政権は、国際秩序を軽視したトランプ政権よりも、バイデン大統領が副大統領を務めたオバマ政権に近い。

　最近の NSS 報告はいずれも安全保障のセクターについて広く捉えているが、特にバイデン政権の NSS 報告（2022）は、その傾向が強い。それは、地政学的な大国間の競争と同等に、国境を越えた共通課題も重視しているという特徴を有する。後者の課題としては、「気候変動、食糧不安、伝染病、テロ、エネルギー不足、インフレ」（同, 6）が挙げられている。NSS 報告（2010, 2017）でもこれらの問題への言及があったが、バイデン政権の NSS 報告では特に気候変動や食糧不安への言及が多くなっている。

コラム 0-2　アメリカ国防省による国家安全保障の定義

　アメリカ国防省の統合参謀本部が出している『国防省軍事関連用語辞典』によれば、国家安全保障は以下のとおり定義されている。
　国家防衛と合衆国との外交関係の両方を包含する総称的用語。とくに次のような所与の条件の場合をいう。ⓐあらゆる外国あるいは国家群に対する軍事的あるいは防衛上の優勢。ⓑ好ましい外交関係状態。ⓒ内部あるいは外部、公然あるいは秘密裡の、敵対的あるいは破壊的な行為に十分に抵抗しうる防衛態勢。
　（アメリカ国防総省編 1983, 217、一部修正）
この定義は、1980 年代前半の辞典に掲載されていたものであるが、40 年近く経った原著の新しい版でも基本的にそのまま維持されている（OCJCS 2021, 150）。ここでは、国家安全保障が国家防衛（国防）と外交関係の総称とされていることに留意したい。

3　日本の国家安全保障観

　日本では、二度の石油危機を経験した 1970 年代の後半に、**総合安全保障**という概念が議論されるようになった（田中 1997, 277–280）。特に注目に値するのは、**大平正芳**首相（自由民主党、任 1978〜80）の委嘱を受けて発足した総合安全保障研究グループが 1980 年 7 月に提出した報告書『総合安全保障戦略』である。まず、この報告書は、安全保障を「自国の国民生活をさまざまな脅威から守ること」と定義している（内閣官房編 1980, 21）。そして、安全保障は、軍事的脅威への軍事的手段のみに限定されるわけではなく、その対象領域や手段が多様であることからして、総合的なものであるとしている。対象領域については、経済的安全保障という用語が使われるとともに、エネルギー安全保障と食糧安全保障が具体的に考察されている。また、手段については、平和外交や経済協力といった非軍事的手段への言及がある。

　日本政府は、2013 年 12 月の**国家安全保障会議**（コラム 0-3 参照）と閣議の決定によって**安保戦略**（本書まえがき参照）を初めて策定した。この戦略文書は、1957 年 5 月に国防会議と閣議で決定された**国防の基本方針**に代わるものとされている[5]。安保戦略（2013, 1, 2）は、「国家安全保障に関する基本方針」であり、「おおむね 10 年程度の期間を念頭に置いたもの」である[6]。この安保戦略の中で、初めて日本の国益が公式に定義された。2022 年 12 月に決定された二つ目の安保戦略（2022, 5）も、同様の国益定義を行っている。すなわち、（1）主権と独立の維持、領域保全、および国民の生命・身体・財産の安全の確保、（2）経済成長を通じたさらなる繁栄の実現、（3）普遍的価値や国際法に基づく国際秩序の維持・擁護、の三つである。（なお、それぞれの国益については、本書の第 1 部と第 2 部で詳しく見ていく。）

　安保戦略（2022）は、引き続き、拡張された安全保障概念を使っている。まず、安全保障の客体について、安保戦略（2013）と同様、国益の定義において、自国のみならず、自国民と国際秩序にも焦点を当てている。日本でも国家安全保障は、国家による安全保障、すなわち、安全保障の主体としての国家を強調しているようである。

　次に、安全保障のセクターについては、「外交政策及び防衛政策を中心とした」安保戦略（2013）に比べて対象範囲がやや広がっている。安保戦略（2022, 4, 5）には、「国家安全保障の対象は、経済、技術等、これまで非軍事

的とされてきた分野にまで拡大し、軍事と非軍事の分野の境目も曖昧になっている」、「本戦略は、外交、防衛、経済安全保障、技術、サイバー、海洋、宇宙、情報、政府開発援助（ODA）、エネルギー等の我が国の安全保障に関連する分野の諸政策に戦略的な指針を与えるものである」、「伝統的な外交・防衛の分野にとどまらない幅広い分野を対象とする」と記載されている。こちらの文書では、安保戦略（2013）にはなかった**経済安全保障**という用語がキーワードの一つとなっている（本書第6章参照）。他方で、安保戦略（2013）では8回登場した「人間の安全保障」が安保戦略（2022）では2回しか使われていないことが目を引く。

コラム 0-3　日本の国家安全保障会議

国家安全保障会議は、**安倍晋三**首相（自由民主党、任2006〜07、2012〜20）の政権が2013年12月に安全保障会議を再編したものである。前身の安全保障会議は、**中曽根康弘**首相（自由民主党、任1982〜87）の政権が重大な緊急事態に対する危機管理の任務を追加して1986年7月に国防会議を再編したものであった（松田・細野2009）。

内閣官房の国家安全保障会議設置準備室の資料（内閣官房2013）によれば、国家安全保障会議の設置の趣旨は、「総理を中心として、外交・安全保障に関する諸課題につき、戦略的観点から日常的、機動的に議論する場を創設し、政治の強力なリーダーシップにより迅速に対応できる環境を整備する」ことである。その目的のために、「国家安全保障に関する外交・防衛政策の司令塔」になることを期待されて、総理、官房長官、外相、防衛相からなる「四大臣会合」が新設された。そして、翌年1月には国家安全保障会議の事務局である国家安全保障局が内閣官房において発足した。

会議の審議対象に「国家安全保障に関する外交政策及び防衛政策の基本方針並びにこれらの政策に関する重要事項」が追加された。安保戦略（2013）は、設立されたばかりの国家安全保障会議が審議し決定したものである。

◆注

1) 「酸素」という表現は、ナイが国防次官補（国際安全保障担当）として担当した、国防省国際安全保障問題局の報告書「東アジア太平洋地域におけるアメリカの安全保障政策」（東アジア戦略報告（EASR）、1995年2月）、通称「ナイ・レポート」にも使われている（細谷ほか編 1999, 1297-1313）。

2) 安全保障論の起源を戦間期に求める説（Ekbladh 2011）もあるが、この揺籃期においては、安全保障論は国際政治論と未分化のままであった。また、軍事に関する学術研究は、主に軍事史や外交史の分野で行われていた（Walt 1991, 213）。

3) 1950年代や60年代のアメリカでは、観察可能な行動に関する数量的データを重視する一方、行動を説明する上でアクターの考えや認識を軽視する行動論がもてはやされた。ただし、実証主義者がみな行動論を受け入れているわけではない。

4) バイデン政権の国益定義については、NSS報告（2022）よりもNSS暫定指針（2021）の方が詳しい。

5) 全文300字程度の短い国防の基本方針には、国防という目的のために、国際協調と平和努力（外交努力）の推進、内政の安定による安全保障基盤の確立、効率的な防衛力の漸進的整備、および日米安保体制の堅持という四つの方法が列挙されている（朝雲新聞社編集局編著 2023, 27）。

6) 冷戦後の防衛大綱には「我が国の安全保障と防衛の基本方針」（1995年）、「我が国の安全保障の基本方針」（2004年、2010年）、そして「我が国の安全保障における基本理念」（2010年）が明記された。これらの内容が2013年の安保戦略に発展的に引き継がれていった。

文献案内

安全保障の概念
- ◆ 古関彰一『安全保障とは何か―国家から人間へ』岩波書店，2013 年．
- ◆ 遠藤誠治，遠藤乾責任編集『安全保障とは何か』岩波書店，2014 年．
- ◆ 国際安全保障学会編『国際安全保障』（人間の安全保障）第 30 巻第 3 号，2002 年 12 月；（非伝統的安全保障概念の再検討―資源，環境，難民問題から）第 45 巻第 3 号，2017 年 12 月；（越境・難民をめぐる政治力学）第 46 巻第 4 号，2019 年 3 月；（COVID-19 と安全保障）第 49 巻第 3 号，2021 年 12 月．

学問領域としての安全保障論
- ◆ 赤根谷達雄，落合浩太郎編著『「新しい安全保障」論の視座―人間・環境・経済・情報』増補改訂版，亜紀書房，2007 年．
- ◆ 防衛大学校安全保障学研究会編著『安全保障学入門』新訂第 5 版，亜紀書房，2018 年．
- ◆ 南山淳，前田幸男編『批判的安全保障論―アプローチとイシューを理解する』法律文化社，2022 年．
- ◆ 日本国際政治学会編『国際政治』（安全保障の理論と政策）第 117 号，1998 年 3 月．
- ◆ 国際安全保障学会編『国際安全保障』（安全保障理論の新たな地平）第 44 巻第 4 号，2017 年 3 月．
- ◆ 宮岡勲「アメリカにおける国際安全保障研究の進展（上）・（下）」『法学研究』第 89 巻第 10 号・第 11 号，2016 年 10 月・11 月，1-23 頁・1-24 頁．http://koara.lib.keio.ac.jp/xoonips/modules/xoonips/listitem.php?index_id=66250

アメリカと日本の国家安全保障観
- ◆ 花井等，木村卓司『アメリカの国家安全保障政策―決定プロセスの政治学』原書房，1993 年．
- ◆ 田中明彦『安全保障―戦後 50 年の模索』読売新聞社，1997 年．
- ◆ 村田晃嗣『米国初代国防長官フォレスタル―冷戦の闘士はなぜ自殺したのか』中央公論新社，1999 年．
- ◆ 福田毅『アメリカの国防政策―冷戦後の再編と戦略文化』昭和堂，2011 年．
- ◆ オラー，アダム，スティーヴン・ヘフィントンほか『米国防大学に学ぶ―国家安全保障戦略入門』磯部晃一編訳，並木書房，2023 年 [Heffington, Steven, Adam Oler, and David Tretler, eds. *A National Security Strategy Primer.* National Defense University Press, 2019].
- ◆ 国際安全保障学会編『国際安全保障』（「国家安全保障戦略」の意義と課題）第 42 巻第 4 号，2015 年 3 月．

第 *1* 部

リアリズムから見た紛争と平和

イントロダクション

　国際政治思想としての**現実主義**（realism）の源流としては、古代ギリシア の史家**トゥキディデス**が挙げられることが多い。今から 2500 年ほど前のペ ロポネソス戦争について彼が書いた古典『戦史』からは、現実主義思想のエッ センスを読み取ることができる。その後、16 世紀の**マキアヴェリ**、17 世紀 の**ホッブズ**、18 世紀の**ルソー**などが近世・近代の現実主義思想の土台を築き 上げた。現実主義思想の世界観は、国家間における**戦争状態**（いつ戦争が起き てもおかしくない状態）が常にあるというものである（Doyle 1997, 206）。

　現実主義思想の流れをくむ**リアリズム**は、第二次世界大戦の前に主流であっ た**ユートピアニズム**（空想主義または広義の理想主義）への批判として登場した （本書第 2 部イントロダクション参照）。そして、冷戦の顕在化とともに、支配的 な国際政治理論となった。まずは、後に**古典的リアリズム**と呼ばれるようにな った理論がパワーへの欲望という人間性から国際政治の説明を試みた。冷戦の 緊張の緩んだ 1970 年代には、リアリズムへの批判が高まったが、新冷戦と 呼ばれた 80 年代には国際システムの構造に着目する**ネオリアリズム**として 復活した。他方で、最強の一カ国による支配やリーダーシップに注目する**覇権 的リアリズム**も独自の発展を遂げてきた。

　その後もリアリズムの多様な理論が発展してきたが、全体としてリアリズム という理論的アプローチは、道徳的進歩と人間の可能性に関する悲観論に基づ き次の三つの政治的前提を共有している。すなわち、（1）国際問題は本質的 に対立的である、（2）国家などと呼ばれる集団こそが基本的な政治的アクタ ーである、（3）人間の動機においてパワーと安全保障が優先される、という 前提である（Gilpin 1984, 290）。

　本書の第 1 部は、リアリズムから見た紛争と平和というテーマに焦点を当 てて、第 1 章で国家間の権力闘争（古典的リアリズム）を、第 2 章で無政府状 態と国家存立（ネオリアリズム）を、そして第 3 章で覇権の盛衰（覇権的リアリ ズム）を説明していく。

第 1 章　国家間の権力闘争

はじめに

　イタリア＝ルネサンス期のニッコロ・マキアヴェリ（1469〜1527）は、主著『**君主論**』（2018／原著 1532）において、普遍的な人間の本性に基づく現実主義の重要性を唱えている。「人間は邪悪なもので」あり「人間はもって生まれた性質に傾いて、そこから離れられない」との性悪説の前提に立って、以下のとおり君主の行動を論じている（同，148, 205）。

> 物事について想像の世界のことより、生々しい真実を追うほうがふさわしいと、わたしは思う。これまで多くの人は、現実のさまを見もせず知りもせずに、共和国や君主国のことを想像で論じてきた。しかし、人が現実に生きているのと、人間いかに生きるべきかというのとは、はなはだかけ離れている。だから人間いかに生きるべきかを見て、現に人が生きている現実の姿を見逃す人間は、自立するどころか、破滅を思い知らされるのが落ちである。なぜなら、何ごとにつけても善い行いをすると広言する人間は、よからぬ多数の人々のなかにあって、破滅せざるをえない。したがって、自分の身を守ろうとする君主は、よくない人間にもなれることを習い覚える必要がある。そして、この態度を、必要に応じて使ったり使わなかったりしなくてはならない。（同，131-132）

君主には理想主義ではなく現実主義が必要であると明快な言葉で表している。宗教や道徳から政治を切り離すマキアヴェリの主張は、長い間曲解されて、目的のためなら手段を選ばないマキアヴェリズム（権謀術数主義）として批判されてきた。しかし、現在では近代政治学の出発点として高く評価されている。

　本章では、古典的リアリズムの代表作であるモーゲンソー著『国際政治』に依拠しながら、紛争と平和の問題の一つとして国家間の権力闘争を取り上げる。第Ⅰ節では、国際政治に関する分析のレベルの説明から始めて古典的リアリズムの原理を紹介する。第Ⅱ節では、古典的リアリズムの観点から勢力均衡の概要と限界を説明する。そして、第Ⅲ節では、帝国主義政策とリーダーの個性に

着目しつつ、ロシアによるウクライナ侵攻を考える。

I　分析のレベルと古典的リアリズム

　本節では、国際政治に関する分析レベルについて説明を行った後、人間の本性に焦点を当てる古典的リアリズムの原理を紹介する。その主なポイントは一言で言えば、「力への意志という人間性故に国家は力の最大化を目指す」というものである。

1　国際政治の分析レベル

　ケネス・ウォルツは、初期の代表作『**人間・国家・戦争—国際政治の3つのイメージ**』（2013／原著第2版1959）において、「戦争の主要原因はどこにあるか」という問いに対し**人間**、**国家の国内構造**、そして**国際システム**という三つの分析レベルを挙げて、それぞれを第1、第2、および第3のイメージと呼んだ。以下は、各イメージに関するウォルツによる議論の概要である。

　人間のレベルに焦点を当てる**第1イメージ**は、「人間の邪悪さや誤った行動が戦争を導き、善良さが普遍化すれば平和となる」という考え方である（同, 46）。人間の進歩を信じる楽観主義者は、人間が変われば戦争をなくすことが可能であると考える。他方で、いくら教育や啓蒙活動を行っても生まれつきの人間の本性（欠陥）が変わらないと信じる悲観主義者は、戦争は起こり続けると主張する。ウォルツは、第1イメージの悲観主義者の例として、人間の不変的な「権力への欲求」から国際政治現象を説明する、モーゲンソーらを取り上げている。

　国家の国内構造に焦点を当てる**第2イメージ**は、「国家の欠陥」を戦争原因として捉え、国家の改革が世界平和のためには必要であると考える。例えば、自由主義の考え方をとる一部の人々は、専制主義国家は戦争を引き起こす悪い国家であり、反対に民主主義国家は平和をもたらす良い国家であると主張してきた。民主主義国家が平和的であるのは、兵士として命が危険にさらされる人々の意見が政策に反映できるということ（本書第4章参照）と、危険な行動をとろうとしている国家を国際世論により制裁できると考えたからであった。もう一つ例を挙げると、マルクス主義では、「資本主義国家が戦争の原因なの

で、国家に革命を起こして資本主義を破壊し、社会主義を樹立することによって平和がもたらされる」という主張がなされてきた（同, 120）。

　他方で、**国際システム**に焦点を当てる**第 3 イメージ**は、国家間におけるアナーキー（無政府状態）では、国益の自動的な調和はなく、戦争は不可避であるとしている。ウォルツは、18 世紀フランスの哲学者ルソーの**鹿狩りの寓話**（本書第 9 章参照）に言及しながら、「問題がアクターのみにあるのではなく、彼らが直面している状況にもあること」を指摘している（同, 158）。

　結論の章において、ウォルツは、個人や国家は「直接的もしくは効果的な戦争原因」となり得るのに対して、国際システムは「戦争の間接原因、もしくは表面下の原因」であると特徴付けている（同, 212）。ここでの間接原因または表面下の原因は、**許容原因**と言い換えることができる。国際的なアナーキーという、戦争を妨げるものがない状況が戦争の繰り返しを許容しているのである。

　なお、ここで取り上げた著作は、西洋政治思想についての議論を中心とし、本人いわく「厳密に言えば『人間・国家・戦争』は国際政治の理論を提示したものではない」（同, 5）。

　しかし、この三つの分析レベルという考え方は、国際政治の分析枠組みとして有用であるだけではなく、国際政治理論を整理する際にも役立つ。本書で取り上げる主要な理論で言えば、(1) 人間：国際政治の主要な要因として主に人間、特に力（パワー）への欲望という人間の本性に焦点を当てる**古典的**（クラシカル）**リアリズム**（本章参照）、(2) 国内構造：民主主義体制に注目する**民主的リベラリズム**（本書第 4 章参照）、(3) 国際システム：国際システムの構造に焦点を当てる**ネオリアリズム**または**構造的リアリズム**（本書第 2 章参照）[1]、国際制度や経済的相互依存に注目する**制度的リベラリズム**（本書第 5 章参照）や**商業的リベラリズム**（本書第 6 章参照）などと整理することができる。

2　古典的リアリズムと人間性

　冷戦期前半の古典的リアリズムを代表する著作と言えば、**ハンス・モーゲンソー**によって書かれた**『国際政治―権力と平和』**（2013／原著改訂第 5 版 1978）であろう。ドイツ生まれのユダヤ系であったモーゲンソーは、ナチスの迫害を逃れアメリカへ亡命し、ヨーロッパのリアリズム思想をアメリカに伝えた。彼は、法規や道義原則ではなく、**力**（**権力**または**パワー**）こそが、国際政治を理

解する上で重要であることを強調している。彼の国際政治に関する基本的な考えは、同著の第１章にある「政治的リアリズムの六つの原理」にまとめられている。

　[第１原理]「**政治は（……）人間性にその根源をもつ客観的法則に支配されている**」（モーゲンソー 2013（上），40）。モーゲンソーの理論は、その出発点に人間性を置いているため、「**人間性リアリズム**」と呼ばれることもある（ミアシャイマー 2019, 51）。**人間性**というのは、人類共通の特性であり、ずっと変わることのないものである。このため、政治現象には繰り返し現れる法則があるという。

　第１原理が強調している「人間性」とは、全ての人間が共通して持っている「権力への欲望」、「力への欲求」のことである（同，第３章）。いつの時代でも人はみな権力欲を持つが故に「国際政治は不可避的に権力政治となる」という（同，107）。「人間性にその根源をもつ客観的法則」とは、権力欲に基づく権力闘争のことである。この点で国内政治と国際政治の共通性を強調しているのがモーゲンソー理論の特徴である。

　[第２原理]「**政治家は力によって定義される利益によって思考し行動する**」（同，43）。モーゲンソーは、政治家が力の維持や拡大という利益（目標）にとって最適な行動をとると仮定している。こうした仮定を持つ合理的理論は、国際政治の現実をそのまま映し出す写真のようなものではなく、国際政治の本質を浮かび上がらせる肖像画のようなものであるという。実際の対外政策がいつも合理的であるとは限らないことを認めつつ、合理的な対外政策をよいものと見なしている。モーゲンソーの理論が規範的でもあると言われるゆえんである。

　第２原理の「力によって定義される利益」とは、権力が直接目的であることを言い換えたものである。『国際政治』第３章（政治権力）によれば、モーゲンソーは、「国家目的を達成する手段として」、権力を考えていた。「国際政治とは、他のあらゆる政治と同様に、権力闘争である。国際政治の究極目的が何であれ、権力はつねに直接目的である」という（同，94）。権力は、安全・自由・繁栄など、どのような国際政治の究極目的にも役立つためその手段（＝直接目的）とされた。ここでは、政治における権力は、経済における通貨のようなものと見なされている（ミアシャイマー 2019, 42）。通貨も、さまざまな目的のために使える、使い勝手のよい手段であるからである。

それでは、**力（権力またはパワー）**とは何か。モーゲンソー（2013（上），97）はそれを「人が他の人びとの心と行動に及ぼす制御」（control）と定義している。それは、価値を剥奪したり付与したりする強制力を伴うことから、強制的ではない影響力から区別される。また、権力は、心理的なコントロールを意味することから、軍事力を実際に使って強制することでもない。ただし、「威嚇手段あるいは潜在力としての軍事力は、一国の政治権力を形成する最も重要な物的要素となる」とされていることに注意する必要がある（同，98）。

3 【発展】古典的リアリズムの他の原理

以下、モーゲンソー『国際政治』における政治的リアリズムの他の原理も紹介しておく。

［第 3 原理］**力は、普遍的な概念であるが、その内容や利用方法は、その時々の「政治的、文化的環境によって決定される」**（同，54）。ここは分かりにくいが、例えば、議会制民主主義制度という政治的環境においては、力の追求は自党の議席数の最大化ということになる。また、野蛮な実力を忌避する社会的規範という文化的環境であれば、力をめぐる競争がより非暴力的なものになっていくであろう。

そして、力という概念の内容や利用方法が可変であるという第 3 原理は、紹介されている国力の諸要素の相対的重要度が国や時代によって異なってきたことと関係があるだろう。『国際政治』第 9 章では、国力の諸要素として、軍備やそれに関連する物的な諸要因である地理、天然資源、および工業力や、人的な諸要因である人口、国民性、国民の士気、外交の質、および政府の質が列挙されている。モーゲンソーは、重要性が増大してきた要素として工業力に着目している。

> 現代の戦争のための輸送およびコミュニケーションの技術は、重工業の全面的な発達ということを国力の不可欠の要素にしてしまった。現代の戦争における勝利は、高速道路、鉄道、トラック、船舶、飛行機、戦車、さらには、魚雷網および自動ライフル銃から酸素マスク、誘導ミサイルに至るあらゆる種類の装備と武器の質と量によって決まる。そのため、力をめぐる諸国家間の競争は、より大型の、より優れた、より多くの戦争手段の生産競争へと大きく変質している。（同，285）

力をめぐる競争においては、国力の各要素の相対的な重要性も変化しているのである。

　［第 4 原理］**政治行動は、「普遍的な道義原則」ではなく、「政治的結果」によって判断される**。政治的リアリストは、「慎慮、すなわち、あれこれの政治行動の結果を比較考慮することを政治における至上の美徳と考える」のである（同，58）。同様に、ドイツの社会学者マックス・ヴェーバーも、自著『職業としての政治』（1980／原著 1919）の中で、政治における倫理は、内面的な心情の正しさよりも、政治的結果の責任により判断されると主張している。こうした考え方は、心情倫理と区別されて、責任倫理と呼ばれた。

　［第 5 原理］**「ある特定国の道義的な願望」が「世界を支配する道徳律」であることはない**。政治的リアリストは、「国家はすべて、彼ら自身の特定の欲望と行動を世界の道義的目標で装いたくなるものである」ことを知っている（同，58）。国際政治において、正義（神）がいつも自分たちの側にあるとの十字軍的な熱狂は、判断を誤りやすく危険である。代わりに「力によって定義された利益」の概念を通して考えれば、自国の利益の保護・助長ができるだけでなく、他国の利益を尊重することも可能となる（モーゲンソー 2013（下），第 32 章）。

　［第 6 原理］**政治的領域には自律性がある**。政治的リアリストは、経済的・法律的・倫理的領域を否定するわけではなく、「力によって定義される利益」という観点から、現実の人間の一側面（政治人）に焦点を当てる。政治的リアリズムでは、国際政治への「法万能主義的＝道義主義的アプローチ」は否定されるのである。

II　古典的リアリズムの勢力均衡論

　本節では、簡単に近代ヨーロッパにおける勢力均衡の起源について触れた後、古典的リアリズムの名著『国際政治』を引き続き取り上げて、勢力均衡の概要や限界について説明する。

1　勢力均衡の起源

　勢力均衡（balance of power）という理念が意識的に定式化されるようにな

ったのは、17世紀から翌世紀にかけてのヨーロッパであった。当時、「太陽王」ルイ14世（位1643〜1715）が統治するフランスが周辺国への侵略戦争を繰り返し、周辺諸国の脅威となっていた（バターフィールド2010）。フランスの聖職者・著述家であった**フランソワ・フェヌロン**（1651〜1715）は、以下の引用文で述べているとおり、勢力均衡を国際関係の安定の源と見なしていた。

> 実際に頻繁に起こるのを目にするとおり、全ての国がその近隣諸国より優位に立つよう努めるであろうことを期待し得る。それ故、全ての国は、その適切な安全のために、あらゆる近隣諸国が強大になり過ぎることを警戒し、また、何としてでも抑制することを義務付けられている。これは不正ではない。それは自国自身とその近隣諸国を隷属から守ることである。それは、一般に全ての自由、平穏、そして幸福のために対抗することである。いかなる国においても力の過大な増加が周囲の全ての国からなる一般的なシステムに影響を与えるのである。（Luard ed. 1992, 384）

フェヌロンは、勢力均衡を諸国に「共通の平安」をもたらす手段と考えていたのである。

　スペイン継承戦争（1701〜14）を終結へと導いた1713年の**ユトレヒト条約**には、勢力均衡によるヨーロッパ全体の平和という考え方が明示された（明石1998）。スペイン継承戦争は、フランスのルイ14世が自分の孫フェリペ5世をスペインの王位につけたことが発端となって起こった。イギリス、オランダ、それにハプスブルク家のオーストリアは、フランスの強大化を阻止するため戦った。戦争の結果、ユトレヒト条約により、フェリペ5世のスペイン王位は認められたが、他国にとって脅威となるフランスとスペインの統一は禁止されたのである（木村・岸本・小松編2017）。スペイン継承戦争は、勢力均衡を維持するための戦争だったと言えるだろう。

2　勢力均衡の概要

　モーゲンソーは、国家権力を制限する平和維持装置として、国際法、国際道義、および世界世論などの規範的制約とともに、勢力均衡を捉えていた（モーゲンソー2013（上）, 90）。これは『国際政治』第4部（モーゲンソー2013（中））で詳細に検討されている。まず、モーゲンソーは、第11章において、

この概念の説明を次のとおり行っている。

『国際政治』において、**勢力均衡**（バランス・オブ・パワー）という用語は、四つの異なった意味で使われている。「(1) ある特定の情勢をつくろうとする政策。(2) 現実の情勢。(3) ほぼ均等な力の配分。(4) 何らかの力の配分」。ただし、「何ら限定を加えずにバランス・オブ・パワーという言葉を用いているときには、この言葉は、**幾つかの国の間にほぼ均等に力が配分されている現実の情勢**をさす」（同、460、太字は筆者）[2]。

諸国家による力の追求により、勢力均衡という状態とその維持を目指す政策は、必然的に生まれる。また、それらは、国際社会の「本質的な安定要因」でもある（同、17）。バランスと同義である均衡（equilibrium）とは、複数の要素からなる一つのシステムの安定を意味している。システムはその諸要素の均衡が攪乱されるたびにそれを修復しようとするのである。

国際政治における勢力均衡の機能は二つある。すなわち、諸国間における力関係の安定を維持する機能と、各国家の独立を保護する機能である。二国間の均衡は、直接的対抗によりそれらの国家間関係を安定させるだけでなく、競争により第三国の独立を侵害することも困難にさせる。ただし、均衡は、ある国の力を他の国の力でもって制限しようとする連続した取り組みの結果である。したがって、勢力均衡そのものは「本質的に不安定で動的な特性」を有する（同，29）。

モーゲンソーは、第12章において、勢力均衡の諸方法を論じている。まず注目すべきなのは、勢力均衡の維持・回復の基本的な手段としての**軍備**である。それは、自国の軍事力を増大することである（本書第7章参照）。このため、第一次世界大戦前にイギリスとドイツの間で起きた海軍の建艦競争のように、軍備競争が繰り返されてきた。

> 諸国家は、他の諸国家に対して自国を防衛しようとするために、あるいはまた他の諸国家を攻撃しようとするために武装する。政治的に積極的な国家がすべて、軍備をその不可欠の要素とする力の競争に参加していることは明らかである。したがって、政治的に積極的な国家はいずれも、できるだけ多くの力を獲得すること、すなわち、何よりも、できるだけ強く武装するということに熱心でなければならない。（モーゲンソー 2013（下），29）

軍備競争は、まさに不安定で動的なプロセスそのものである。

　軍備の他にも、同盟、分割支配、代償、およびバランスの保持者という方法が論じられている。一つ目の**同盟**については、勢力均衡の必然的な手段として紹介されている。同盟政策には、味方側の強化と敵側の弱体化の方法がある（本書第 8 章参照）。二つ目の**分割支配**とは、潜在的に強力な競争相手を分割しておく方法である。近代におけるフランスの対ドイツ政策や冷戦期におけるソ連の対ヨーロッパ政策が該当する。三つ目の**代償**とは、一方が領土を獲得したら他方も領土を獲得して均衡を図る方法である。代償の原則により、18 世紀後半にはポーランドが、19 世紀後半と 20 世紀初頭にはアフリカが分割された。最後に、**バランスの保持者**とは、バランスが崩れた際に劣勢の側に立つことによりバランスの回復をはかる国家のことである。バランスの保持者は、加勢した劣勢側から大きな見返りを期待できた。また、自国を抜きにしてバランスが成り立っているときは他国からは孤立した立場をとった。歴史上、この「光栄ある孤立」の地位にあったのは、16 世紀のヴェネツィアや同世紀から 20 世紀初頭までのイギリスであった [3]。

3 【発展】勢力均衡の限界

　モーゲンソーは、『国際政治』第 14 章において、勢力均衡には不確実性、非現実性、および不十分性という三つの弱点があることを指摘している。まず、**不確実性**とは、さまざまな要素からなる国力の計算が困難であるだけではなく、相互防衛に対する同盟国の意図を確実視できない点が問題をより複雑にすることを意味している。

　次に、**非現実性**とは、各国が力の最大化を目指すので、勢力均衡がなかなか安定しにくいことを指している。力の優位を追求せざるを得ないのは、勢力均衡の不確実性があるからである。すなわち、他国の力を正確に算定することができない以上、安全性の余地をできるだけ確保しておく必要があるからである。この勢力均衡の力学のため、数多くの予防戦争や、帝国主義的戦争、反帝国主義的戦争が起きている。

　最後に、**不十分性**とは、各国のエリートの間に知的・道義的なコンセンサスがなければ、勢力均衡が有益に機能しないということである。言い換えれば、勢力均衡が有益に機能するためには、知的・道義的なコンセンサスが必要なの

である。近代ヨーロッパ世界の場合、1648年の三十年戦争終結から1772年の第1次ポーランド分割までの期間と、1815年のナポレオン戦争終結から1933年のドイツの国際連盟脱退までの期間においては、共通の道義的基準や共通の文明が存在するとの認識があった。そのようなコンセンサスが「あらゆる帝国主義に固有に内在する、力への無限の欲求を抑制し、その欲求が政治的現実となるのを阻止した」という（モーゲンソー2013（中），128）。

　以上のことから、モーゲンソーは、勢力均衡を「力が、国際舞台における力の野心を制限する方法としては粗雑で信頼度の低いものである」と評価している（同，132）。

　さらに、モーゲンソーによれば、第二次世界大戦を経て、勢力均衡は、三つの大きな変化を経験した（同，第21章）。第1に、アメリカとソ連という二つの超大国間における均衡が重要となり、同盟関係の組み換えという方法が失われ、勢力均衡が硬直化した。第2に、2極的な勢力均衡においては、第三の勢力としてのバランサーがいなくなってしまった。そして、第3に、植民地のフロンティアが消滅し、領土拡張による力の追求が著しく困難となった。

　ここで注目したいのは、力の2極化という構造的変化が国家権力への制限を弱くしているとモーゲンソーが考えていることである。

　　　ゲームに積極的に参加する国の数が多ければ多いだけ、考えられる諸関係の数もそれだけ多くなるし、また、現実に反目し合う国家関係についての不確実性や、個々の参加国がこれらの諸関係において実際に果たすべき役割についての不確実性もますます大きくなる。（……）全くあてにならない同盟から生じるバランス・オブ・パワーは極端に柔軟であったためすべての参加国は国際政治というチェス盤においては注意深く行動しなければならなかったし、また、起こりうる危険をすべて予測することができなかったためできるだけ危険を冒さないようにしなければならなかった。（同，372–373）

すなわち、2極化する前の勢力均衡では、同盟関係の柔軟性から生じる**不確実性**が、**注意深さや危険回避の行動**を通じて平和を促進していた面があったというのである。この考え方（**多極平和論**）には、次章で見るとおり、異論が出されている（本書第2章参照）。

　モーゲンソーは、以上の変化から、勢力均衡が権力闘争を抑制することがま

すます困難になってしまったと考えたのである。また、国際道義と世界世論（同，第 5 部）、そして国際法（同，第 6 部）による国家権力の制約も十分には作用しない。そこで、現代世界における平和を維持するためにモーゲンソーが着目したのが、外交という平和的手段による国益の推進・調整である（モーゲンソー 2013（下），第 10 部）。

Ⅲ　帝国主義とロシア

　本節では、帝国主義政策とリーダーの個性に関する理論を紹介した後で、ロシア・ウクライナ戦争を取り上げ、その戦争の原因を考察する。

1　帝国主義政策とリーダーの個性

　モーゲンソー（2013（上），120）によれば、国際政治の権力闘争には、（1）力を維持する現状維持政策、（2）力を増大する帝国主義政策、および（3）力を誇示する威信政策という三つのパターンがあるという。彼の古典的リアリズムでは、力を追求すると仮定されている国家は、帝国主義政策に有利な状況であればそうした政策を取るはずであるとしている。そして、**帝国主義**の誘因として、戦勝による自国に有利な力関係の変更、敗戦による自国に不利な力関係の変更に基づく現状の打破、および弱体国や政治的な真空地帯の存在という三つの状況を挙げている。また、帝国主義の三つの目標として、世界帝国、大陸帝国、および局地的優勢を挙げている。なお、注意すべきなのは、モーゲンソーが帝国主義という用語を「現状の打破、すなわち二国ないしそれ以上の国家間の力関係の逆転を目的とする政策」という意味で使っている点である。この定義には既存の帝国を保持する政策などは含まれないという（同，131）。帝国主義という用語の多義性のため、代わりに**修正主義**という用語を使う人も多い。

　モーゲンソーは、人間性という人類に共通する不変的な要因から国際政治全般の理論的解明に取り組んでいる一方、特定の国家による外交政策を説明することを目的にしていないこともあり、同じ人間のレベルでも政治的リーダーの個人的な差異にはあまり注目していない。モーゲンソーは、政治家は人間性に基づき力を追求すると仮定し、「対外政策の解明の手がかりをもっぱら政治家の動機のなかに求めることは、無益であると同時に人を誤解させる」と述べて

いる（同，45）。また、「政治家の対外政策と、彼の哲学的または政治的所見とを同一視すること……前者を後者から引き出すこと」も誤りであるとしている（同，47-48）。対外政策というものは、政治家の動機や所見から影響を受けることもあるかもしれないが、それらだけでは決まらないからである[4]。

　しかし、リーダーの交代は、対外政策の大きな変更につながり、ひいては国際政治にも多大なる影響を及ぼすことがある。例えば、トランプ大統領は、就任一年目に環太平洋パートナーシップ（TPP）協定や地球温暖化対策のためのパリ協定からの離脱、国連教育科学文化機関（ユネスコ）からの脱退、およびエルサレム首都認定などを宣言して、アメリカの対外政策を大きく転換させた。以前の大統領には見られない衝動的で気まぐれな言動により、世界が振り回されていた感がある。

　国際政治論では、実際の実証研究においては個人レベルに焦点が当てられることは少なかった。それが今世紀になった辺りから、アメリカでは、リーダーやリーダーシップに対する関心が高まっている。この傾向には、2001年9月11日の同時多発テロを契機に始まった対テロ戦争という危機的状況をはじめ、パワーバランスの変化やグローバル化がもたらした不透明かつ複雑な状況が影響しているかもしれない。危機的な状況や曖昧で流動的な状況では、リーダーシップの重要性が高まり、リーダーの個性の影響力が強まると考えられるからである。

　リーダーの個性に着目する最近の研究としては、例えば、脅威の源泉に関するアメリカ大統領の信条が軍事介入戦略に与えた影響、リーダーの年齢や政治体制のタイプが軍事的紛争に与えた影響や、リーダーの軍務経験による軍事的行動への影響、パーソナリティが政治行動に影響を与えやすい状況や年代、革命的リーダーと国際紛争の関係、リーダーシップ・スタイルが対外政策形成に与える影響、リーダーの時間の選好が対外政策決定に与える影響、リーダーシップと勢力均衡政策の関係、国内におけるリーダーへの脅威が同盟行動に与える影響などに関する研究が存在している（宮岡2018）。

2　ロシア・ウクライナ戦争

　親欧米派と親ロシア派の国内対立が続いていたウクライナでは、政府が欧州連合（EU）との連合協定の交渉に後ろ向きだったため、2013年11月に欧州

統合を支持し政府の汚職に反対する市民の大規模な反政府デモが発生した。翌年 2 月には、抗議側と政府側との衝突が騒乱状態に陥ったため、親ロシア派のヴィクトル・ヤヌコービッチ大統領がロシアに亡命し、ウクライナ議会によって解任される事態となった（いわゆる「オレンジ革命」）。

　この政変に乗じて、ロシアは、まず、ウクライナに対して明白な侵略とは分からない形で干渉を行った。ウクライナ南部のクリミアにおいて、ロシア特殊作戦軍の部隊だったとされる親ロシア派武装勢力が自治共和国の議会や政府の建物、空港、幹線道路、軍事施設などを占拠した。同年 3 月、同共和国における「住民投票」の結果を受けて、ロシアは、クリミアを違法に「併合」した。また、ウクライナ東部のドンバス地方（ドネツク州とルハンスク州）においても、ロシアが主導したとみられる親ロシア派武装勢力が地方政府庁舎の占拠を行い、同地方の一部において「住民投票」が行われた。ただし、こちらでは、クリミアとは異なり、直ちにロシアに「併合」されずに、分離派勢力とウクライナ軍の戦闘が継続した。

　2022 年 2 月 24 日、ロシアは、東部のドネツクとルハンスクの分離派勢力からの支援要請に基づく「特別軍事作戦」という名目でウクライナに対する侵略を開始した。当初、ロシア軍は、ウクライナの各方面から同時に侵攻を行い首都キーウに迫ったこともあった。しかし、ウクライナ軍の効果的な抗戦や多数の国家による軍事支援と経済制裁などにより、ロシア軍は北部方面から撤退した。しかし、侵略から 1 年半経った現時点（2023 年 8 月）でも東部や南部での反転攻勢においてウクライナ軍の苦戦が続いている。

3　戦争の原因

　それでは、なぜウクライナの危機や戦争が起きたのかについて、リアリストたちの中でも論争がある。例えば、戦争開始の動機の種類や変化に着目した**古典的リアリズム**を提唱した**リチャード・ルボウ**は、この戦争を引き起こした主な要因としてロシアのリーダーが持つ自尊心への欲求という人間性を挙げている（Lebow 2022）。

　　プーチンは、ソビエト連邦とその帝国の崩壊に対する怒りに燃えていた。彼は、これ［崩壊］が共産主義とソビエト国家の矛盾、および非ロシア系国民に対する

抑圧的な政策に起因していることを軽視または無視した。彼は、ソ連の崩壊における西側の役割を誇張しており、アメリカがロシアのさらなる弱体化に関与しているという彼のしばしば繰り返される主張を信じていることは間違いない。プーチンは欧米に軽視されていると感じ、怒りに燃え、復讐を求めている。ウクライナへの侵略は、この目的とロシアの力を主張するための手段である。プーチンは、可能な限りソビエト帝国を再建し、ピョートル大帝、レーニン、スターリンと同じような比喩的な不滅性を獲得することに熱心なのである。(同, 128-129)

　この見解によれば、安全保障以外の動機を追求するロシアが、モーゲンソーの言う「局地的優勢」を目指し「帝国主義」的行動を取っているということになる [5]。

　他方で、ネオリアリズムを発展させた**攻撃的リアリズム**を提唱した**ジョン・ミアシャイマー**は、2014 年の論文においてウクライナ危機の責任の大半は西側にあるとして次のとおり危機の原因を分析している。

　　ウクライナ危機を誘発した大きな責任は、ロシアではなくアメリカとヨーロッパの同盟諸国にある。危機の直接的な原因は、欧米が北大西洋条約機構（NATO）の東方への拡大策をとり、ウクライナをロシアの軌道から切り離して欧米世界に取り込もうとしたことにある。同時に、2004 年のオレンジ革命以降のウクライナの民主化運動を欧米が支援したことも、今回の危機を誘発した重要な要因だ。（ミアシャイマー 2014, 6-7）

　この見解によれば、西側の帝国主義的政策に対し、安全保障を追求するロシアは現状維持的政策を取らざるを得なかったということになる。

　国際政治全般の傾向ではなく、現代ロシアの外交政策を包括的に説明するためには、やはりリーダーの個性や国家の国内構造などの国内要因も検討しなくてはならないだろう。例えば、2011 年末から 14 年までロシア駐在アメリカ大使を務めたマイケル・マクフォールは、ロシアのウラジーミル・プーチン大統領本人、彼の非自由主義的なアイディア（行政権の強化、市場経済への統制、法の支配の弱体化など）、およびロシアの専制（独裁）的制度に着目しながら 2014 年のウクライナ介入などについて分析している（McFaul 2020）。

　プーチン大統領については、彼の歴史観も重要であろう。プーチン大統領が帝国主義的な野望を持っていることは、彼が 2021 年 7 月に発表した論文のタ

イトル「ロシア人とウクライナ人の歴史的一体性」が示唆的である。論文の中で、プーチン大統領は、10 世紀末から 11 世紀初めのキエフ大公ウラディミル 1 世の古代ルーシ（ロシア北西部、ウクライナ、ベラルーシ）の時代にまで歴史をさかのぼって「ひとつの民族」であることを強調している。また、「ウクライナの真の主権は、ロシアとのパートナーシップにおいてこそ実現可能である」とも述べている（プーチン 2021）。これは、ロシアの勢力圏にとどまらないのであれば、ウクライナの主権は認められないと述べているように聞こえる。そして、プーチン大統領は、ウクライナの領土を併合してきたピョートル大帝やエカテリーナ 2 世の肖像画をモスクワの執務室に飾っているという（ヒル・ステント 2022）。ちなみに、この歴史上の二人は、モーゲンソー（2013（上），155）が「局地的帝国主義」の推進者として例示している人物でもある。

◆注
1)　国際システムの構造に着目する**構造的リアリズム**には、ウォルツのネオリアリズムの他、攻撃的リアリズム、防御的リアリズム、および新古典的（ネオクラシカル）リアリズムを含めることができる（各リアリズムについては今野 2010 参照）。
2)　最初の二つ、(1) と (2) は政策か現状かの違いで、次の二つ、(3) と (4) は力の配分について「ほぼ均等な」ものに限定するかしないかの違いである。よって、(2) と (3) は組み合わせが可能である。
3)　イギリスがバランスの保持者でいられたのは、その権力資源が大きかったことと、ヨーロッパ大陸から地理的に離れていて、そこに重要な利害関係を持たず、他の地域に利益を見いだしていたため、大陸の政治から切り離されていたことが大きかった（モーゲンソー 2013（中），384-385）。
4)　モーゲンソー（2013（上），48）は、「政治的リアリズムは、（……）望ましいものと可能なもの、つまり、いついかなるところでも望ましいものと、時間と空間の具体的な環境の下で可能なものとを鋭く識別することを実際に要求するのである」としている。
5)　アメリカ政府もロシアを帝国主義的と見ている。NSS 報告（2022）には「過去 10 年間、ロシア政府は、国際秩序の重要な要素を覆すことを目標に、帝国主義的な外交政策を追求することを選択してきた」とある。

文献案内

分析のレベル

◆ アリソン，グレアム，フィリップ・ゼリコウ『決定の本質—キューバ・ミサイル危機の分析　Ⅰ・Ⅱ』第 2 版，漆嶋稔訳，日経 BP 社，2016 年［Allison, Graham, and Philip Zelikow. *Essence of Decision: Explaining the Cuban Missile Crisis*, 2nd ed. New York: Longman, 1999］.

◆ ラセット，ブルース，ハーヴェイ・スター，デヴィッド・キンセラ『世界政治の分析手法』小野直樹，石川卓，高杉忠明訳，論創社，2002 年［Russett, Bruce, Harvey Starr, and David Kinsella. *World Politics: The Menu for Choice*, 6th ed. Boston: Bedford/St. Martin's 2000］.

◆ 国際安全保障学会編『国際安全保障』（冷戦後の国内政治と安全保障）第 38 巻第 3 号，2010 年 12 月；（リーダーシップと対外政策変更）第 46 巻第 1 号，2018 年 6 月；（ポピュリズムと米欧安全保障）第 48 巻第 4 号，2021 年 3 月；（「歴史」の中のトランプ外交）第 49 巻第 2 号，2021 年 9 月；（安倍政権は何を変えたのか）第 49 巻第 4 号，2022 年 3 月.

古典的リアリズム

◆ 高坂正堯『国際政治—恐怖と希望』中央公論社，1966 年.

◆ カー，E・H『危機の二十年—理想と現実』原彬久訳，岩波書店，2011 年［Carr, E. H. *The Twenty Years' Crisis, 1919–1939: An Introduction to the Study of International Relations*, 2nd ed. London: Macmillan, 1946］.

◆ 国際安全保障学会編『国際安全保障』（パワー概念と安全保障研究）第 39 巻第 4 号，2012 年 3 月.

帝国主義とロシア

◆ 山本吉宣『「帝国」の国際政治学—冷戦後の国際システムとアメリカ』東信堂，2006 年.

◆ 小泉悠『「帝国」ロシアの地政学—「勢力圏」で読むユーラシア戦略』東京堂出版，2019 年.

◆ 国際安全保障学会編『国際安全保障』（中・東欧をめぐるパワーゲーム）第 48 巻第 3 号，2020 年 12 月.

第2章　無政府状態と国家存立

はじめに

　17世紀イギリスの哲学者である**トマス・ホッブズ**（1588〜1679）は、主著
『**リヴァイアサン**』（1964, 53, 285／原著1651）の中で、国家が存在しない場
合における人々の自然な状態を「無支配 *Anarchy*（それは統治の欠如をあらわ
す）」と呼ぶとともに、**戦争状態**であると見なした（傍点は原文）。「人びとが、
かれらのすべてを威圧しておく共通の権力なしに、生活しているときには、か
れらは戦争とよばれる状態にあり、そういう戦争は、各人の各人に対する戦争
である」（ホッブズ1954, 210）とも述べている。ここで戦争状態とは、現に戦
闘が進行中である状態ではなく、「戦闘によってあらそおうという意志が十分
に知られている」状態のことをいう。このような状態では、「継続的な恐怖と
暴力による死の危険があり、それで人間の生活は、孤独でまずしく、つらく残
忍でみじかい」とした（同, 211）。なお、当時のイギリスは、清教徒革命とい
う内戦を経験したばかりであり、厳しい状態を想起しやすかった。

　絶対王政を支持したホッブズは、人々は、自己保存のために、お互いに自ら
の自由を制限して、彼が「リヴァイアサン（巨大な海獣）」と呼ぶ、絶対主権を
有する国家を樹立し、それに服することを選択するとした。しかし、複数の国
家が出現すると、今度は共通の権力の下にはない国際関係において戦争状態が
生じてしまう。そのため、国家間の無政府状態においては、国家レベルの安全
保障に向けた自助努力が必要になるという。

　本章では、国家存立という国益に注目しつつ、紛争と平和の問題の一つとし
て国家間の無政府状態を取り上げる。第Ⅰ節では、無政府状態と関連のある国
家の主権と存立というテーマを取り上げる。第Ⅱ節では、無政府状態を出発点
として理論を構築した、ネオリアリズムの代表作であるウォルツ著『国際政治
の理論』を紹介する。そして、第Ⅲ節では、無政府状態において発生する安全
保障のジレンマとその可変性について考える。

I　国家の主権と存立

　本節では、国家間の無政府状態に関連して、国家主権という概念や、国連が世界政府ではないことについて説明を行うとともに、国益としての国家存立と日本の安保戦略を取り上げる。

1　国家主権の概念

　ヨーロッパ中世における封建制に基づく国家は、それに続く近世以降の国家とはだいぶ異なっていた。中世国家では、国王は、家臣となった諸侯や騎士に対して保護と封土（諸侯領・騎士領）を与える一方、諸侯や騎士から軍役と忠誠を得ていた。そのため、国王の有する王領は国土の一部でしかなく、国王といっても実質的には地方の一諸侯にすぎなかった。また、ローマ＝カトリック教会の教皇も教皇領を有していた。13 世紀初めごろにローマ教皇であったインノケンティウス 3 世は、イギリス、フランス、ドイツの国王を破門し屈服させることさえあった。

　ところが、16 世紀になると、中世の時代に力を持っていたローマ＝カトリック教会や神聖ローマ帝国が衰退し、一定の明確な領域に対して排他的な最高権力を行使する領域国家が登場してきた。こうした近代国家が、今日の国家の源流となっている。

　新しいタイプの国家の登場を理論面で支えたのが、**主権**（sovereignty）という概念であった。それは、中央集権的な「絶対主義体制を確立しようとする王政側の勢力が、これを阻止しようとする諸勢力に対して掲げた新しい概念であっ」た（福田 1985, 266）。この概念を発展させたのが、16 世紀フランスの**ジャン・ボダン**である。その後、17 世紀イギリスにおいて、ホッブズは、王権神授説（王の権力は神から授けられた神聖不可侵なものとする思想）に頼ることなく、人々による社会契約によって国家の絶対的な権力である主権が成立すると考えた。彼は主権のことを「人工的人間」である国家の「人工の魂」と呼んでいる（ホッブズ 1954, 37）。近代から続く国家の最大の特徴は、主権を有することである。

　主権概念は歴史的に変遷してきたが、現代の国際法においては、国家が持つ主権には、領域権（対内主権）と、独立権（対外主権）という二つの側面があ

ると整理されることが多い。**領域権**とは、「国家が領域内のすべての人や物に対し排他的に統治を行い、また、領域を自由に処分することができること」を指す。他方で、**独立権**は、「国家が対外的にいかなる国家にも従属せず、国際法のみに服すること」という意味であるが、条約締結権、外交使節派遣権、および戦争権などを含む（杉原ほか 2012, 35, 69）。主権という概念は、国家に自律性と独立性を与え、国家の上位に普遍的権威を認めないことから、国家間の無政府状態という概念と論理的に表裏一体のものである。

ただし、主権国家であっても、他国から影響を受けたり、他国に依存したりすることはある。本章の第Ⅱ節で再登場する国際政治学者**ケネス・ウォルツ**（2010, 127）の言葉を借りれば、主権とは「他国からの援助を求めるか否か、また求めることによって他国に債務を負い、自国の自由を制限するかどうかを含めて、国内外の問題にどう対処するかを独力で決める、ということを意味している」のである。

ある国が主権を失うのは、その国の領域内における統治機能を他国がコントロールする、あるいは他国が自ら遂行する場合である。主権を失えば、国家はもはや現代的な意味での国家たり得なくなってしまう。これは、「国家の死」を意味するのである。例えば、日本は、連合国に降伏して占領された 1945 年から、**サンフランシスコ平和条約（日本国との平和条約）**が発効する 1952 年まで、国際社会の中で主権を喪失していた（Fazal 2004, 320）。

2 国連は世界政府ではない

主権国家からなる国際社会において、主権は基本原則である。1945 年の**国連憲章**は、**主権平等**の原則（2 条 1 項）を確認している。また、1970 年に国連総会で採択された「国際連合憲章に従った国家間の友好関係及び協力についての国際法の原則に関する宣言」（**友好関係原則宣言**）は、上記の原則に加えて、それから派生する「いずれの国の国内管轄権内にある事項にも干渉しない義務」（**国内問題不干渉義務**）も挙げている。そこでは、国内管轄事項の内容としては「国の人格又はその政治的、経済的及び文化的要素」や「政治的、経済的、社会的及び文化的体制を選択する不可譲の権利」が言及されている。

ここで、そもそも**国連**は、国家の上に立つ世界政府でも超国家的組織でもないことを強調しておきたい。「国家が最高権威——すなわち特定領域内での主

権者——であるということは、論理的には、(……) その国家に上位する権威が存在しないことを意味する」(モーゲンソー 2013 (中)，306-307)。国連が存在していても、国際政治は世界政府が欠如している状態、すなわち無政府状態のままである。

　国連は、国家の主権を侵害することはできない。国連憲章 2 条によれば、この国際機構は、「すべての加盟国の主権平等の原則に基礎をおいて」(1 項) おり、「本質上いずれかの国の国内管轄権内にある事項に干渉する権限」(7 項) を持っていない。ただし、憲章上、この**国内問題不干渉原則**は、憲章第 7 章に基づく「平和に対する脅威、平和の破壊及び侵略行為」を行った国への強制措置 (集団安全保障、本書第 5 章参照) には適用されないという但し書きが追記されている。また、21 世紀になって、国家主権を制限し、国際社会の軍事介入を正当化する根拠となり得る「**保護する責任**」という概念が登場してきた[1]。だが、現実問題として、**国連安全保障理事会** (以下「国連安保理」という) において拒否権を持つ常任理事国 (現代の大国) が 1 カ国でも反対すれば、強制措置を発動することはできないのである (27 条)。

　また、予算規模からしても、国連が世界政府ではないことが分かる。以前、国連広報センターのウェブサイト (日本語) は、2012 年の国連通常予算が 2013 年度の東京都世田谷区の一般会計当初予算額 (約 2,423 億円) と同規模であったことを認めていた。国連は、旧連合国を中心に設立された、国家の国家による国家のためのクラブ (会員制組織) と言ってよいだろう。それ以上でもそれ以下でもない。

　国連は、そもそも第二次世界大戦で日本を含む枢軸国と戦った連合国が作った国際機構である。連合国も国連も英語では同一表記 (United Nations) である。和訳された国連憲章の前文は、「われら連合国の人民は」で始まる。国連安保理の常任理事国は、連合国の主要メンバーであったアメリカ・イギリス・フランス・中国・ロシア (ソ連) である。また、憲章上に「敵国」や「第二次世界大戦中にこの憲章の署名国の敵であった国」(枢軸国のこと) といった表現が散見される (53 条、77 条、および 107 条)。中国語では「聯合國」と訳されているとおり、国連は、「連合された諸国」のことである。

3　国家存立と日本

　国際政治論のリアリズムは、諸国家間の戦争状態を前提にすることから、国家の中核的な利益として、国家の存続を挙げている。それでは、何をもって国家の存立と言えるのであろうか。マキアヴェリの政治思想の流れをくむ代表的な古典的リアリストである**ハンス・モーゲンソー**は、次のとおり**国益（ナショナル・インタレスト）**を限定的に定義している[2]。

> 平和愛好国家のナショナル・インタレストは、<u>国家安全保障</u>の観点からのみ定義されるべきである。しかも国家安全保障は<u>国家の領土および諸制度の保全</u>として定義されなければならない。そこで、国家安全保障とは、外交が相手に妥協せずに適当な力を動員してまもられなければならない最小限のものをさす。（モーゲンソー 2013（下），343、下線は筆者）

　また、モーゲンソーは、アメリカの国益に関する論文（Morgenthau 1952, 973）において、国益の最小限のものとして国家の存立を挙げて、「国家の領土、政治的制度、および文化の保全」が含まれるとした。

　序章で紹介したドナルド・ニヒターラインは、アメリカが追求すべき基本的かつ長期的な国益の一つとして、「国土防衛（国防）」を挙げていた。それは、「潜在的な外国の危険に対するアメリカの国民、領土、および制度の保護」と定義されている（Nuechterlein 1985, 8）。

　日本の安保戦略（2022, 5）は、日本が守るべき一つ目の国益を以下のとおり記載している。

> 我が国の主権と独立を維持し、領域を保全し、国民の生命・身体・財産の安全を確保する。そして、我が国の豊かな文化と伝統を継承しつつ、自由と民主主義を基調とする我が国の平和と安全を維持し、その存立を全うする。また、我が国と国民は、世界で尊敬され、好意的に受け入れられる国家・国民であり続ける。

上記の文章は 2013 年の安保戦略とほぼ同じ表現を使っているが、最後の一文が追加されている。なお、1957 年の**国防の基本方針**では、国防の目的として「民主主義を基調とするわが国の独立と平和を守ること」を挙げていた（朝雲

新聞社編集局編著 2023, 27）。以上の国益定義は、モーゲンソーの「国家の領土、政治的制度、および文化の保全」やニヒターラインの「国民、領土、および制度の保護」という表現と類似している。ただし、政治制度のうち特に「自由と民主主義」を強調した点や「国民の生命・身体・財産の安全」という表現には、自由主義思想の影響が見て取れる（本書第 4 章参照）。

II　ネオリアリズムの理論

　ケネス・ウォルツは、代表作『**国際政治の理論**』（2010／原著 1979）において、国際政治システムの構造に焦点を当てて、**ネオリアリズム**（または構造的リアリズム）の基礎となる簡潔な理論を提示した [3]。その主張を一言で言えば、「無政府状態という国際構造の下で、国家は力の均衡（パワー・バランス）を目指す」というものである。本節では、国際システムの構造、勢力均衡理論、および 2 極平和論に焦点を当ててネオリアリズムの理論を紹介する。

1　国際システムの構造

　本項では、国際政治システムの構造（＝国際政治構造）という概念を紹介しよう。
　まず、**システム**は、環境・状況・文脈・場のような**構造**（structure）と、その中で相互に作用する**ユニット**（**行為主体＝アクター**）の二つからなる。構造は、ユニットそのものの特性・行動・相互作用（プロセス）とは区別された、ユニットの配置に着目する概念である。例えば、経済市場システムは、市場という構造と企業などのユニットからなる。
　政治構造は、（1）システムの**秩序原理**、（2）ユニットの**機能的差別化**（役割分担）、および（3）ユニット間の**能力分布**によって定義される。**国内政治構造**の場合、まず、強制力を持つ統治権の下に関連組織が上下関係において組織されていることから、階層的な**ハイラーキー**という秩序原理で特徴付けることができる。次に、権力分立の原理に基づき国会、内閣、および裁判所の間で役割分担があり、立法・行政・司法とそれぞれの機能（権能）が差別化されている。そして、国会、内閣、および裁判所の間の関係は、各機関の相対的能力によっても影響を受ける。なお、政治構造は政治過程（相互作用）に影響を与える。議院内閣制を採用するイギリスと日本のように、同じような政治構造を持つ国

は同じような政治行動が見られるのである。

　他方で、**国際政治構造**は、国家の機能的差別化がないため（次項参照）、秩序原理と能力分布の二つだけで定義することができる。まず、国際政治構造の秩序原理は、非集権的で水平的な**アナーキー**（無政府状態）である。この用語は、国際社会では世界政府が存在せず主権国家が併存しているという状態を指している。ここで言う構造としてのアナーキーは、過程である無秩序・カオスを意味しない。原始社会のように、秩序ある無政府状態もあり得る。アナーキーにおける必然的な行動原理としては、**自助**（self-help）の**原則**がある。諸国家を守ってくれる世界警察がない以上、国家は自らを助けなければならない。国際システムは自助システムである一方、国内システムは自助システムではない。このため、政府が正統な軍事力の使用を独占している。

　ここで、アクターの動機については、「生き残ることは、（……）国家のいかなる目標を達成する場合でもその前提条件となる」として、「国家は**生き残ることを確実にしようとする**」、すなわち安全保障が国家の最高目的であるという仮定が導入されている（同，121、太字は筆者）。なお、この仮定は、「国家はつねに生き残ることを確実にすることにだけ専念して行動する」ことや「どの国家も完全な知識や知恵をもって行動する」ことを意味しているわけではない（同，121-122）。

　次に、国際政治構造の能力分布は、端的に言えば**大国の数**によって定義される。能力はユニットの属性であるが、ユニット間の能力分布は構造の特徴となるのである。システム内において、二つの大国のみが存在すれば**２極構造**となり、三つ以上の大国が存在すれば**多極構造**となる。大国の数において、二つと三つ以上の間に質的な違いがあると見なされているのである。歴史的には、20世紀初頭までは大国が多数存在している多極構造の時代であったが、冷戦期はアメリカとソ連という二つの超大国からなる２極構造の時代であった。なお、二つの世界大戦時のように多数の大国が二つの同盟に分かれた国際政治システムは、二つの超大国からなる２極システムとは構造的に区別されている。ちなみに、ウォルツの理論は市場理論からの類推である。市場の構造は、競争している企業の数によって定義される。同等な企業が多数存在している完全競争は、少数の企業が市場を支配している寡占競争と区別される。

　以上のことから、国際システムの変化とは、ハイラーキカルな領域への移行

や、ユニット間の能力分布の変化を意味しているのである。

２　勢力均衡理論

　新冷戦が始まった頃に出版された『国際政治の理論』において、ウォルツは、アナーキーな秩序において安全保障を最優先する国家が存在するという仮定から**「勢力均衡は繰り返し形成される」**という仮説を導いている。いつも均衡しているわけではないが、均衡が崩れてもまた復元するということである。ここで勢力均衡とは、国家行動の結果を示すものとして使われている。結果として勢力均衡をもたらす国家行動は**バランシング**（パワーの均衡をとること、均衡化）と呼ばれる。アナーキー下にある国家は自己保存のためにバランシング行動をとると予測されている。しかし、モーゲンソーとは異なり、ウォルツは、国家がシステム全体の勢力均衡を目的としているか否かは問題にしていない。むしろ、それまでの国際政治論にありがちであった「動機と結果とが必然的に呼応していると前提すること」を強く批判している（同，159）。市場における企業の行動が、企業の意図にかかわらず市場の均衡をもたらすのと同様であると、彼は考えている。

　バランシング行動は、「**対内的努力**（経済力の向上、軍事力の増進、巧妙な戦略の開発）と、**対外的努力**（味方の同盟の強化・拡大、敵の同盟の弱体化・縮小化）」の二つに分類できる（同，155-156、太字は筆者、本書第７・第８章参照）。

　そしてウォルツは、勢力均衡が競争的なシステムであることから、「国家が互いを模倣し」「国家が競争者としての共通の特性を示すこと」という仮説も提示している（同，169）。軍事技術や軍事手段における競争においては、強国であったプロイセン王国の参謀本部システムが日本を含めた列強各国に模倣された。ウォルツは言及していないが、自国の安全保障に危機感を持ち富国強兵のために西洋諸国の諸制度を貪欲に模倣していた明治期の日本は、分かりやすい例であろう。過去の模倣の結果、無政府状態に置かれた国家は、主権を有しているという共通性の他、防衛や治安維持から外交、司法、社会保障まで機能的にはほとんど同じ活動を行っている。国際システムの構造は、国家の相互作用（過程）にだけでなく、国家の特性にも影響するのである。

　この点でも、国際政治構造は、国内政治構造と対照的である。後者の場合、権力分立の原理に基づき国会、内閣、および裁判所の間で役割分担があり、立

法・行政・司法とそれぞれの機能（権能）が差別化されている。以上のことから、国内政治構造では重要であったユニット間の機能的差別化は、国際政治構造の定義では不要となるのである（前項参照）。

3　【発展】２極平和論

　ウォルツにとって、国際システムの安定性とは、国際構造が変化しないことを意味している。すなわち、アナーキー状態の維持と、２極なら２極のまま、多極なら多極のまま国家間の能力分布が変化しないことである。例えば、システムにおける大国の数が五つから六つに変わっても、国際システムの安定性は維持されている。この安定性の限定的な定義は、「私も、1964年と1967年に書いた論文で、安定性を、平和と国際関係の有効的管理の両方を意味するものとして使ってしまった」という反省に基づいている（同，214）。現実に起こり得る国際システムの変化は、彼の理論によれば、２極から多極へ、またはその逆ということになる。ちなみに、ウォルツは三つの大国からなるシステムは安定しないとみている。二つの大国が結託して一つの大国を弱体化させてしまうというのがその理由である。

　２極と多極との間で大きく異なってくるのは、バランシングの仕方である。多極システムでは対内的努力（自国能力の強化）と対外的努力（他国能力の追加）の両方が調整手段として使えるが、２極システムでは対内的努力のみが調整手段となる。なぜならば、後者では二つの超大国とそれら以外の国家の間で能力の差がありすぎるからである。２極システムでも同盟関係が発生し得るが、それはバランシング行動とは言えないものである。

　ウォルツは、多極システムの危険性を強調している。他国に依存できる多極システムでは、追加的な調整手段を持てるが、同盟関係が不確実である点が問題である。責任の所在が不明瞭となり、同盟国はいざというときに助けに来てくれないかもしれないし、正確にその能力を他国に開示しているとは限らない。そして、昨日の友が今日の敵になり得るような状況で、明確な脅威が認定しにくい。そうした同盟関係の柔軟性という多極システムの特徴が、戦争の原因となり得る**不確実性と誤算**の危険性を高めている。これは、前章で紹介したとおり、多極世界の不確実性がむしろ注意深さや危険回避の傾向を生み、平和を促進すると考えるモーゲンソーの多極平和論とは対照的な見解である。

　ウォルツは、２極システムの平和性（**２極平和論**）を主張する。このシステムでは、対内的バランシングしか調整手段はない。しかし、自国に頼る対内的バランシングの方が他国に頼る「対外的バランシングより、あてになるし正確である」。それに、自国に匹敵する大国は一つしかなく、脅威は明確であり、「不確実性は少なく、計算は容易なのである」（同，222）。拮抗した競争関係においては、イデオロギー競争よりも国益（安全保障）の方が優先される傾向にある。相互行為の積み重ねから国家の考え方が類似してきて、国家間の調整が容易になる。二大国間の緊張度は高いが、当てにできる国家はなく、それ故に自制の必要性も高い。これらの実例として、冷戦時代の米ソ関係（本書第３章参照）が挙げられている。

　なお、２極システムの危険性として大国による**過剰反応**が指摘されている。責任転嫁できない大国は、ライバル国家との競争上世界全体に関心を持ち、自国から遠い、死活的ではない問題にも介入しがちとなる（アメリカのベトナム介入など）。しかし、大国間の戦争を引き起こしやすい誤算という多極システムのデメリットに比べたら、２極システムのデメリットである「過剰反応はコストがかかるだけであり、行われる戦争も限定的で、害はより少ない」とされている（同，228）。つまり、ウォルツによれば、戦争の原因となる不確実性や誤算が相対的に少ない２極システムは、より平和的なのである。

Ⅲ　安全保障のジレンマ

　安全保障のジレンマは、国際構造に焦点を当てるリアリズムの中心的な概念の一つである。それは、戦争よりも平和を好む現状維持的な国家間でさえ、無政府状態の下で時には恐怖から意図せざる戦争が起きてしまうロジックを説明してくれる。ロバート・ジャーヴィス（Jervis 1976, 66）の言葉を借りれば、「この観点からすれば、国際関係論の主要なテーマは悪ではなく悲劇なのである」。本節では、安全保障のジレンマの概念と、その程度に影響を与える二つの要因、すなわち攻撃・防御の識別と攻撃・防御バランスについて考える。

1　安全保障のジレンマの概念

　明治時代の日本で自由民権運動の理論的指導者であった**中江兆民**（1847〜

1901）は、ジャン＝ジャック・ルソーの思想を日本へ紹介したことでも有名であるが、現代でも読まれている彼の著作『三酔人経綸問答』（中江 2014, 130-131／初版 1887 年）の中で、南海先生という登場人物に以下のとおり語らせている。

> 二国が開戦に至るのは、たがいに戦いを好むからではなく、まさに戦いを恐れるためにそうなるのです。こちらが相手を恐れて急ぎ軍備に走れば、相手もまたこちらを恐れて兵を集め、たがいの神経症は日に日に盛んに激しくなる。さらに新聞が、それぞれの国の事実と風聞とを区別なく並べて報道し、それに自己の神経症の色彩を加えて一種異様な幻影で社会をおおいつくす。こうなればたがいに相手を恐れる二国の神経症はますますこうじて錯乱するに至り、先手をとれば勝てると思い込み、やられる前にやってやろうと、開戦に至る。

この発言の中で、双方のノイローゼを悪化させるものとして、デマを含めた新聞報道を挙げていることは興味深い。

　安全保障のためにパワー競争の悪循環が生じてしまうことを、ジョン・ハーツは論文（Herz 1950, 158）の中で「**安全保障のジレンマ**」と呼んだ。安全保障のジレンマが生じるのは、まず、個人や集団は、他の個人や集団を攻撃する能力を持っているからである。誰もが潜在的な敵という現実がある。次に、個人や集団は、他の個人や集団の意図について知るよしもないという不確実性があるからである。特に安全保障のジレンマは上位の権威がないところで深刻になる。こうした状況においては、他者によって攻撃されるかもしれないという相互の不信と恐れが極度に強くなるからである。以上のとおり、ハーツは、安全保障やパワーの追求を説明するのに、国際システムに注目している。

　ロバート・ジャーヴィスは、著名な論文「**安全保障のジレンマの下における協調**」（Jervis 1978）の中で、安全保障のジレンマの程度が常に一定であるわけではなく、それが緩和すれば国家間における協調の可能性が高まることを主張した。この論文では、安全保障のジレンマは「自国の安全保障を高めようとする手段の多くが他国の安全保障を低めてしまうこと」と定義されている（同, 169）。この状況では、他国が安全保障を高めることにつながり、結局のところ自国の安全保障が低下してしまい、軍備競争を誘発してしまうのである。

　この論文の後半で、ジャーヴィスは、安全保障のジレンマの程度が**攻撃・防**

表 2-1　四つの世界

	攻撃優位	防御優位
攻撃・防御の識別 不可	①　安全保障のジレンマ 　　二重に危険	②　安全保障のジレンマ 　　競争が起きない可能性
攻撃・防御の識別 可能	③　安全保障のジレンマはなし 　　攻撃を受ける可能性	④　安全保障のジレンマはなし 　　二重に安定

出典：Jervis（1978, 211）の表を参考にして筆者作成

御バランスおよび**攻撃・防御の識別**（differentiation）という二つの変数によっ て影響を受けるという主張を提示し、この二つの変数を組み合わせて、四つの 可能な世界を描いてみせた（表 2-1 参照）。この表によると、安全保障のジレ ンマが発生する必要条件は、攻撃・防御の識別ができないことである。さらに、 攻撃・防御バランスで攻撃が優位な場合は、ジレンマが深刻化することになる （世界①）。ただし、防御が優位な場合は、安全保障のジレンマが発生しても、 その程度が軽微であるため、安全保障上の競争が起きない可能性がある（世界 ②）。他方で、攻撃・防御の識別ができれば、安全保障のジレンマは生じない。 さらに、防御が優位な場合は、二重に安全ということになる（世界④）。ただ し、攻撃が優位な場合は、安全保障のジレンマが発生しなくても、攻撃される 可能性がある（世界③）。

　以下、本節の残りの部分において、引き続きジャーヴィスのこの論文（安全 保障のジレンマに焦点を当てる**防御的リアリズムの基本文献**）に依拠して、これら の二つの変数について通常（非核）戦力に限定して補足説明をしておく。

2　攻撃・防御の識別

　まず、**攻撃と防御の識別**とは、ある国家の軍事的な姿勢や部隊、兵器などに ついて攻撃的か防御的かという点で識別がつくのかどうかという概念である。 識別がつくことによってどのようなメリットがあるのか。第 1 に、現状維持 国は、防御兵器を重視するため相互に認識し合うことができ、国際協調がしや すくなる。第 2 に、現状維持国は、他国の攻撃計画について、攻撃兵器の開 発や配備に注目することにより、事前の警告を受け取ることができる。よって、 潜在的な敵国が平和的な態勢をとっている限り、防御的な軍備を増強する必要

がなくなる。第３に、もし全ての国家が現状維持を支持するならば、攻撃兵器を禁止することができる。しかし、現状ではそのような合意はほとんどない。なぜであろうか。

　ジャーヴィスによれば、攻撃兵器と防御兵器を分けようとする国際交渉は、ことごとく失敗してきた。なぜならば、簡潔で曖昧さのない定義は不可能だからである。また、実は、現状維持国でも攻撃兵器が必要な場合があるのである。すなわち、(1) 明確な攻撃優位の状況、(2) 戦争初期に失った土地を奪還する場合、(3) 敵が領土を失って初めて講和に応じる場合や、同盟国が第三国と戦争をする際には攻撃に参加するとのコミットメントがある場合である。また、侵略国が攻撃兵器の獲得の前に防御兵器を獲得することがある。さらに問題をややこしくしているのは、戦車など同じ兵器でも、地理的な状況や使い方で攻撃的にもなり、防御的にもなるのである。

　しかし、ある程度の識別は可能であるという。攻撃だけに役に立つ兵器や戦略というものはめったに存在しないが、ほとんど防御に特化したものは存在する。防御の本質は、自国の領土に敵を入れないことである。純粋に防御的な兵器とは、敵の国土に侵入する能力は持たずに防御できるものである。機動力のない要塞はその典型例であるが、航続距離の短い戦闘機や対空ミサイルなどの機動力の低い兵器は、相対的に防御的である。また、消極的抵抗など自国の領土内でのみ能力を発揮するものや、覇権国に対抗する連合も同様である。他方で、移動式重砲や重戦車など要塞や障害を破壊するのに効果的な兵器は、攻撃的なものとなる。また、奇襲に有効な兵器や戦略は、ほとんどいつも攻撃的となる。

　日本政府は、攻撃的兵器と防御的兵器のある程度の識別は可能という立場を取っている。政府見解によれば、日本が憲法上保持できる自衛力は、自衛のための必要最小限のものでなければならない。国会における政府答弁を踏まえ、1988 年以降の**防衛白書**（本書まえがき参照）では、「性能上専ら相手国国土の壊滅的な破壊のためにのみ用いられる、いわゆる攻撃的兵器」の保有は、憲法上許されないと明記されている。そして、それに該当する兵器として大陸間弾道ミサイル（ICBM: Intercontinental Ballistic Missile）、長距離戦略爆撃機、攻撃型空母が例示されている。

　なお、特に冷戦末期から議論になってきた「空母」の導入は、2018（平成

30)年12月に決定された30 **防衛大綱**（本書まえがき参照）に書き込まれた。

> さらに、柔軟な運用が可能な短距離離陸・垂直着陸（STOVL）機を含む戦闘機体系の構築等により、特に、広大な空域を有する一方で飛行場が少ない我が国太平洋側を始め、空における対処能力を強化する。その際、戦闘機の離発着が可能な飛行場が限られる中、自衛隊員の安全を確保しつつ、戦闘機の運用の柔軟性を更に向上させるため、必要な場合には現有の艦艇からのSTOVL機の運用を可能とするよう、必要な措置を講ずる。(30 防衛大綱, 19)

最後の「必要な措置」とは、同時期に決定された2019（平成31）年から5カ年を対象とする31 **中期防**（本書まえがき参照）によれば、「海上自衛隊の多機能のヘリコプター搭載護衛艦（「いずも」型）の改修」であるという。これは、事実上「ヘリ空母」から、短距離離陸・垂直着陸戦闘機も運用できる「空母」への改修と見ることができる。しかし、日本政府は、改修後においても同艦を「多機能の護衛艦」として運用するとしている。

3 【発展】攻撃・防御バランス

　攻撃・防御バランスとは、攻撃と防御のどちらが優位であるかを示す概念である。攻撃優位は、自国を防衛するより他国軍を破壊したり他国を占領したりする方が容易であることを意味している。他方で、防御優位は、前進、破壊、および占領よりも防護や保持の方が容易なことを指している。攻撃・防御バランスの安全保障のジレンマへの影響は、戦力整備と軍事戦略という二つの問題に分けて考える必要がある。攻撃的戦力と防御的戦力のどちらの整備によりお金をかけるべきかという問題については、防御優位ならば、防御的戦力の整備が進み、軍備競争は起こりにくいと予想される。攻撃か防御かという軍事戦略上の問題では、攻撃優位の場合、先制攻撃の誘因が高まり、短期の安定性が低下すると考えられる。

　また、攻撃優位であるとの信念が安全保障のジレンマを深刻化する。迅速で犠牲の少ない決定的な勝利が可能となれば、戦争が勝者にとって有益となり、軍備競争や事前の同盟形成が起こり、他国の意図を攻撃的と見なす傾向も強まる。こうなれば、現状維持国間での協調はさらに困難とならざるを得ない。

　他方で、防御優位との信念がある場合は、まさに逆の状態となり、状況が安

定化し、国際協調はより一般的になる。19世紀のビスマルクの戦争が攻撃優位を証明することになり、この状況が続くと想定されるようになった。しかし、その期待は、20世紀初頭の第一次世界大戦によって間違っていたことが明らかとなった。塹壕や機関銃により防御優位となっていったのである。その大戦の終結後すぐの時期には、安全保障のジレンマは低下し、軍備競争は回避された。このジレンマにとって重要なのは、客観的な状況よりも主観的な認識の方なのである。

　攻撃・防御バランスを決定する主要な要因には、地理と技術がある。まず、地理的要因については、一般的に戦術レベルでは防御が優位となる。なぜならば、防御側が掩蔽（cover）を利用できるのに対し、攻撃側はどうしても敵から見て暴露されがちだからである。海・大河・山脈といった天然の障害物は、防御を優位にする。もし世界が自給自足の島国で成り立っていたら、安全保障のジレンマは小さいことになる。また、ナショナリズム、そして非武装地帯を定めた条約や海軍条約などの人為的な障害物も、防御を有利にするのである。

　次に、技術的要因については、保護されていないミサイルや爆撃機など、敵の攻撃に脆弱な兵器は、攻撃される前に使いたいという誘因を持ち、不安定化を引き起こしやすい。逆に、強固な地下設備で守られたミサイルなどは、先制攻撃の誘因を持たない。陸上戦においては、一般的に、要塞と支援小型火器は防御優位を、機動力と重火器は攻撃優位をもたらす傾向にある。

　攻撃・防御バランスは、時代とともに変化しているという見方が一般的である。中世の12・13世紀には、要塞が攻撃を困難なものにしていたが、15世紀の終わりには火器が普及し、要塞を破壊しやすくなった。しかし、17世紀半ばから18世紀半ばにかけて再び防御優位の時代が訪れた[4]。19世紀の移動式重砲は、攻撃優位を復活させたが、第一次世界大戦は防御優位を示していた。第二次世界大戦のドイツ軍による進撃は、高度に機械化された軍の攻撃力を示していた。戦後は、戦車や戦術航空戦力により攻撃が優位であると信じられていたが、1973年の第4次中東戦争では、対戦車・対空兵器により防御優位であると見なされるようになった。以上がジャーヴィスによる安全保障のジレンマに関する説明である。最後の点は、ロシア・ウクライナ戦争において対戦車ミサイル「ジャベリン」や対空ミサイル「スティンガー」が有効であったことや、同戦争が消耗戦となり長期化していることを想起させる。

◆注

1)　2005 年国連首脳会合成果文書は、「各々の国家は、大量殺戮、戦争犯罪、民族浄化及び人道に対する犯罪からその国の人々を保護する責任を負う」（パラグラフ 138）とし、国家当局がそうした責任を果たすことができない場合には、国連憲章第 7 章に基づく強制的な集団的行動をとり得ることを明らかにしている（外務省 2005）。代表的な事例としては、2011 年、民主化運動を弾圧したリビアに対して、国連安保理決議に基づき米英仏伊などが空爆したことが挙げられる。

2)　その上で、モーゲンソー（2013（下），345）は「国家は自国にとって死活的でない争点に関してはすべてすすんで妥協しなければならない」とも述べている。つまり、必要があれば軍事力を使ってでも守られなければならない国家安全保障の範囲をできるだけ狭く捉えることにより、調整（外交）による平和の余地を大きくしようとしているのである。

3)　ウォルツ本人も自分の理論についてネオリアリズムという名称を使っている（Waltz 1990b, 29n21）。

4)　大砲の攻撃に耐えられるように稜堡を備えた星形要塞が発展した（ハワード 2010）。

文献案内

国家主権

◆ 高澤紀恵『主権国家体制の成立』山川出版社，1997 年.

◆ 篠田英朗『「国家主権」という思想―国際立憲主義への軌跡』勁草書房，2012
年.

◆ 小川浩之，板橋拓己，青野利彦『国際政治史―主権国家体系のあゆみ』有斐閣，
2018 年.

◆ 政所大輔『保護する責任―変容する主権と人道の国際規範』勁草書房，2020 年.

◆ 日本国際政治学会編『国際政治』（国家主権と国際関係論）第 101 号，1992 年
10 月.

◆ 国際安全保障学会編『国際安全保障』（主権国家体制のゆくえ）第 45 巻第 2 号，
2017 年 9 月.

ネオリアリズムの発展

◆ ギャディス，ジョン・L『ロング・ピース―冷戦史の証言「核・緊張・平和」』
五味俊樹ほか訳，芦書房，2002 年 [Gaddis, John Lewis. *The Long Peace: Inquiries into the History of the Cold War*. Oxford University Press, 1987].

◆ レイン，クリストファー『幻想の平和―1940 年から現在までのアメリカの大戦
略』奥山真司訳，五月書房，2011 年 [Layne, Christopher. *The Peace of Illusions: American Grand Strategy from 1940 to the Present*. Cornell University Press, 2006].

◆ ミアシャイマー，ジョン・J『大国政治の悲劇』新装完全版，奥山真司訳，五月
書房新社，2019 年 [Mearsheimer, John J. *The Tragedy of Great Power Politics*, updated ed. New York: W. W. Norton, 2014].

安全保障のジレンマ

◆ ラセット，ブルース・M『安全保障のジレンマ―核抑止・軍拡競争・軍備管理を
めぐって』鴨武彦訳，有斐閣，1984 年 [Russett, Bruce. *The Prisoners of Insecurity: Nuclear Deterrence, the Arms Race, and Arms Control*. San Francisco: W. H. Freeman, 1983].

◆ 土山實男『安全保障の国際政治学―焦りと傲り』第 2 版，有斐閣，2014 年.

第3章　覇権の盛衰

はじめに

　国際政治論において最も言及されることの多い戦争の一つが古代ギリシアの**ペロポネソス戦争**（前431〜前404）であると言ったら、意外であろうか。この戦争は、アテーナイ（アテネ）を中心とするデロス同盟と、ラケダイモーン（スパルタ）を中心とするペロポネソス同盟との間で起き、アテーナイの敗北で終わる戦争である。その前の**ペルシア戦争**（前500〜前449）では、ペルシア軍による前480年の第3回遠征に対し、ラケダイモーンとアテーナイを中心とするギリシア連合軍が組織されたことがあった。ペロポネソス戦争は、その半世紀後に起きている。都市国家アテーナイ出身の史家**トゥキディデス**（前460ごろ〜前400ごろ）がこの戦争について書いた古典『**戦史**』（トゥーキュディデース 1966-7／原著前5世紀）は、国際政治論・安全保障論を学ぶ者にとっての必読文献となっている。

　『戦史』が2500年近い時を経ても必読の古典となっているのは、本大戦のきっかけ（直接的原因）となったケルキューラ紛争やポテイダイア紛争などを記述することにとどまらず、その真の原因を分析したことにある。トゥキディデスは、次のとおり語っている。「アテーナイ人の勢力が拡大し、ラケダイモーン人に恐怖をあたえたので、やむなくラケダイモーン人は開戦にふみきったのである」（トゥーキュディデース 1966（上），77）。「主たる理由はアテーナイがすでにひろくギリシア各地を支配下にしたがえているのを見て、それ以上の勢力拡大を恐れたことにある」（同，136）。ここには、パワーバランスの変化に伴い生じる問題や緊張がよく表されている。

　本章は、リアリズムの覇権理論に依拠しながら、紛争と平和の問題の一つとして覇権の盛衰を取り上げる。ここで**覇権**とは「ある大国が国際システム全体を支配している状態」（ミアシャイマー 2019, 78）を意味し、覇権を握っている国のことを**覇権国**と呼ぶ。覇権は**単極構造**を前提にしている（ギルピン 2022）。

第Ⅰ節では、現代における米ソ2極から米単極への国際構造の変化について歴史と理論の両面から説明する。第Ⅱ節では、覇権に関連するリアリズムの理論について解説する。そして、第Ⅲ節では、現在進行中の中国の台頭とその影響について考察する。

Ⅰ 冷戦期からの国際構造の変化

　本節では、冷戦期（1945〜89年）における2極世界とポスト冷戦期（1990・2000年代）における単極世界を概観するとともに、単極平和論をめぐる論争を紹介する。なお、2010年代における国際構造（能力分布）の変化については本章第Ⅲ節で扱う。

1　冷戦期の2極世界

　冷戦期は、国際構造が2極であったと考えられている。確かに、この時期には大国間の直接的な戦争はなかった。しかし、以下に見るとおり、冷戦期と言っても、同じ2極構造の下にありながら、米ソ間の緊張の程度は変化していた。この点について、ウォルツは、「構造がすべてを説明するわけではない。（……）国際政治の結果を説明するには、システムの構造とともに、国家の能力、行動、相互作用を見なければならない」と述べている（同, 231）。

　第二次世界大戦が終わって間もなくすると、超大国として頭角を現してきたアメリカとソ連の間で対立関係が始まった。アメリカ側において、**ハリー・トルーマン大統領**（民主党、任1945〜53）は、1947年3月の議会演説の中で、ソ連を封じ込めるために、ギリシアとトルコへの援助を行う権限を承認するよう訴えた（**トルーマン・ドクトリン**）。さらに、1948年から1951年にかけて第二次世界大戦で被災したヨーロッパ諸国の経済復興のために大規模な援助計画（**マーシャル・プラン**）を実施した。安全保障面では、1949年に西欧10カ国やカナダと北大西洋条約に署名して**北大西洋条約機構**（**NATO**: North Atlantic Treaty Organization）を設立した。

　アメリカとソ連の対立関係は、核戦争の危険もあった1962年のキューバ危機で最高潮に達した後、ずっと順調だったわけではないが、改善の基調にあった。1960年代末からの10年間、特に1972年から75年半ばにかけては、米

ソ間の**デタント**（緊張緩和）と呼ばれる状況にあった。**リチャード・スチーブンスン**は、その著書『**デタントの成立と変容**』（1989／原著 1985）の中で、このデタントの成立に寄与した要因を五つ挙げている。すなわち、(1) 1971 年の米中関係の改善、(2) ベトナムからのアメリカ地上軍の漸進的撤兵、(3) 米ソ間での軍事力の均衡化、(4) 軍拡競争による米ソ経済への過重負担、および (5) 米ソ指導者たちの政治的・外交的手腕である。

　第 3 の要因に着目すれば、米ソ間のデタントは、「勢力均衡による平和」の一例と考えることもできる。冷戦時代の前半においては、戦車等の通常戦力で勝るソ連中心の東側陣営に対して、アメリカ中心の西側陣営は核戦力の優位で対抗していた。それが 1960 年代末に、ソ連は、核戦力においてアメリカと「パリティ（同等）」の地位を達成したのである（本書第 10 章参照）。

　しかし、1970 年代の後半になって、デタントは後退していった。その理由として挙げられるのは、まず、ソ連が核兵器と通常兵器の両方において軍備拡張を続けたことである。また、ソ連は、アンゴラの内戦、エチオピアの対ソマリア戦争、および南イエメンでのクーデタなどの動乱に介入して、親ソ政権を樹立していった。また、日本とアメリカにとっては、極東ソ連軍の増強も憂慮されていた。ただし、デタント的な状況が崩壊していく速度は緩やかなものであり、1970 年代においては、両国の安全保障政策が大きく転換されることはなかった。そのため、アメリカの国防支出は、国内総生産（GDP）に占める比率において低下し続けた。なお、ウォルツの 2 極平和論（本書第 2 章参照）は、『国際政治の理論』の出版が 1970 年代のデタント末期であったことにも影響されているだろう[1]。

　デタントが完全に終焉したのは、1979 年 12 月にソ連がアフガニスタンに侵攻した時である。それからの約 10 年間の時期は、**新冷戦**または**第 2 次冷戦**と呼ばれている。1981 年版防衛白書は、「現在の世界の平和と安定は、軍事的バランスを重要な要素としており、そのバランスが崩れたとき、脅威はより顕在化するおそれがある。現在、西側諸国がソ連の顕著な軍事力増強に懸念を抱いているのもこのためである」と記している。

2　ポスト冷戦期の単極世界
　1989 年の冷戦終結の後 1991 年 12 月に、ソ連を構成していた 15 の共和国

が分離・独立して、2 極構造の一方の盟主であった超大国が解体された。ソ連消滅により、国家間の軍事力の配分は劇的に変化して、国際政治システムは、2 極構造からアメリカを唯一の超大国とする単極構造に移行した。これは、多くの国際政治学者にとって予想外のことであった。

　実は、ウォルツは、自らの論文（Waltz 1964, 898-899）において「いくつかの国が 一体化するか他国が混乱において消滅しない限り、世界は今世紀の末まで 2 極であり続けるだろう」と予測したことがある。その後、1979 年の主著『国際政治の理論』（ウォルツ 2010, 214, 237）において、先の論文で平和と安定性を混同していたことを認めつつ、「問題は、予見できる将来に大国クラブに第三国もしくは第四国が入るかどうかではなく、ソ連がこのままアメリカについてこられるかどうかである」と鋭く指摘していた。ソ連の消滅後、ウォルツは、「多極世界はかなり安定的［＝多極世界が続く］だが戦争になりがちである。2 極世界はかなり平和的であるが残念なことに前のもの［多極世界］よりも安定性は低い」と述べている（Waltz 1993, 45）。この一因としては、2 極世界のバランシングには対内的努力しかないこともあるだろう。

　1990 年代において、リアリストたちは、勢力均衡理論に基づき、唯一の超大国アメリカに対してバランシング行動が起こり、多極世界へ移行していくと主張していた。ウォルツも、1993 年の論文において、10 年後から 20 年後といった近い将来に、ドイツ、日本および中国が大国となり 2 極の世界が多極化するかもしれないと主張していた（同）[2]。同様に、**クリストファー・レイン**は、論文（Layne 1993）の中で、2000 年から 2010 年にかけて単極世界から多極世界に移行していくと予測していた。

　対照的に、**ウィリアム・ウォルフォース**は、論文「**単極世界の安定性**」（Wohlforth 1999）において、単極世界が持続的であることを主張した。その主な理由は、二つあるという。一つは、アメリカとその他の諸国との間におけるパワーの格差がとても大きく、さまざまな分野に及ぶことである。もう一つは、大西洋と太平洋に囲まれたアメリカの地理的な強みである。将来、極になりそうな諸国家は全てユーラシアに位置している。そうした国々は、アメリカよりも地理的に近い周辺国の方を脅威と見なしやすく、グローバルな勢力均衡よりも地域における勢力均衡を重視するという。

　この論文が注目されたこともあり、2000 年代になると、唯一の超大国アメ

リカに対して、軍事的なバランシング行動、特に反覇権同盟の形成がなかなか起きない状況をいかに説明するかに関心が集まった。軍事的なバランシング行動の不在について、その出現は時間の問題であるという説（Waltz 2000；Layne 2006；レイン 2011）3) の他に、リアリズムの立場から少なくとも四つの説明が行われてきたという（Levy and Thompson 2010a, 42-43）。ウォルフォースによる説明と重なる面もあるが、列挙しておく。第１に、アメリカが侵略的な意図を持たないと他国は認識している（ウォルト 2008）。第２に、覇権国の台頭を防止するとの勢力均衡理論は、すでに覇権を達成し現状維持国となっているアメリカには当てはまらない（Brooks and Wohlforth 2008）。第３に、ジョン・ミアシャイマー（2019, 297）によれば、「沖合から勢力均衡を保つ役割を果たす国家」という意味のオフショア・バランサーの役割を担ってきたアメリカは、西半球以外の諸国にとって脅威にならない。第４に、陸上の大陸システムを説明する勢力均衡理論は、海洋システムには当てはまらない（Levy and Thompson 2010b）、というものである。加えて、アメリカと他国とのパワーの格差が大きすぎた面もあるだろう。

3　【発展】単極平和論をめぐる論争

　ウォルフォースは、前項で取り上げた論文（Wohlforth 1999）において、単極世界が持続的であるのみならず、平和的であること（**単極平和論**）も主張した。理論的には覇権理論と勢力均衡理論に依拠して、単極世界では大国間の戦争は起こらず、また、安全保障と威信をめぐる大国間の競争が起きにくいことを以下のとおり説明している。

　まず、覇権理論（次節参照）によれば、先導国のパワーが圧倒的であればあるほど、世界は平和的になる。紛争が起こるのは、先導国と挑戦国の間で、それらの相対的パワーについて見解の相違がある場合である。すなわち、先導国と挑戦国の全体的な格差が小さい場合か、挑戦国が国力のいくつかの要素で先導国を追い越したものの、これらの要素の相対的な重要性について二国間で異なる見方をする場合である。したがって、先導国のパワー優位が明確であれば、世界は平和になるという。

　次に、勢力均衡理論によれば、ウォルツが主張しているとおり、２極は多極よりも不確実性が低下するために戦争が起きにくい。この論理からすると、同

盟選択やパワー計算における不確実性が最も少ない単極が最も戦争が起きにくい構造ということになる。二番手の諸国が取り得る戦略は、超大国へのバランシングではなく**バンドワゴニング**（勝ち馬に乗ること）をするか、あるいは何もしないかのみとなる。超大国は、他国による安全保障上の依存とパワー優位を利用して、自国に有利な同盟システムを維持することもできる。

　つまり、単極世界には、覇権競争と大国間の勢力均衡政治という二つの紛争の源が存在しないのである。対照的に、パックス・ブリタニカや冷戦の際は、単極世界ではなかったため、覇権競争や安全保障競争が起きているという。

　反対に、**ヌーノ・モンテイロ**は、論文「**確かな不安―なぜ単極は平和的ではないのか**」（Monteiro 2011）において、単極は、重大な紛争へのメカニズムを創り出すと主張している。モンテイロによれば、ウォルフォースの議論には次の問題点がある。まず、超大国と大国との戦争、および大国間の戦争のみに焦点を当てており、中小国を含めた他の組み合わせを検討していない。次に、超大国はいつも防御的支配（dominance）の戦略を取るとの前提に立っている。しかし、この前提は間違っており、超大国は、攻撃的支配や撤退（disengagement）の戦略を取ることもあるという。

　モンテイロの理論は、単極世界においてどのような紛争が起こるかは、超大国がどの戦略を選択するかに依存している、というものである。現状維持的な防御的支配戦略の場合、超大国の意図が他国にとって不確実であることにより、二つの経路で紛争に発展する可能性がある。一つは、現状には不満を持っているものの、超大国を抑止できる能力を持たない中小国が、北朝鮮のように特殊部隊による奇襲やサイバー攻撃などで相手の弱いところを突く非対称な戦略の考案や核武装などの極端な自助の政策に打って出ることである。そして、もう一つは、1990 年のイラクによるクウェート侵攻のように、反抗的な中小国が小さな現状（国境）の修正を図ることにより現状維持の限界を試してみることである。

　超大国が現状変更的な攻撃的支配戦略を取る場合も、二つの経路で紛争に発展する可能性がある。一つは、超大国が中小国の存続を脅かすような修正主義的な行動を取ることである。2001 年 9 月 11 日の同時多発テロの発生後、中近東において攻撃的支配戦略を取ったアメリカは翌々年にイラクに侵攻している。もう一つは、防御的支配戦略の場合と同様に、中小国が自らの軍備増強を

行うことである。

　他の地域の勢力均衡に関与しないという撤退戦略の場合、超大国を含む戦争の可能性は低下するが、地域内での競争が激しくなり、地域大国と中小国との間の戦争は起こりやすくなる。中途半端な撤退は、防御的・攻撃的支配戦略の場合と同様の、超大国を含む紛争が起きてしまう。冷戦後においてアメリカがこの戦略を取ることはなかったが、この戦略の危険性は多くの外交政策の専門家によって指摘されている。

II　リアリズムの覇権理論

　本節では、覇権の盛衰に注目するリアリズムの覇権理論として、覇権戦争理論、パワー移行理論、および動的格差理論について解説する。

1　覇権戦争理論

　ロバート・ギルピンは、論文（Gilpin 1988）の中で、トゥキディデスの覇権戦争理論が国際政治論の中心的な体系的アイディアの一つになっていると主張している。この**覇権戦争**（hegemonic war）**理論**とは、国家間におけるパワー（国力）の異なる成長率が国際関係の原動力であるというものである。以下、ギルピンによるトゥキディデスの覇権戦争理論の説明について、適宜『戦史』からの引用を使って補足しながら紹介する。

　覇権戦争は、周期的な経過をたどる。まず、覇権国を頂点とする諸国の序列化によって特徴付けられる比較的安定した国際システムが存在する。ところが時間が経つうちに、ある下位の国家のパワーが成長し始め、その後、覇権国と衝突するようになる。これらの競争国間の優位をめぐる闘争と同盟の拡大がシステムの２極化につながる。そして、片方の得がもう片方の損となるゼロサム状況となり、システムはますます不安定化する。小さな出来事が危機を誘発し、大きな紛争を引き起こす。その紛争の結果、新しい覇権国とシステムにおけるパワーの序列が決まる。

　覇権戦争であったペロポネソス戦争の原因はアテーナイの勢力拡大であったが、トゥキディデスは、それをいくつかの要因に分けて説明している。第１の要因は、**地理と人口**である。『戦史』から引用すれば、アテーナイ周辺の

「アッティカ地方では土壌の貧しさがさいわいして、太古より内乱がきわめて稀であったので、古来つねに同種族の人間がこの地に住みついてきた。(……)他国にまさるアッティカの繁栄は、難民人口の増加によってもたらされた」(トゥーキュディデス 1966 (上), 56-57)。そして, この人口の増加がアテーナイを強国にし、また、植民地、すなわち領土・版図の拡大に走らせたのである。

第2の要因は、海軍国を支えた**経済と技術**である。ペルシア戦争後における海軍力の技術的革新、城壁に関する技術、それに商業と結びついた金融力の上昇がアテーナイの軍事力や経済力の強化に結びついた。『戦史』の言葉を使えば、当時の「勢力」を構成する「軍船」(海軍)、「物質的な収益」(軍資金)、および「版図」(領土) の面において、ペロポネソス戦争の開戦前、アテーナイは抜きん出た存在になっていた (同, 69, 129)。ここでは、経済活動からの物質的な収益が軍船の建造や版図の拡大を支えていたことに留意したい。

第3の要因は、アテーナイ帝国の台頭をもたらした**政治**である。『戦史』いわく「アテーナイ人は、最初は同盟加盟国は各々独立自治権を持ち、全員参加の議席上で衆議によって事を決する、という前提のもとに同盟盟主の議席を占めていた」(同, 144)。それが、ペルシア戦争後、アテーナイは、同盟支配権を徐々に成立させていき、同盟国から軍船と年賦金の徴収を行い、ますます勢力を拡張させた。また、ギルピンは、民主制のアテーナイと貴族制のラケダイモーンという国内体制の違いが両国の外交政策に大きな影響を与えていたことを強調している。

なお、トゥキディデスは、国家の国内構造のみならず、国際システムや人間にも着目している。ギルピンによれば、覇権戦争理論は、次の三つの命題を含んでいる。(1) 覇権戦争は、政治・戦略・経済における広範な変化により引き起こされる。(2) 各国家間の関係は、システムとして捉えられる。(3) 覇権戦争は国際システムの構造を脅かし、変質させる。また、この理論では、人間の本性は変わらないので歴史上の出来事は繰り返されると仮定されているという。『戦史』では、人間は「名誉心、恐怖心、利得心という何よりも強い動機」により権力を追求するものであると書かれている (同, 126)。つまり、ウォルツの言う三つのイメージ全てについて分析しているのである。このため、マイケル・ドイルは、トゥキディデスの理論を「複合的 (complex) リアリズム」と呼んでいる (Doyle 1997, 第1章)。

2　パワー移行理論

A・F・K・オルガンスキーは、自著『**世界政治**』（Organski 1968、初版 1958 年）において、**パワー移行**（パワー・トランジション power transition）の章を設けて、パワーバランスの変化が国際政治に与える影響について議論している。この項では、以下、その議論の要旨を紹介したい。

国家のパワーは、勢力均衡論者が注目する軍事力や同盟ではなく、主に産業力、人口 4)、および政府組織の効果的な仕事をする能力によって決定される。国家のパワーは、いくつかの段階を移行して増えていく。まず、農業を中心とする産業化以前の潜在的パワーの段階である。次に、パワーの急成長が起こる産業化後におけるパワーの過渡的成長の段階を経る。そして、最後に、現在のアメリカや西欧諸国のように、経済成長率が落ちて相対的パワーが低下する「パワー成熟の段階」が来る。

以上を踏まえ、世界史を巨視的に見ると、三つの時期に分けることができる。第 1 期は、産業革命前の時期である。第 2 期は、産業革命の起きた 18 世紀の中ごろから現代を経て近い将来までの時期である。この時期には、産業化していない国、産業化の途上である国、および十分に産業化した国が混在している。第 3 期は、全ての国家が十分に産業化を成し遂げる遠い将来の時期である。なお、第 1 の時期と第 2 の時期は、それぞれ勢力均衡理論とパワー移行理論で説明可能であるが、第 3 の時期は異なる理論が必要となる。

現代が該当する、第 2 のパワー移行期には、二つの大きな特徴がある。一つ目の特徴は、世界における産業化の時差のある拡散により、急激な国力の増加を経験してきたことである。この時期において当初は、帝国主義や移民もパワーの拡大に寄与した。また、二つ目の特徴としては、諸国家間の関係の強化・持続がある。産業化は、先進国間の経済的関係を深め、先進国と発展途上国との経済的な相互依存を強めた。また、戦争の費用が高騰し、平時から戦争準備を行う状況から、同盟関係が永続化するようになった。諸国は、比較的長く持続する国際秩序に組み入れられ、貿易、外交、および戦争のルールに従うようになった。

過去 200 年間における挑戦のパターンは、国際秩序を主導する最強の支配国に対して新興の国家（台頭国）が挑戦するときに戦争が起こるというものであった。まず初めに、最初の産業化国であるイギリスが優位を達成した。世界

の大多数の国家がイギリスの経済圏と関係していた。第一次世界大戦において、そのイギリスとフランスに対して挑戦したのがドイツであった。第二次世界大戦においては、新たに支配国となったアメリカにドイツと日本が挑戦した。戦後は、ソ連と中国がアメリカに対する挑戦国となっている。なお、アメリカは20世紀においてイギリスと戦争することなく、新たな支配国となった。パワーの平和的な移転が起きたのは、英仏を中心に構築されてきた国際秩序をアメリカが受容したことが大きいと考えられる。

世界平和の条件を考える際に重要になってくる国家の特徴は、**相対的なパワーの程度**と**既存の国際秩序への満足度**である。既存の国際秩序を統制している最強の支配国は、現状維持を望むという意味で満足している。その支配国に挑戦する国家とは、強力で不満な国家である。最近になって産業化した国は、既存の国際秩序に不満をいだくかもしれない。それは、台頭が遅れたためパワーに見合った諸利益の分け前にあずかることができなかったからである。また、支配国によって搾取されてきて不満に感じている弱小国を味方につけることに成功するかもしれない。

そこで、満足国家群のパワーが圧倒的であるとき平和は保障される。また、支配国のパワーと既存の秩序に不満な挑戦国のパワーが均衡しつつあるときに戦争は起こりやすい。これまでは挑戦国の方が攻撃をしかけてきた。戦争と平和に関する他の要因としては、(1) 挑戦国の潜在力、(2) 台頭の速さ、(3) 支配国の柔軟性の欠如、(4) 支配国と挑戦国との間における友好の伝統の欠如、および (5) 挑戦国による既存の秩序を再編する試み、を挙げることができる。

3 【発展】動的格差理論

デール・コープランドは、著書『大戦の起源』(Copeland 2000) の中で、**動的格差** (dynamic differentials) **理論**を構築し検証している。この理論は、大国間のパワー格差の変動が**大戦** (major wars) の発生に与える影響に注目するものである。それは、三つの主張から成り立っている (同, 第1章)。

第1に、大戦を最も開始しそうなのは、支配的であるが衰退しつつある軍事大国 (**衰退国**) の方である。つまり、大戦とは**予防戦争** (preventive wars) ということになる。予防戦争とは、衰退国が将来を悲観して起こす戦争である。

衰退国は、台頭国が将来支配的になったときに自国を攻撃するか自国の安全保障を脅かすような譲歩を強いるのではないかと恐れる。もし台頭国が現在は平和的であっても将来もそうあり続けるとは限らない。考えが変わったり、指導者が交代したり、革命が起きたりする可能性がある以上、将来における他国の意図は不確実なのである。そこで、衰退国は自国の将来における安全保障のための手段として台頭国に対して戦争をもくろむのである。これは、台頭しつつある国家（台頭国）こそが戦争を引き起こすとしていたパワー移行理論とは正反対の主張である。

　第２に、もしパワー格差の程度や趨勢が同じならば、戦争は、多極システムより２極システムの方が起こりやすい。これには、四つの理由がある。(1) 覇権を達成するために対峙しなければならない大国は一つのみ（台頭国）である。台頭国と長期戦を戦っている際も、戦争の費用を回避するために傍観者になっている第三国に対してパワーの相対的な損失を心配する必要はない。(2) 予防戦争の攻撃に対して台頭国を中心に対抗同盟が形成されたとしても、台頭国以外の国が追加するパワーは結果を左右しない。(3) 以上二つの理由から、台頭国も衰退国に対して優位を達成した後は武力行使へのためらいが減る。(4) 台頭国に対して衰退国中心の同盟が形成されるとしても、衰退国の安全保障は十分に向上することはない。以上の四つの理由を理解している衰退国にとって、台頭国に追い越される前の予防戦争は合理的な選択肢となる。

　第３に、**衰退が深刻で不可避**であると認識されている場合、大戦の可能性は高まる。衰退の考慮においては、軍事力以上に、経済力や潜在力が重要になってくる。ここで潜在力（potential power）とは、人口規模、天然資源の埋蔵量、技術水準、教育開発、および未開の肥沃な土地など、経済力に転換し得る全ての物的・人的資本・資源のことをいう。軍事力は優位だが衰退している場合でも、経済力と潜在力が優位かつ台頭していれば、それほど心配する必要はない。なぜならば、軍事力の衰退傾向を反転させることができるからである。他方で、軍事力が優位であっても経済力、特に潜在力が劣っている場合は、いったん軍事力が衰え始めると、さらなる衰退が不可避であり深刻であると信じやすくなる。特に相対的な経済力や潜在力が低下傾向にあれば、なおさらである。こうなると、軍事大国であっても、将来について悲観的となり、予防戦争を始める誘因が高まるのである。

Ⅲ　中国の台頭

本節では、前節で紹介してきた理論を踏まえながら、日米中のパワーバランスの変化やアメリカの対中関与政策を見ていくとともに、米中戦争の可能性に関する文献を紹介する。

1　日米中のパワーバランスの変化

国家のパワーについては、さまざまな捉え方がある（本書第1章参照）。ここでは、「富は軍事力を支えるものであり、富そのものが軍事的潜在力を測る良い指標となる」とのミアシャイマー（2019, 109）の考え方を取り入れ、国家の富の指標として国内総生産（GDP: Gross Domestic Product）に注目する。

冷戦終結後におけるアメリカ、中国、および日本の名目GDP[5]を比較すると、これら3カ国の間で大きくパワーバランスが変化してきたことが分かる（図3-1参照）。中国のGDPは、1990年にはアメリカの約7%にしかすぎなかったが、2010年には約41%となり、2021年になるとアメリカの約76%まで追いついてきている。また、中国のGDPは、1990年には日本の約13%にすぎなかったが、2010年に日本のGDPを追い抜き、2021年には日本の3.6倍となっている。アメリカドル換算で見ると、1990年代半ば以降、日本経済の停滞、アメリカ経済の成長、および中国経済のさらなる急成長という長期的傾向が続いている。

以上のようなパワーバランスの変化により、2010年代に入ると「単極構造とパックス・アメリカーナの終焉」（Layne 2012）というような論調が目につくようになり、また、近年では「二極構造の復活」（Tunsjø 2018）という主張も出始めている。

日本の**安保戦略**（2022, 4）も「国際社会では、インド太平洋地域を中心に、歴史的なパワーバランスの変化が生じている」としている。アメリカが「世界最大の総合的な国力を有する」としながらも、「国際社会全体の統治構造において強力な指導力が失われつつある」と述べている（同, 6, 7）。2013年版に引き続き、アメリカの覇権（指導力）が弱まっていることを指摘している点が目を引く。日本の対中認識のまとめ部分は、次のように記されている。

図3-1　米中日の名目国内総生産の変化

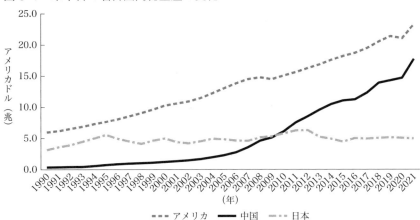

出典：World Bank 2022

　　現在の中国の対外的な姿勢や軍事動向等は、我が国と国際社会の深刻な懸念事項
　であり、我が国の平和と安全及び国際社会の平和と安定を確保し、法の支配に基
　づく国際秩序を強化する上で、これまでにない最大の戦略的な挑戦であり、我が
　国の総合的な国力と同盟国・同志国等との連携により対応すべきものである。
　（同，9）

日本の安全保障にとって、中国への対応が最優先課題となっていることが分か
る。

2　アメリカの対中関与政策

　アメリカは、長い間、台頭する中国に対して**関与**（engagement）と呼ばれ
る政策を取ってきた。ここで関与とは「台頭する大国の行動の非現状維持的な
側面を改善するために非強制的な方法を使用すること」をいい、「その目標は、
この成長する力が地域および世界秩序の平和的変更と一致する方法で使われる
ことを確実にすることである」（Schweller 1999, 14）。罰の脅し（ムチ）ではな
く報酬の約束（アメ）に基づく関与には、宥和政策も含まれる。関与の目的と
しては、紛争防止をはじめ、台頭国が持つ真の意図の探求、軍備強化や同盟形
成のための時間稼ぎ、および対抗同盟の防止を挙げることができる。関与が成
功するには、台頭国が持つ現状変更の目的が限定的であること、脅しと組み合
わせること、および共感や公平性、それに台頭国の名誉への配慮を示すことが

必要である。

　アメリカの場合、冷戦期の**リチャード・ニクソン**大統領（共和党、任 1969～74）からオバマ大統領までの歴代政権は、中国の民主化や市場開放、現状維持的な外交政策への変化を期待して、「中国を責任ある一員として国際社会に統合し、共通の利益分野における二国間協力を促進することを目的とした包括的関与政策」（NSS 報告 1996, 40）を基本としてきた。例えば、アメリカは、2001 年に最恵国待遇を中国に恒久的に認めたり、世界貿易機関（WTO）への中国の加盟を後押ししたりしている（キャンベル・ラトナー 2018）。

　しかし、2010 年代の終わりごろまでには、対中関与政策は失敗であったという見解がアメリカの政策コミュニティの中で主流となった。例えば、オバマ政権の国務次官補（東アジア・太平洋担当、任 2009～13）として対中関与政策を主導したカート・キャンベルは、中国の変化について「すべて読みを間違えていた」と振り返り、「対中幻想に決別した新アプローチを—中国の変化に期待するのは止めよ」というタイトルの共著論文を 2018 年に発表している（同）。

　アメリカの NSS 報告（2022）は、中国をアメリカの「唯一の競争相手」と見なしている（本書第 11 章参照）。「中国は、国際秩序を再構築する意図と、それを行うための経済、外交、軍事、および技術の能力の両方を備えた唯一の競争相手である。中国政府は、インド太平洋で勢力圏を強化し、世界をリードする大国になるという野望を持っている」としている（同, 23）。中国が持つ現状変更の目的が限定的ではなくなったと認識している以上、対中関与政策は現実的ではなくなっていると言えよう。

3　米中戦争？

　グレアム・アリソンは、『**米中戦争前夜**』（2017／原著 2017）において、アメリカと中国が「**トゥキディデスの罠**」（台頭国が覇権国の地位を脅かすときに生じる必然的な混乱のこと）に掛かりつつあると警告した。本章の冒頭で述べたとおり、アテーナイの台頭がラケダイモーンに与えた恐怖がラケダイモーンを開戦に踏み切らせた。このように「新興国が覇権国に取って代わろうとするとき、大きな構造的ストレスが生じる。そのような状況下では、予期せぬ大事件だけでなく、よくある外交上の火種さえも、大戦争の引き金になる恐れがあ

る」という（同, 48）。アリソンによれば、過去500年の歴史において発生した覇権争いに該当する16件のケースのうち、最終的にその4分の3が戦争になった（同, 第3章）。「戦争なんて『ありえない』と言うとき、それは現実の世界における可能性を意味するのか、それとも人間の思考力の限界を示しているのか」（同, 8）。アリソンは後者だと考えている。

　アリソンは、今や「世界史上最大のプレーヤー」になりつつある中国の台頭の規模と速度のすさまじさを強調している（同, 第1章）。「中国経済は2008年以降、2年おきにインド1カ国分のGDPに相当する成長を遂げている。そのペースが鈍化した2015年でさえ、4カ月おきにギリシア、あるいは5カ月おきにイスラエルと、国ひとつ分を加えるペースで拡大した」（同, 20）。1980年以降年10％で成長してきた中国経済が7年ごとに倍増してきたことも指摘している[6]。そして、2014年には国家間の物価水準の違いを考慮する購買力平価で算出された国内総生産（GDP）において、ついに中国経済がアメリカ経済を追い抜く見通しであるとの国際通貨基金の発表にも言及している。米ドルベースで見る輸出や外貨準備高でも、中国はアメリカを大きく引き離している。（ただし、アリソンは、米ドルベースのGDPでは、2015年の中国経済はまだアメリカ経済の61％であったことにも言及している。）

　アリソンは、他にも中国がアメリカを追い越して世界一になった分野を数多く列挙している。

- ○生産：船舶、鉄鋼、アルミニウム、家具、衣料品、繊維品、携帯電話、コンピュータ、自動車、半導体、通信機器、医薬品
- ○消費：自動車、携帯電話、ネットショッピング、エネルギー、高級品
- ○その他：石油輸入、太陽光発電システムの設置数、世界経済の成長への寄与、高速道路網、高速鉄道網、ビリオネア（億万長者）の数、大学ランキング（工学）、特許出願数、スーパーコンピュータの処理速度

また、軍事の分野では、2015年にランド研究所が発表した報告書『米中軍事力比較』に基づき「中国は2017年までに、通常兵器の9領域中六つ（空軍基地や地上標的の攻撃能力、制空権獲得能力、宇宙兵器能力など）で、アメリカよりも「優位」または「およそ同等」の能力を獲得する」としている（同, 35）[7]。

　アリソンは、現状のまま進めば、今後数十年において米中戦争が発生する可能性はかなり高いと考えている（同, 第8章）。1969年の中ソ国境紛争など、

第二次世界大戦後における中国の限定的な武力行使を見ると、今後も相手に心理的なダメージを与えるために武力を先制的に使用する可能性がある。そして、サイバー攻撃などの新しい要因も加わり、そうした限定的な武力行使がエスカレートする可能性も否定できない。そうした展開の具体的なシナリオとして、アリソンは、海上での偶発的な衝突、台湾の独立、（日本の極右団体による尖閣諸島上陸などの）第三者の挑発、および北朝鮮の崩壊（韓国による朝鮮半島の統一で米軍が中朝国境までやってくる事態を回避するために中国は行動する）の四つを挙げている。

　他方で、アリソンは、米中戦争が不可避であるとも考えていない。しかし、アメリカが米中戦争を回避するためには、思い切った戦略的オプションの見直しが必要であるという。アリソンが提案するオプションは、(1) 新旧逆転への適応（新たなパワーバランスへの順応）、(2) 中国の弱体化（政変の促進など）、(3) 長期的な平和への交渉（特定の分野での競争の棚上げ）、(4) 米中関係の再定義（両国の共通利益に基づく新たな協力関係の構築）の四つである。この四つを組み合わせれば、アメリカと中国は、「トゥキディデスの罠」から逃れられる公算が増すという（同，第 10 章）。

◆注
1)　対照的に、モーゲンソーの主著『国際政治』は 2 極世界に対してより悲観的であったが、それは米ソ間の緊張度が比較的高かった冷戦時代の前半という出版時期にも影響を受けているであろう。

2)　ウォルツは、当初、ソ連消滅の 2 年後になっても、ロシアの軍事力を考慮し 2 極構造が続いているとして、単極構造が出現したとは見なしていなかった（Waltz 1993, 52）。その後、国際政治システムが単極になったことを認めた（Waltz 2000, 27）。

3)　ウォルツは、支配的な国家が国外での任務を引き受けすぎて長期的には疲弊してしまうことと、支配的な国家に対して他国がバランシング（均衡化）を行うことという二つの理由から、単極が最も短命な構造であるとした。さらに、中国と日本が台頭しているアジアにおいてはすでに単極から多極に移行しつつあると主張していた（Waltz 2000, 27-28, 32）。レインは、2010 年までに多極世界になるだろうとの 1993 年論文での予測の間違いを認めながらも、アメリカの覇権は 2030 年まで持続しないであろうと述べている（Layne 2006；レイン 2011）。

4)　オルガンスキーは、中国の人口が突出していることに着目し「問題は、中国が地球上で最も強力な国になるかどうかではなく、この地位に到達するまでにどれくらいの時間がかかるかである」と述べている（Organski 1968, 361, 486）。

5)　物価の変動による影響を取り除いたものを実質 GDP、取り除いていないものを名目 GDP と呼ぶ。ここでは、主に各年度の比較を行うことが目的であるため後者のデータを使う。

6)　ここでアリソンは「72 の法則」に言及している。それは、「元本が 2 倍になる年数≒72÷年利」という、元本が 2 倍になる年数を年利から簡単に求めることができる公式である。例えば、経済の成長が年率 7.2% で続けば、経済の規模が約 10 年で 2 倍になるということである。

7)　詳細については、報告書『米中軍事力比較』(Heginbotham et al. 2015, xxix) 参照。

　文献案内

国際構造の変化

◆ ウォルト，スティーヴン・M『米国世界戦略の核心―世界は「アメリカン・パワー」を制御できるか？』奥山真司訳，五月書房，2008 年［Walt, Stephen M. *Taming American Power: The Global Response to U. S. Primacy*. New York: Norton, 2005］.

◆ ギルピン，ロバート『覇権国の交代―戦争と変動の国際政治学』納家政嗣監訳，徳川家広訳，勁草書房，2022 年［Gilpin, Robert. *War and Change in World Politics*. Cambridge University Press, 1981］.

◆ 国際安全保障学会編『国際安全保障』（単極構造時代と国際安全保障）第 31 巻第 1 号第 2 号合併号，2003 年 9 月.

リアリズムの覇権理論

◆ モデルスキー，ジョージ『世界システムの動態―世界政治の長期サイクル』浦野起央，信夫隆司訳，晃洋書房，1991 年［Modelski, George. *Long Cycles in World Politics*. University of Washington Press, 1987］.

◆ 野口和彦『パワー・シフトと戦争―東アジアの安全保障』東海大学出版会，2010 年.

中国の台頭と米国の衰退

◆ ブランズ，ハル，マイケル・ベックリー『デンジャー・ゾーン―迫る中国との衝突』奥山真司訳，飛鳥新社，2023 年［Brands, Hal, and Michael Beckley. *Danger Zone: The Coming Conflict with China*. New York: W.W. Norton, 2022］.

◆ ナイ，ジョセフ・S『アメリカの世紀は終わらない』村井浩紀訳，日本経済新聞出版社，2015 年［Nye, Joseph S., Jr. *Is the American Century Over?* Cambridge, U. K.: Polity Press, 2015］.

◆ 梅本哲也『米中戦略関係』千倉書房，2018 年.

◆ 国際安全保障学会編『国際安全保障』（中国台頭への対応―地域ミドルパワーの視点）第 39 巻第 2 号，2011 年 9 月；（米中対立と日本，ロシア，台湾）第 50 巻第 2 号，2022 年 9 月.

第2部

リベラリズムから見た紛争と平和

イントロダクション

　後に 19 世紀になってから**自由主義**（liberalism）と呼ばれるようになる思想は、中世末期のヨーロッパにおいて、君主の暴政や封建的制度、宗教的な権威から人々の解放を目指す運動として始まった（フリーデン 2021）。初期の代表的な人物としては、17 世紀の**ロック**や 18 世紀の**スミス**、**カント**らがいる。自由主義思想の世界観は、国家間においては戦争状態（いつ戦争が起きてもおかしくない状態）のみならず、**平和状態**も可能であると見ている（Doyle 1997, 206）。

　第一次世界大戦の後には、未曾有の大惨事を経験した人々が国際関係に関心を持つようになり、「戦争を防止するという熱い願望」が国際政治論の誕生につながった。そして、自由主義の政治思想を国際社会に適用した**ユートピアニズム**（空想主義または広義の理想主義）が主流を占めることになった。ただ、熱い願望故にどうしても実現可能性を軽視した、空想上の理想的な政治体制（ユートピア）を構想しがちであった（カー 2011）。そのため、国際連盟システムの崩壊と第二次世界大戦の到来は、理念先行的な国際政治理論の正当性を失わせてしまった。

　1970 年代のデタント期になると自由主義の伝統に基づく国際政治理論が復活し、1980 年代後半にはそうした国際政治理論を**リベラリズム**と総称することがより一般的になった（Wæver 1996）。ただし、リアリズムと同様、リベラリズムも多様である。平和に関連するリベラリズムは、カントの思想に基づき大きく三つに分類することができる。本書では、これらを**民主的リベラリズム**、**制度的リベラリズム**、および**商業的リベラリズム**と呼ぶことにする（Keohane 1990）。

　本書の第 2 部は、リベラリズムから見た紛争と平和というテーマに焦点を当てて、第 4 章で民主的平和と普遍的価値（民主的リベラリズム）を、第 5 章で制度的平和と国際秩序（制度的リベラリズム）を、そして第 6 章で商業的平和と経済的繁栄（商業的リベラリズム）を見ていく。

第4章　民主的平和と普遍的価値

はじめに

　プロイセン王国（後のドイツ帝国の盟主）の哲学者であった**イマヌエル・カント**（1724〜1804）は、『**永遠平和のために**』（2006／原著1795）において、国家間における永遠平和を実現するための三つの条件として民主主義、国際組織、および経済的相互依存を掲げた。今日、これらの条件に基づく平和は**カント的平和**と呼ばれている（Oneal and Russett 1999）。まずは、永遠平和のための一つ目の条件に注目してみよう。

　カント（2006, 165）によれば、第1の条件は、国民法（**憲法**）による国内体制に関連して、「**どの国の市民的な体制も、共和的なものであること**」である。共和的な体制は、自由、法の支配、平等という三つの理念を重視する。それは統治方法の面で、行政権・統治権と立法権との分離や、代議制（今日で言う間接民主制）という特徴を持ち、専制的な体制と区別される。また、全ての市民が支配権力を握っている民主制（直接民主制）とも区別される。そして、公開性の原理（同, 付録）も、この体制に含まれる。

　カントが共和的な体制が平和的であると考えるのは、「この体制では戦争をする場合には、『戦争するかどうか』について、**国民の同意をえる必要がある**」という論理からである（同, 169、太字は筆者）。カントは続けて次のとおり述べている。

　　　そして国民は戦争を始めた場合にみずからにふりかかってくる恐れのあるすべての事柄について、決断しなければならなくなる。みずから兵士として戦わなければならないし、戦争の経費を自分の資産から支払わねばならないし、戦争が残す惨禍をつぐなわねばならない。さらにこれらの諸悪に加えて、たえず次の戦争が控えているために、完済することのできない借金の重荷を背負わねばならず、そのために平和の時期すらも耐えがたいものになる。だから国民は、このような割に合わない〈ばくち〉を始めることに慎重になるのは、ごく当然のことである。

（同，169）

国民が**戦争開始に慎重**になるという見方には、人間が利己的であるとの前提と、戦争は国民にとって割に合わないとの前提がある。

　本章は、普遍的価値という国益に注目しつつ、紛争と平和の問題の一つとして民主的平和（民主的リベラリズム）を取り上げる。第Ⅰ節では民主的平和論の前提となる自由主義思想の概要について、第Ⅱ節では民主的平和論そのものについて紹介する。そして、第Ⅲ節では普遍的価値に焦点を当てて日米の戦略について説明する。

Ⅰ　自由主義思想

　本節では、普遍的価値としての自由に焦点を当て、自由主義思想の起源と世界的な拡大を跡付けるとともに、現代の自由主義思想を見ていく。

1　自由主義思想の起源

　自由主義思想の源流は、イギリスでホッブズ（本書第2章参照）よりもおよそ半世紀近く遅れて誕生した哲学者ジョン・ロック（1632〜1704）の『**市民政府二論**』（原著1690）までさかのぼる。この著作の後編『市民政府論』（ロック2011）は、三つの重要な主張を行っている。第1は、人間が生まれながらにして平等に持つ自然法上の権利（**自然権**）である。「人間は、自分の**所有するもの**（property）、言い換えるなら**生命・自由・財産**（life, liberty, and estate）を守り、他人からの加害、攻撃を防ぐ権力をもともと与えられているのである」（同，122；Locke 1980, 46）。第2は、所有の維持を目的とする**社会契約**による政府の樹立である。「人間が国家を結成し、みずからその統治に服す最大の目的は、所有権の保全にある」（ロック2011, 176）。第3は、社会契約に違反する政府への人民の**抵抗権・革命権**である。政府が人民からの信託に違反する場合は、人民は今の政府を解体し、新しい政府を設立することができる。

　ロックが所有において財産を取り上げ、その根拠として労働という考え方を導入したことは思想史的に重大な意味を持っている（福田1985）。そもそもホ

ッブズの人間像には生産活動が入っていないため、すでに存在している一定量の財貨の分配をめぐって人々が争うという側面が強調されている。これに対し、ロックの考える人々は、生産活動を通じて私有財産を増やすことができるため、他者と争う必要があまりない。そこで、ロックは、ホッブズと異なり、自然状態と戦争状態を同一視しなかった（Doyle 1997, 217）。そして、国家は、戦争状態からの解放という切実な要請からではなく、公権力がなければ戦争状態となってしまう可能性が残るという問題への対処のために設立されるとした。このようにして、ロックは、ホッブズと議論の一部を共有しながら、19 世紀初頭から**自由主義**（liberalism）と呼ばれることになる思想上の立場を表明したのである。

　ロックの自由主義思想は、後世の独立宣言、人権宣言、憲法などに大きな影響を与えた。その代表的なものが**アメリカ独立宣言**（1776 年）である。それは、ロックの三つの重要な主張、すなわち自然権（「生命、自由および幸福の追求」を含む）、社会契約、抵抗権・革命権の考え方を明瞭に取り入れている。1783 年の**パリ条約**により英米間の独立戦争は終結し、独立したアメリカは1787 年に**アメリカ合衆国憲法**を制定した。その前文において人民主権を明示するとともに、ロックやフランスの啓蒙思想家**モンテスキュー**（1689〜1755）の唱えた権力分立論に基づき、立法（連邦議会）・行政（大統領）・司法（最高裁判所と下級裁判所）の三権分立、連邦政府と州政府からなる連邦主義を採用した。また、1791 年には、人権を保障する 10 カ条の修正条項（権利章典）が追加された。これには、宗教・言論・出版・集会の自由（修正第 1 条）や生命・自由・財産の保障（修正第 5 条）が含まれている。

2　自由主義思想の世界的な拡大

　19 世紀半ばになると、アメリカが自由な諸制度を拡大し文明化を進めていくことは、神から与えられた「**天命**（Manifest Destiny）」である、という言説が登場した（佐々木編著 2011）。この言説は、当初、北米大陸におけるアメリカの領土拡張を正当化する標語であった。その領土拡張の目標は 1850 年までにはほぼ達成し、新たな関心はカリブ海や太平洋の島々に向けられた。ちなみに、ペリーの日本来航は 1853 年のことである。

　それが、19 世紀末には、適者生存の考えから植民地支配を正当化する社会

進化論の影響もあり、「明白な天命」論は、西半球の地理的範囲を越えて、世界におけるアメリカ外交の精神的支柱となった。これを象徴する最初の出来事は、1898年のアメリカ・スペイン戦争や1902年のフィリピン領有であった。それらの背景には、その頃までにアメリカが西半球における覇権を達成していたことと、アメリカの工業力（鉄鋼生産高とエネルギー消費量）が1890年までにイギリスのそれを追い越し世界最大になっていたことがある（ミアシャイマー 2019, 278-279）。

　そして、1917年4月に、アメリカはヨーロッパを中心とする第一次世界大戦に参戦した。翌年、**ウッドロー・ウィルソン**大統領（民主党、任1913〜21）は、「**十四カ条の平和原則**」という連邦議会での演説の中で、「人類の自由」に言及するとともに、その戦後構想の土台となる原則として「すべての国民と民族に対する正義」と「強い弱いにかかわらず、互いに自由と安全の平等な条件の下に生きる権利」を挙げている（米国大使館レファレンス資料室編 2008, 94）。

　普遍的価値である自由に基づく世界という考え方は、第二次世界大戦を契機に強く主張されるようになった。1941年1月、ドイツがヨーロッパで軍事侵攻を続ける中、**フランクリン・ローズヴェルト**大統領（民主党、任1933〜45）は、議会での一般教書演説において「人類の普遍的な**四つの自由**を土台とした世界」の誕生を期待することを表明した。ここで四つの自由とは、言論・表現の自由、信教の自由、欠乏からの自由、および恐怖からの自由を指す（同）。このうち、恐怖と欠乏からの自由は、ローズヴェルト大統領がイギリスの**ウィンストン・チャーチル**首相（保守党、任1940〜45, 51〜55）とともに同年8月に公表した**大西洋憲章**に引き継がれて、連合国の共通原則かつ戦後の平和構想の土台となった。連合国からすれば、第二次世界大戦は、民主主義を否定し自由を抑圧するファシズム諸国との戦争であった。大西洋憲章は、「世界の一層よい将来に対するその希望の基礎とする各自の国の国政上のある種の共通原則」を公表するものであった（岩沢編 2018, 855）。世界平和は自由民主主義に基づく国内体制と密接に結びついていると考えられていたのである。

　第二次世界大戦の末期に採択された**国連憲章**は、前述の大西洋憲章の考えを引き継いでいる。その前文において「基本的人権と人間の尊厳及び価値」を確認するとともに、国連の目的の一つとして「すべての者のために人権及び基本的自由を尊重するように助長奨励することについて、国際協力を達成するこ

と」（1 条 3 項）を掲げている（岩沢編 2018, 15, 16）。この目的に向けて、国連総会は「全ての人民と全ての国民とが達成すべき共通の基準として」**世界人権宣言**を 1948 年に採択している。その後、法的拘束力を持つさまざまな国際人権条約が締結された。国際人権保障の基本法とも言うべき**国際人権規約**は、1966 年に成立し、1976 年に発効している。それは、A（社会権）規約、B（自由権）規約、および B 規約選択議定書の三つの条約からなっている。

3　現代の自由主義思想

　今日の自由主義の理念は、個人の自由に関連する三つの権利から成り立っている（ドイル 2004 ; 芦部 2019）。一つ目は、「**国家からの自由**」ともいわれる**自由権**である。いわゆる「**消極的自由**（negative freedom/liberty）」すなわち他者、特に国家による干渉「からの自由（freedom from）」である（バーリン 2000, 303, 317、傍点は原文）。ロックが重視していたのは精神的自由や身体の自由であったが、その後、経済的自由も加わった。アメリカが独立宣言を出した 1776 年に、イギリスではアダム・スミスが『国富論』の中で、経済的自由放任主義の立場から「小さな政府」が望ましいと主張した（本書第 6 章参照）。19 世紀のイギリスは、国防、治安維持、および私的財産の保護の役割しか持たない「夜警国家」であると揶揄されたこともあった。

　二つ目の権利は、「**国家による自由**」ともいわれる**社会権**である。この権利には、人として最低限の生活を送ることを保障する生存権、教育を受ける権利、勤労の権利、労働基本権が含まれる。これらの権利は、いわゆる「**積極的（positive）自由**」すなわち自己支配や自己実現「への自由（freedom to）」と関係している（同, 304, 317、傍点は原文）。社会権の保障には、国家の積極的な介入が必要となる。社会権は比較的新しく 20 世紀になって発展した権利である。特に 1929 年に始まる世界恐慌を経て、社会権の重要性が高まり、「大きな政府」や「福祉国家」が求められるようになった。

　三つ目の権利は、「**国家への自由**」ともいわれる**参政権**である。それは、自由権や社会権を法で保障するために必要な権利である。代表的な参政権としては、選挙権や被選挙権がある。ここに自由主義と民主主義との接点がある。

II 民主的平和論

自由主義的または民主主義的な国家が直ちに平和的であるわけではない。世界史には、アメリカやイギリスなど、民主主義国が戦争をした例を数多く見つけることができる。現代のリベラリズムは、民主主義国間の平和を主張している（**民主的平和論**）。本節では、いわゆる「民主化の波」とその後退について述べた後に、まず、民主的平和論の代表作としてブルース・ラセット著『パクス・デモクラティア』を紹介し、次に、リアリストたちからの民主的平和論への批判を取り上げる。

1 民主化の波と後退

サミュエル・ハンチントンは、『**第三の波――20世紀後半の民主化**』（1995／原著1991）の中で、近代の歴史上、民主主義への体制移行という波が三度押し寄せたと主張している。一般男子の選挙権を導入したアメリカから始まった**第一の波**は1828-1926年の間、第二次世界大戦を契機とする**第二の波**は1943-62年の間続き、その後、ポルトガルのクーデタで始まった**第三の波**は1974年に始まったという。なお、ハンチントンの言う民主主義は、「政治論争や選挙キャンペーンに必要な言論、出版、集会、結社という市民的、政治的自由」を内包している（同, 7）。

冷戦終結の頃、**フランシス・フクヤマ**は『ナショナル・インタレスト』誌に論文「**歴史の終わり？**」（Fukuyama 1989）を発表して注目を集めた。彼の主張は、「リベラルな民主主義が『人類のイデオロギー上の進歩の終点』および『人類の統治の最終の形』になるかもしれないし、リベラルな民主主義それ自体がすでに『歴史の終わり』なのだ」というものであった。また、次のように言い換えてもいる。「それ以前のさまざまな統治形態には、結局は崩壊せざるを得ない欠陥や不合理性があったのに対して、リベラルな民主主義には、おそらくそのような根本的な内部矛盾がなかったのだ」（フクヤマ2005, 13）。

冷戦の終結は、グローバルな民主化の波を加速化させ、普遍的価値の拡大を促進した一面があった。例えば、北米からシベリアに至る広大な地域をカバーする全欧安保協力会議（CSCE）は、1990年11月のパリ首脳会議において、冷戦の終結を確認する**新たなヨーロッパのためのパリ憲章**を採択した。その採

択により、アメリカやカナダ、西欧諸国のみならずソ連と東欧諸国も、人権、民主主義、法の支配や、経済的自由・市場経済をヨーロッパ全体の共通価値として受け入れた（CSCE 1990）。また、全欧安保協力会議は、1994年に**安全保障の政治・軍事的側面に関する行動規約**を採択し民主的軍統制分野の規範設定を行い、翌年からは改組された全欧安保協力機構（OSCE）がその履行促進を図った（宮岡 2006）。他方で、ヨーロッパ連合（EU）や北大西洋条約機構（NATO）は、旧社会主義国に対して加盟の条件として民主化を要求している。民主化の第三の波は、冷戦終結後もしばらく続いた。

　しかし、2000年代の半ばから、国際社会において民主主義や自由主義は後退しているといわれる。国際非政府組織（NGO）フリーダム・ハウスの2022年報告書『世界における自由』（Freedom House 2022, 1）によると、2005年から16年間連続で政治的権利と市民的自由が世界的に衰退している。両者の合計スコアが上昇している国よりも低下している国の方が多くなっているのである[1]。

　民主化後退の傾向は主に次の三つの要因によって説明ができるであろう。(1) 自由諸国における経済格差や経済危機などにより自国の統治制度に不満を持つ人々の増加、(2) 選挙への干渉や偽情報流布などにより民主体制を切り崩すロシアの存在や、困難に直面している国々に対し援助や投資を提供しつつ民主主義の代替モデルを提示する中国の台頭（ケンドール＝テイラー・シュルマン 2018）、(3) 民主主義を先導してきたアメリカにおける民主的後退[2]の世界的な悪影響（ダイアモンド 2021）。また、2003年のイラク戦争は、アメリカがイラクひいては中東の民主化を目指したものの、結果として反米感情や治安悪化などから逆に同地域における民主化の後退をもたらしたという皮肉な面もあった。

2　ラセット著『パクス・デモクラティア』

　民主的平和論の基本文献としては、**ブルース・ラセット**の『**パクス・デモクラティア―冷戦後世界への原理**』（1996／原著 1993）を挙げることができる。本項では、その第1章と第2章の概要を紹介する。

　第1章は、「民主国家間の平和に関する事実」について以下のとおり考察している。19世紀末になって、ようやく民主国家同士が戦争をするべきではな

いとの規範が発展してきた。その結果、安定した民主国家の間では、重大な外交紛争が戦争にエスカレートしそうになってもなんとか平和的に解決できた。その一例としては、1890年代における英領ガイアナとヴェネズエラとの境界線をめぐるイギリスとアメリカの間の危機（ヴェネズエラ危機）がある。この背景には、イギリスにおける選挙権の拡大により、両国間の類似性に関する認識がアメリカで高まったことがある。ただし、第一次世界大戦終結の頃は、民主国家はまだ十数カ国しか存在せず、しかもたいていの場合、相互に離れていた。したがって、民主国家同士で戦争がないという現象に関心が集まらなくても不思議なことではなかった。

　しかし、ようやく1970年代になると、民主国家間の平和という経験的事実が自明のものになってきた。これには、いくつかの理由があった。まず、国際システムの中で民主国家の数が35カ国ほどに増加し、互いに地理的に近接しているものも多くなったためである。また、民主主義が北大西洋地域や富裕な工業諸国を越えて拡大したことにより、文化や経済力という要因では説明できなくなったためでもある。ただし、一般的に民主国家がそうでない国家よりも平和的であるとする主張は、一般化できるほどの根拠がない（ラセット1996, 15）。

　なお、民主国家間の戦争とされるものは、よく検討すれば、国家間戦争の基準を満たさないか、民主制の基準を満たさない国家が含まれるかのいずれかである。ラセットの本書では、「**国家間の戦争**」という用語は、戦闘員の戦死者1,000人以上のものに限定し、植民地戦争や内戦を除外する。また、「**民主制**」とは、実質的な普通選挙権、競争的な選挙、政体の安定性と持続性（民主化途上国を除く）によって定義されることにする。この定義には、市民的自由や経済的自由は含まれていない。

　第２章「民主国家間の関係はなぜ平和なのか」の重要なポイントは次のとおりである。　民主国家間の平和を説明する理論には、文化・規範的モデルと構造・制度的モデルがある[3]。まず、**文化・規範的モデル**は、民主国家は、民主制特有の平和的な紛争解決の国内規範を、他の民主国家との対外関係にも適用すると仮定するものである。民主的な国々の間で武力紛争がまれである理由の主なものは以下のとおりである。

　○民主的な国々のなかでは、政策決定者たちは、相手の権利と存続を尊重し

て、紛争を妥協と非暴力によって解決することができると期待している。

○そのため、民主的な国々は、他の民主国家との関係でも**平和的な紛争解決の規範**に従うし、また他の民主国家も自国との関係でそうすると期待する。

　（同，61、太字は筆者）

ただし、民主国家でも不安定な状況にある場合は平和的な紛争解決の規範が弱まるであろうことも、このモデルに組み込まれている。

　次に、**構造・制度的モデル**とは、民主国家は、カントが指摘したような制度的な拘束があるため政策決定に時間がかかり、また、政策決定過程がオープンなため、奇襲攻撃に不向きであると仮定するものである。民主的な国々の間で武力紛争がまれである理由は以下のとおりである。

○民主的な国々では、**抑制と均衡**、**権力の分立**、そして広範な支持を得るために**公開の議論**が必要であるといった拘束があるため、大規模な武力行使の決定には時間がかかるだろうし、またそのような決定がなされる可能性も低い。

○他の国々の指導者は、民主的な国々の指導者がそのように**拘束**されていることに気づく。

○その結果、民主的な国々の指導者は、他の民主国家との紛争に際して、国際紛争を解決するプロセスが機能するだけの**時間**があると期待するし、また**奇襲攻撃**を恐れなくていい。（同，69-70、太字は筆者）

相手からの奇襲攻撃が予想されなければ、自らの先制攻撃も不要となり、交渉による解決の可能性が高まるのである。以上が、ラセットによる民主的平和論の現象と原因に関する章の要約である。

3　【発展】リアリストからの批判

　リアリストの**ケネス・ウォルツ**は、『**人間・国家・戦争**』（2013／原著第２版1954）において、「専制主義国家は戦争を引き起こす悪い国家であり、反対に民主主義国家は平和をもたらす良い国家である」というカントら自由主義者の主張を批判した（本書第１章参照）。また、民主国家同士の平和という、より限定的な主張である民主的平和論に対しても、リアリストから批判が出ている。

　例えば、**クリストファー・レイン**は、論文「**カントか空念仏（cant）か─民主的平和の神話**」（Layne 1994）の中で、民主的平和論よりもリアリズムの方

が国際的な出来事を予測するのに優れていると主張している。まず、世論や抑制と均衡に着目する構造・制度的モデルは、民主的な国家が非民主的な国家に対しては好戦的であることを説明できないと批判している。その上で、文化・規範的モデルとリアリズムの説明力について、危機的状況だったが戦争は回避された四つの歴史的事例で検証している。四つの事例とは、(1) 1861 年のトレント号事件（アメリカがイギリスに譲歩）、(2) 1895 年のヴェネズエラ危機（イギリスがアメリカに譲歩、前項参照）、(3) 1898 年のファショダ危機（フランスがイギリスに譲歩）、および (4) 1923 年のルール危機（ドイツがフランスに譲歩）である。事例 (1) と (2) については、当事国同士が争っているうちに、第三国が何の苦労もなく利益をさらってしまうこと（漁夫の利）を憂慮したこと 4)、また、事例 (3) と (4) については、相手国の軍事的能力の方が勝っていたこと、すなわちパワーの要因で説明できると結論付けた。

　最後に、レインは、政策的含意として、希望的観測に基づく民主的平和論は危険であると結論付けている。第 1 に、民主的平和論は、悲惨な軍事介入、過度の戦略的拡張、およびアメリカの国力の低下を招いてしまう（2003 年のイラク戦争とその影響を予言しているかのようである）。第 2 に、国際政治が変質しているとの幻想を抱かせ、戦略上の備えがおろそかになってしまうという。

　エドワード・マンスフィールドとジャック・スナイダーは、共著の論文「**民主化は本当に世界を平和にするか**」(1995／原著 1995) において、民主的平和論への部分的な批判を行っている。彼らの主張は、成熟した民主国家間の平和は正しいが、民主化途上の国家こそが戦争を行いやすいというものである。実例としては、1930 年代の日本や冷戦後のロシアなどが挙げられている。この主張が正しければ、「民主化の促進＝平和の促進」という単純な図式は成り立たないことになる。

　なぜそうなるのかについての彼らの論理は、次のとおりである。まず、民主化により政治参加が拡大し、旧体制の支配層だったエリート集団に加え、異なる利益を持つ多様な政治集団が登場する。しかし、政党や選挙などの民主的制度が未成熟であるため、多様な政治集団の競合する利益を統合することができない。そのため、エリート集団の間において、大衆の支持をめぐる政治競争が激しさを増す。こうした国内の圧力の下で、新旧のエリートたちが、好戦的なナショナリズムを大衆に訴えることになる。ところが、いったんあおられた大

衆をコントロールするのは難しくなってしまう。こうして、戦争への坂道を転げ落ちていくことになる。

　以上の考察から導かれる政策上の含意として、マンスフィールドとスナイダーは、次のとおり述べている。「必要なのは、やみくもな民主化促進政策ではなく、旧エリート層の利益を完全に取り上げてしまわぬような穏健な民主化政策であり、彼らの蘊蓄や技術を、新たな民主システムにおける肯定的役割へと転換させるための支援策ではないだろうか」（同，367）。アメリカが日本の占領において日本政府を通じての間接統治方式を選択したのも、こうした知恵の一つであったと考えられよう。

Ⅲ　普遍的価値と日米の戦略

　本節では、アメリカによる戦後日本の自由民主化を跡付けるとともに、本章で扱ってきた普遍的価値や民主的平和の観点からアメリカと日本の戦略について分析する。

1　戦後日本の自由民主化

　太平洋戦争末期にあたる 1945 年 7 月、アメリカを中心とする連合国は、日本の降伏条件を定める**ポツダム宣言**を発表した。その宣言では、戦争終結の条件の中に、軍国主義勢力の除去（6 条）や、「日本国民の間に於ける民主主義傾向の復活強化」、「言論、宗教及思想の自由並に基本的人権の尊重」の確立（10 条）が含められた。これらの条文には、「無責任なる軍国主義」国家であった日本はこれから自由で民主的な国家にならなければならないという強い信念と、戦争指導者が「日本国国民を欺瞞し、之をして世界征服の挙に出づるの過誤を犯さしめた」という状況認識が示されている（岩沢編 2018, 857）。日本政府は、同年 8 月 14 日に連合国に対しポツダム宣言の受諾を通告して、降伏した。

　日本を占領したアメリカは、当初、日本の非軍事化と民主化に向けた改革を断行した（江藤 1995）。1945 年 10 月 4 日、**ダグラス・マッカーサー**連合国軍最高司令官が率いる総司令部（GHQ）は、政治的、公民的および宗教的自由に対する制限を除去するようにとの、いわゆる「**自由の指令**」を出した。また、

同月 11 日に、マッカーサーは、新たに首相に就任した幣原喜重郎に対し、憲法の自由主義的改革、すなわち①女性の解放、②労働者の団結権の保障、③教育の民主化、④秘密警察の廃止、⑤経済の民主化、からなる**五大改革**を要請した。

こうした要請に対して、日本政府は積極的に対応したわけではなかった（芦部 2019）。日本政府は、松本烝治国務大臣を長とする憲法問題調査委員会を設置して、大日本帝国憲法（以下「明治憲法」という）に必要最小限の手直しを加えた改正案（松本案）を作成した。しかし、1946 年 2 月、総司令部は、天皇が統治権を総攬するという国家体制（国体）を維持している松本案を拒否し、自ら作成した草案を提示した。この総司令部案を基に内閣で作成された明治憲法改正案が、帝国議会と枢密院で審議された後に**日本国憲法**として 1946 年 11 月に公布された。日本国憲法の施行は翌年 5 月からであった。

日本国憲法の基本原理は、憲法前文で示されているとおり、**国民主権**、**基本的人権の尊重**、および**平和主義**の三つである（同，35）。

最後に、憲法 13 条にもアメリカ独立宣言の影響が見て取れることに留意したい。

第十三条 すべて国民は、個人として尊重される。<u>生命、自由及び幸福追求に対する国民の権利</u>については、公共の福祉に反しない限り、立法その他の国政の上で、最大の尊重を必要とする。（下線は筆者）

なお、この条文は、2014 年に日本政府が集団的自衛権の行使に関する見解を部分的に修正する根拠となった（本書第 8 章参照）。

2 アメリカの戦略

冷戦後、アメリカの歴代政権は民主的平和を目指してきた。最初の**ジョージ・H・W・ブッシュ**大統領（共和党、任 1989～93）は、退任間際の NSS 報告（1993, ii）の序文において、「私たちの政策には最も重要な目標が一つあります。それは、真の平和です。恐怖の均衡によって維持される幻想的で脆弱な平和ではなく、共通の価値観に基づく永続的な民主的平和です」と述べている。この目標は、**ビル・クリントン**大統領（民主党、任 1993～2001、本書第 9 章参

照)、ジョージ・W・ブッシュ大統領、およびオバマ大統領に引き継がれた。クリントン政権 1 期目の NSS 報告 (1994・1995・1996) には「関与と拡大の国家安全保障戦略」というタイトルが与えられた。この「関与と拡大」という表現は、アメリカの国益を推進するためには「我々は、安全で民主的で自由市場国家の世界共同体の拡大に基づく国家安全保障戦略を掲げ、米国のリーダーシップを通じて世界と関わり続けなければならない」という信念に基づいていた (NSS 報告 1996, 12, 本書第 3 章参照)。その後のブッシュ政権やオバマ政権も海外における民主主義の促進を最優先課題の一つとしていた。

　そうした歴代政権の政策を批判したのが、トランプ大統領の NSS 報告 (2017, 27) であった。

　　　1990 年代以来、米国は戦略的にかなり自己満足に陥っていた。我々は軍事的な
　　　優位性が保証されており、民主的な平和は当然に起こると考えていた。我々は、
　　　自由民主主義の拡大と包摂が国際関係の性質を根本的に変え、競争が平和協力に
　　　取って代わられると信じていた。

バイデン大統領の NSS 報告 (2022) は「民主主義諸国と権威主義諸国との競争の性質」というセクションを設けている。ただし、世界的に民主主義国が減少する中で、民主的な国内制度を持たなくても、ルールに基づく国際システムを支持する国家を味方につけていくことも示唆している。

3　日本の戦略

　日本の**安保戦略**にもロックらの自由主義思想の影響を見て取ることができる。安保戦略 (2022, 5) は、本書第 2 章で見たとおり「国民の生命・身体・財産の安全を確保する」ことや、「自由と民主主義を基調とする我が国の平和と安全を維持し、その存立を全うする」ことを第 1 の国益として掲げるとともに、「自由、民主主義、基本的人権の尊重、法の支配といった普遍的価値や国際法に基づく国際秩序を維持・擁護する」ことを日本の第 3 の国益と位置付けた (国際法に基づく国際秩序については次章参照、第 2 の国益である繁栄については第 6 章参照)。

　安保戦略 (2022, 6) は、以下のとおり、日本の安全保障に関する基本的な

原則の二つ目としても普遍的価値の維持・擁護に言及している。

> 自由、民主主義、基本的人権の尊重、法の支配といった普遍的価値を維持・擁護する形で、安全保障政策を遂行する。そして、戦後最も厳しく複雑な安全保障環境の中においても、世界的に最も成熟し安定した先進民主主義国の一つとして、普遍的価値・原則の維持・擁護を各国と協力する形で実現することに取り組み、国際社会が目指すべき範を示す。

日本は、先進民主主義国として、普遍的価値に基づく国際秩序を求めている。

　他方で、安保戦略（2022）は、価値観や国内体制の異なる国家同士の協力は難しいことも示唆している。「普遍的価値を共有しない一部の国家は、独自の歴史観・価値観に基づき、既存の国際秩序の修正を図ろうとする動きを見せている」として問題視している（同, 3）。また、国連において「対立が目立ち、その機能が十分に果たせていない」のは、「普遍的価値やそれに基づく政治・経済体制を共有しない国家が勢力を拡大し、国際社会におけるリスクが顕在化していることが大きな要因である」と分析している（同, 6）。さらに、「インド太平洋地域は安全保障上の課題が多い地域でもある」として、一例として「核兵器を含む大規模な軍事力を有し、普遍的価値やそれに基づく政治・経済体制を共有しない国家や地域が複数存在する」ことを挙げている（同, 8）。バイデン政権の NSS 報告（2022）と同様、このように普遍的価値を共有する国々（民主主義国）と共有しない国々との間の競争や対立が先鋭化していると見ている。

◆注

1) 2005 年から 2021 年までの期間において、「部分的自由（Partly Free）諸国」の人口の割合が世界全体の 18％ から 41％ に上昇した一方、「自由（Free）諸国」の人口の割合が 46％ から 20％ へ低下している。特に 2020 年に顕著な変化が起きている。なお、この期間、「非自由（Not Free）諸国」の割合は 36％ から 38％ に微増している（Freedom House 2022, 4）。

2) 『世界における自由』（Freedom House 2022, 9）は、アメリカのスコアが低い分野として、大統領選挙、不適切な政治的影響力からの自由、およびマイノリティグループの平等な扱いを挙げている。ちなみに、日本の集計スコアは 96/100 であったのに対し、アメリカの集計スコアは 83/100 であった。

3) 『パクス・デモクラティア』では、古代ギリシアのペロポネソス戦争（第3章）、第二次世界大戦後の時代（第4章）、および前産業社会（第5章）の事例を取り上げて、以上の二つのモデルについての実証的な考察がなされている。その考察の結果、民主国家間の平和は、規範的モデルと構造的モデルの両者によって説明できるが、前者の説明力の方が高いという結論に至る（第6章）。なお、民主的平和論の研究方法については、ジョージ・ベネット（2013）を参照。

4) （1）トレント号事件では、アメリカ合衆国（北部）はアメリカ連合国（南部）がイギリスに接近して独立することを回避しようとした。また、（2）ヴェネズエラ危機では、イギリスはライバルであったドイツ、ロシア、およびフランスとの競争において不利にならないようにアメリカに譲歩した。

📖　**文献案内**

自由主義思想
◆　松下圭一『ロック「市民政府論」を読む』岩波書店，1987 年.
◆　ハーツ，ルイス『アメリカ自由主義の伝統─独立革命以来のアメリカ政治思想の一解釈』有賀貞訳，講談社，1994 年［Hartz, Louis. *The Liberal Tradition in America: An Interpretation of American Political Thought since the Revolution*. New York: Harcourt, Brace, 1955］.
◆　フリーデン，マイケル『リベラリズムとは何か』山岡龍一監訳，寺尾範野，森達也訳，筑摩書房，2021［Freeden, Michael. *Liberalism: A Very Short Introduction*. Oxford University Press, 2015］.

民主的平和論
◆　三浦瑠麗『シビリアンの戦争─デモクラシーが攻撃的になるとき』岩波書店，2012 年.
◆　ドイル，マイケル・W「カント，自由主義の遺産，外交」猪口孝編『国際関係リーディングズ』東洋書林，2004 年［Doyle, Michael. Kant, Liberal Legacies, and Foreign Affairs, Part I. *Philosophy and Public Affairs* 12, no. 3（Summer 1983）: 205–235］.
◆　ダイアモンド，ラリー『侵食される民主主義─内部からの崩壊と専制国家の攻撃』上・下，勁草書房，2022 年［Diamond, Larry. *Ill Winds: Saving Democracy from Russian Rage, Chinese Ambition, and American Complacency*. New York: Penguin Press, 2019］.
◆　日本国際政治学会編『国際政治』（「民主化」と国際政治・経済）第 125 号，2000 年 10 月.

普遍的価値と日米の戦略
◆　猪口孝，マイケル・コックス，G・ジョン・アイケンベリー編『アメリカによる民主主義の推進─なぜその理念にこだわるのか』ミネルヴァ書房，2006 年［Cox, Michael, G. John Ikenberry, and Takashi Inoguchi, eds. *American Democracy Promotion: Impulses, Strategies, and Impacts*. Oxford University Press, 2000］.
◆　楠綾子『占領から独立へ─1945〜1952』吉川弘文館，2013 年.
◆　細谷雄一『自主独立とは何か　前編─敗戦から日本国憲法制定まで』新潮社，2018 年.
◆　都市出版「外交フォーラム」編集室『外交フォーラム』（第 1 特集「自由と繁栄の弧」をつくる─日本外交の新機軸）第 225 号，2007 年 4 月.

第5章　制度的平和と国際秩序

はじめに

　国家間における永遠平和のための二つ目の条件としてカント（2006, 175）が挙げたのは、「**国際法は、自由な国家の連合に基礎をおくべきこと**」である（傍点は原文）。カントは、人間性は邪悪ではあるが、諸民族の間の条約により平和状態を創出できると考えている。自由な国家連合は「自国の権利を信頼できる形で基礎づけることができる」ので、**平和連盟**の形成が可能であるという。

> 平和連盟はすべての戦争を永遠に終わらせようとするのである。この平和連盟は、国家権力のような権力を獲得しようとするものではなく、ある国家と、その国家と連盟したそのほかの国家の自由を維持し、保証することを目指すものである。（……）すでに述べたように共和国はその本性から永遠の平和を好む傾向があるので、この国がほかのすべての諸国を連合させる結合の要となるはずである。そしてほかの諸国と手を結び、国際法の理念にしたがって諸国家の自由な状態を保証し、この種の結合を通じて連合が次第に広い範囲に広がるのである。（同, 180-181）

　戦争状態から抜け出すには、世界的に統一された共和国が必要であるが、人々はそうした政体を望んでいない[1]。そこで、消極的な理念として「たえず拡大しつづける持続的な連合」が提唱されている（同, 183）。

　国際政治論では、国際法や国際組織などをまとめて**国際制度**（International institutions）と呼んでいる。例えば、平和を維持するための国際制度の一つとして**集団安全保障**（collective security）を挙げることができる。国際制度は、**国際秩序**（International order）、すなわち「国際社会の主要な基本目標を維持する活動様式」（ブル 2000, 9）を支えている。

　本章は、国際秩序という国益に注目しつつ、紛争と平和の問題の一つとして制度的平和（制度的リベラリズム）を取り上げる。第Ⅰ節では、制度的平和を

支える国際制度に関する理論について説明する。第Ⅱ節では、制度的平和論の中核を占める集団安全保障の概念と制度について論じる。そして、第Ⅲ節では、国際秩序に焦点を当てて日本の安保戦略について紹介する。

Ⅰ　国際制度の理論

　本節では、制度的平和を支える国際制度に関する理論としてレジーム概念と安全保障レジームを説明するとともに、国際レジームに対する異なる見解を紹介する。なお、ロバート・コヘインは、**制度**を（1）国際機関や国境横断的な非政府組織、（2）国際レジーム、および（3）非公式な慣行からなるとしているが（Keohane 1989, 3-4）、制度とレジームを厳密に区別しないで使う人も多い。

1　レジーム概念と安全保障レジーム

　国際レジーム（International regime）に関する基本書の一つは、**スティーヴン・クラズナー**編『国際レジーム』（2020／原著 1983）であろう。これは、国際政治論の著名な雑誌『国際組織（*International Organization*）』の第 36 巻第 2 号（1982 年春）とほぼ同じ内容となっている。理論的な論文の他、安全保障、貿易、および金融といった分野ごとのレジームに関する論文も掲載されている。

　クラズナーは、最初の論文「**構造的原因とレジームの結果—媒介変数としてのレジーム**」（2020, 3）において、以下のとおりレジームの有名な定義を提供している。

> 国際関係の所与の争点領域においてアクターの期待が収斂するところの明示的もしくは暗黙の**原則、規範、ルール、および意思決定手続きの総体**である。原則とは、事実や因果、さらには公正についての信念のことである。規範とは、権利および義務として定義される行動指針のことである。ルールとは、どのような行動をとるべきかまたとるべきでないかを具体的に定めるものである。そして意思決定手続きとは、集合的選択を決定したり実行したりする上で普及している実践のことである。（太字は筆者）

ルールと意思決定手続きの変化はレジーム内の変化である一方、原則と規範の

変化はレジームそのものの変化であると見なされている[2]。

　クラズナーが編集した論文集『国際レジーム』において、ロバート・ジャーヴィス（2020）は、安全保障分野のレジーム（安全保障レジーム）に焦点を当てている。ジャーヴィスによれば、この分野においては、**安全保障のジレンマ**（本書第 2 章参照）のため、レジームの必要性は高いが、同時に、形成するのも困難であるという。安全保障問題の特徴は、次の四つである。第 1 に、一国の安全保障の向上が他国の安全保障の低下を招くことから、国家間の関係がとても競争的であること、第 2 に、攻撃的な動機を持つ行動と防御的な動機を持つ行動の見分けがつかないこと、第 3 に、安全保障は国家にとって最高の目的であり、大きな利害と結びついていること、および第 4 に、他国の監視や自国の安全保障の測定が困難であり、不確実性が高いこと、であるとする。これらの特徴が安全保障レジームの形成を困難にしているのである。

　ジャーヴィスが安全保障レジームの最善の例として挙げるのが、1815 年に始まった**ヨーロッパの協調**（concert）である。通常の権力政治とは異なり、戦争回避と革命などの国内危機の統制に共通の利害を見いだした大国は、自己利益の認識が拡大・長期化し、自国の政策を決定する際に他国の利益にも配慮していた。このレジームは、（1）継続して機能するとの期待、（2）現状変更への強い反対、（3）相互主義の規範、および（4）限定的な制度化により、国家行動に影響を与えていたという。なお、1823 年までは、定例的に開催される「会議（congress）体制」という制度が存在し大国間の協調の程度は高かった。その後もクリミア戦争（1853〜56）が起こるまでは、国際危機に対応するための不定期な協議（conference）による外交、大国の承認に基づく領土的変更、国際システムの基本構成国の安全保障や、大国の利益と威信の保護など、協調外交のルールは基本的に遵守されていた（Elrod 1976）。

2 【発展】国際レジームに対する異なる見解

　レジームは、パワーや利益などの要因（独立変数）によって引き起こされ、また、関連する国家行動や結果（従属変数）を引き起こす、**媒介変数**（中間変数）であるという考え方がある。

　　　パワーや利益など（独立変数）⇒レジーム（媒介変数）⇒国家行動や結果（従属変数）

クラズナー（2020, 7-14）によれば、この考え方について三つの見解が存在しているという。

　最初の見解は、**ネオリアリズム**に基づくものである。この見解によれば、レジームが存在するとしても、それはパワーや利益を反映しているにすぎず、レジームに関連する行動や結果もパワーや利益で説明できてしまうという。それ故、国家行動や結果に対してレジームの独立した影響は重要ではないということになる。

　なお、覇権的リアリズムの観点から**覇権移行理論**（覇権安定理論または覇権戦争理論の別名、本書第3章参照）を唱えた**ロバート・ギルピン**は、その著作『**覇権国の交代**』（2022／原著1981）において、国際規則（レジーム）にも注目している。ギルピンによれば、覇権国による国際システムの制御（control）は、①国家間における力の分布、②国家間の威信の階層、それに③国家間の相互作用に関わる権利と規則、という三つの要素から成り立っているという（同, 26-35）。すなわち、国際規則は、覇権国による国際システム制御の手段・道具と考えられているのである。ただし、ギルピンは、「いずれの国際システムでも、主たる制御の形式は国家間の力の分布である」と主張し、特に第1の要因を強調している（同, 28）。

　国際制度に関する二つ目の見解は、**ネオリベラル制度論**（neoliberal institutionalism）[3]に基づくものである。ネオリアリズムの前提から議論を出発させるが、いくつかの条件の下ではレジームが独立した影響力を持つと考える。そうした条件とは、国家間の関係があまり対立的・競争的ではないときや、諸国家の行動調整を通じてどの国家にもより大きな利益が生まれるときなどであるという。ネオリベラル制度論の代表的著作となっているのが、**ロバート・コヘイン**著『**覇権後の国際政治経済学**』（1998／原著1984）である。彼はその主著の中で、上記の覇権安定理論の命題「国際秩序のルール（国際レジーム）は、覇権によって形成され維持される」を批判し、覇権後の世界であっても、国際レジームに基づく国際協調は可能である、と主張した。ネオリベラル制度論は、制度がいくつかの機能を果たすことにより国際協調を促進すると考える。最も重要な機能が、相互に有益な交渉を阻害する不確実性を小さくする「情報の提供」である。国際レジームは、行為主体の行動に対する監視などを通じて、裏切りの可能性を低下させて、協調を促進する。

　国際制度に関する三つ目の見解は、**グロティウス的見解**に基づくものである。それは、レジームが行動に影響を与えるだけではなく、パターン化された行動がレジームにも影響を与えると考えている。相互に影響を与え合う両者を一体的に捉え、レジーム概念には市場や勢力均衡なども含まれると見なす。例えば、主にイギリスで活躍した**ヘドリー・ブル**は、主著『**国際社会論―アナーキーカル・ソサイエティ**』(2000, 93／原著第 2 版 1995) において、制度を「共通目標の実現へ向けて具体化された習慣と実行の集まり」と定義して、その概念に「勢力均衡、国際法、外交のしくみ、大国による管理システム、ならびに戦争」を含めている。ちなみに、ブルが戦争を制度と見なしたのは、勢力均衡の維持や、国際法の強制、法変更の促進において戦争が手段として機能してきたことに着目したからである (同，第 8 章)。

II　制度的平和論

　本節では、**制度的平和論**の中核を占める集団安全保障について、その概念や、国際連盟と国連の取り組みを説明するとともに、国連軍への参加に関する日本政府の考え方について見ていく。

1　集団安全保障の概念

　イニス・クロードは、『**軍民転換（Swords into Plowshares）**』(Claude 1959, 第 12 章) において、**集団安全保障**の概念について以下のとおり述べている。集団安全保障という用語は、同盟体制など「二つ以上の諸国による危機における共同軍事行動の見込みを含む事実上あらゆる種類の手配」という意味で使われることが多い (同，252)。しかし、その本来の意味は、「いずれの国家によるいずれの国家に対する侵略的かつ不法な武力の行使は、他の全ての国家の共同した武力によって対抗されるであろうとの命題」というものである (同，251)。「一国家は全国家のために，全国家は一国家のために」ということである。集団安全保障は、防御的同盟を含む勢力均衡に取って代わるものとして考案された。確かに両者は「戦争は圧倒的なパワーの抑止力によって防止され得る」と考える点で類似している。だが、集団安全保障は、以下のとおり複雑な一連の主観的条件と客観的条件を満たす必要があるなど特異な特徴を持ってお

り、勢力均衡における同盟体制とは異なる。

　まず、**主観的条件**とは、集団安全保障が機能するために必要な前提や規範が広く一般的に受け入れられているかどうかに関するものである。このカテゴリーにおける基本的条件は、**平和の不可分性**（indivisibility）すなわち、ある地域における平和の破壊が世界全体の平和の破壊につながるという前提が人々に受け入れられていることである。

　主観的条件には、世界共同体への忠誠という関連する規範的条件もある。集団安全保障が機能するためには、自国の特定の国益と人類の一般的な利益を同一視するか、それができなければ後者を前者よりも優先する必要がある。各国は、国際的義務を果たすために武力行使に訴える態勢を取りつつ、（武力を行使しないという意味での）平和主義と、国家政策の手段としての戦争をする権利の両方を放棄しなければならない。また、各国は、どんな侵略に対しても集団的措置を支援する義務を受け入れるとともに、軍事援助を差し控える権利を放棄しなければならない。これらは、軍事政策という重要な領域における主権の放棄を意味する。この点で、集団安全保障体制は、常に国益に基づく勢力均衡体制とは異なる。

　また、集団安全保障では、公平性が担保されていなければならない。侵略的な政策を取る国家ならいずれも集団的措置の対象となる。侵略が行われるまで、友好国や敵対国を事前に認定することはできない。この点でも、集団安全保障体制は、事前に同盟が形成される勢力均衡体制とは異なる。

　次に、**客観的条件**とは、集団安全保障の作用に必要な世界的状況が存在するかどうかに関するものである。客観的条件は、パワー状況と法的・組織的状況に分けることができる。パワー状況については、国家間でのパワーの拡散、集団安全保障体制の包括的なメンバーシップ、一般的な軍備縮小、および経済制裁に対する脆弱な国家などの条件を満たす必要がある。法的・組織的状況には、侵略の違法化、侵略の鎮圧において諸国が協力する義務、および集団安全保障に関する決定を行う国際組織の存在などがある。

　モーゲンソーは、主著『国際政治』（2013（下），第24章）において、「集団安全保障はその理想的仮説に従って機能しなければならないが、現代世界ではそのようには作用しえない」と結論付けている。集団安全保障が十分に機能しないのは、特に国家的利益を超国家的利益に従属させるという仮説が成り立た

ないからであるという。領土的現状維持に賛成する諸国と反対する諸国の間で、安全保障についての考え方が異なり、利害対立が発生する。そうなると、勢力均衡のような状況となり、侵略国に対して他国が圧倒的な力を糾合することができなくなる。また、このような状況下では、集団安全保障が世界的な戦争を誘発してしまうという「最大の逆説」を生みかねない（同, 75）。

2　国際連盟と国連における集団安全保障体制

　パリで 1919 年に開催された第一次世界大戦後の講和会議において、ウィルソン大統領の「**十四カ条の平和原則**」が講和の枠組みとなった。その第 14 条は、国際平和機構の創設を求めていた。その要請に応じて、講和会議で署名された**ヴェルサイユ条約**の第 1 編に当たる**国際連盟規約**は、「聯盟国は、聯盟各国の領土保全及び現在の政治的独立を尊重し、且つ外部の侵略に対し之を擁護することを約す」（10 条）と明記した。

　しかし、集団安全保障体制を構築する上で、国際連盟規約には、次の問題点があった（杉原ほか 2012）。第 1 に、戦争を含む武力行使一般を全面的に禁止したわけではなかった。1928 年の戦争放棄に関する条約（**不戦条約、ケロッグ・ブリアン条約**）が戦争の違法化を進めたが、宣戦布告などのない事実上の戦争については明確に禁止しなかった。第 2 に、国際連盟規約には、規約違反の戦争を認定する方法についての明文規定がなかった。1921 年の連盟総会における解釈決議では、各加盟国が個別に認定することになった。第 3 に、戦争を起こした国に対する経済制裁の規定（16 条）は設けられたものの、軍事的制裁は加盟国の義務とはならなかった。実際に制裁が発動された例はほとんどなかった。その例外は、エチオピアに侵攻したイタリアへの経済制裁であったが、石炭、石油、および鉄鋼などの重要物資は制裁対象から除外された。

　第二次世界大戦後に効力が発生した国連憲章は、以上の問題点の克服に努めた。第 1 に、国連とその加盟国の行動原則として、国際紛争の平和的解決を義務化するとともに（2 条 3 項）、**武力による威嚇と武力の行使（宣戦布告など戦意の表明を伴う戦争を含む）の禁止**を明記した。「すべての加盟国は、その国際関係において、武力による威嚇又は武力の行使を、いかなる国の領土保全又は政治的独立に対するものも、また、国際連合の目的と両立しない他のいかなる方法によるものも慎まなければならない」（2 条 4 項）。なお、武力行使の禁

止は慣習国際法として確立しているため、国連非加盟国にも適用される（杉原ほか 2012）。

第2に、**国連憲章違反の戦争を認定**する方法について明確化した。第5章「安全保障理事会」（23〜32条）では、「国際の平和及び安全の維持に関する主要な責任」は、**国連安保理**が負うこととされた（24条）。また、第7章「平和に対する脅威、平和の破壊及び侵略行為に関する行動」（39〜51条）では、国連安保理の任務に「平和に対する脅威、平和の破壊又は侵略行為の存在」の決定が含められた（39条）[4]。

第3に、**軍事的制裁**の義務化も図られた。国連安保理の任務に、「国際の平和及び安全を維持し又は回復するため」の勧告または非軍事的・軍事的強制措置の決定が含められた（39条）[5]。国連安保理の決定は、加盟国に対して拘束力を有する（25条）。なお、軍事的措置の決定は、国連安保理により非軍事的措置が不十分であると認められる場合にのみ可能である。軍事的措置には「国際連合加盟国の空軍、海軍又は陸軍による示威、封鎖その他の行動を含むことができる」（42条）。国連憲章において、国連安保理を中心に行う国際的な強制措置（集団安全保障）は、**自衛権**（right of self-defense）[6] の行使（51条）とともに、武力不行使原則の例外として認められているのである。

また、国連憲章上、加盟国は、国連安保理と**特別協定**を締結して軍事的措置のために兵力を提供することになっている（43条）。しかし、「冷戦期における東西の対立のために、また、結成される国連軍の内容・規模等に関する合意の形成が困難であったために特別協定は締結されず、国連憲章が予定した国連軍は存在していない」（杉原ほか 2012, 426）。なお、1950年の北朝鮮の韓国に対する武力攻撃は、ソ連が欠席していた国連安保理によって平和の破壊と認定された。しかし、朝鮮戦争（1950〜53年）の際に結成された**朝鮮国連軍**は、国連安保理の決定ではなく勧告に基づいていたことや、統一司令部を統制していたのが国連ではなくアメリカであったということから、本来の国連軍とは異なる[7]。

3 国連軍への参加に関する日本政府の見解

自衛隊の発足に当たり、参議院は、1954年6月2日に自衛隊の海外出動を禁止する決議を行っている。その決議には「本院は、自衛隊の創設に際し、現

行憲法の条章と、わが国民の熾烈なる平和愛好精神に照し、海外出動はこれを行わないことを、茲に更めて確認する」と書かれている。決議採択の直後に、木村篤太郎保安庁長官は、政府の所信として、自衛隊は「海外派遣というような目的は持っていない」と明言していた（朝雲新聞社編集局編著 2023, 767）。

　その後、日本政府は、海外派兵と海外派遣を区別し、後者は違憲ではないと見なすようになった。衆議院・稲葉誠一議員（日本社会党）の質問主意書に対する 1980 年 10 月 28 日の答弁書には、海外派兵について以下のとおりの見解が述べられている。

　　　従来、「いわゆる**海外派兵**とは、一般的にいえば、武力行使の目的をもって武装した部隊を他国の領土、領海、領空に派遣することである」と定義づけて説明されているが、このような海外派兵は、一般に自衛のための必要最小限度を超えるものであつて、憲法上許されないと考えている（……）。
　　　これに対し、いわゆる**海外派遣**については、従来これを定義づけたことはないが、武力行使の目的をもたないで部隊を他国へ派遣することは、憲法上許されないわけではないと考えている。しかしながら、法律上、自衛隊の任務、権限として規定されていないものについては、その部隊を他国へ派遣することはできないと考えている。（同, 685、太字は筆者）

日本政府は、集団的自衛権（本書 8 章参照）を限定的に行使できるようになった今日においても、海外派兵の違憲性に関する見解を維持している（同, 686-687）。

　他方で、自衛隊の国連軍への派遣についても、政府見解は変わってきた。**池田勇人**首相（自由民主党、任 1960〜64）の政権では、理想的な集団安全保障体制に自衛隊が参加することに憲法上の問題があるとは見なされていなかった（同, 689）。1961 年 2 月 22 日の衆議院予算委員会において、林修三法制局長官は「いわゆる国連の警察活動が理想的形態において、つまり国連の内部の秩序を乱したものを制裁する、あるいはその秩序を維持する」という場合には自衛隊が国連警察軍に参加することは憲法違反とはならないと答弁している（田中 1997, 213）[8]。

　しかし、**鈴木善幸**首相（自由民主党、任 1980〜82）の政権になると、自衛隊の国連軍への派遣について、より単純で明快な政府見解が登場する。それは、

先述の 1980 年 10 月 28 日の答弁書で示された、国連軍の目的・任務が武力行使を伴うものであるか否かという基準である。

> 　いわゆる「国連軍」は、個々の事例によりその目的・任務が異なるので、それへの参加の可否を一律に論ずることはできないが、当該「国連軍」の目的・任務が武力行使を伴うものであれば、自衛隊がこれに参加することは憲法上許されないと考えている。これに対し、当該「国連軍」の目的・任務が武力行使を伴わないものであれば、自衛隊がこれに参加することは憲法上許されないわけではないが、現行自衛隊法上は自衛隊にそのような任務を与えていないので、これに参加することは許されないと考えている。(朝雲新聞社編集局編著 2023, 769)

この政府見解は、現在でも維持されている。ただし、冷戦終結後になると、国連軍への参加と協力という区別が強調されるようになる。後者については、本書第 9 章で詳しく紹介したい。

Ⅲ　国際秩序と日本

　本節では、ルールに基づく国際秩序について、戦勝国による新秩序形成とリベラルな国際秩序に関するジョン・アイケンベリーの議論を紹介する。最後に、国際秩序、集団安全保障、および国際制度の観点から、日米の国家安全保障戦略を見ていく。

1　戦勝国による新秩序形成

　国際秩序は、大きな戦争の後に構築されてきた。三十年戦争（1618〜48）後の**ウェストファリア条約**、スペイン継承戦争（1701〜14）の際の**ユトレヒト条約**、ナポレオン戦争（1803〜15）後の**ウィーン条約**、および第一次世界大戦（1914〜18）後の**ヴェルサイユ条約**は、それぞれウェストファリア体制、ユトレヒト体制、ウィーン体制、そしてヴェルサイユ体制と呼ばれる戦後秩序の基盤となった。現代の国際秩序は、第二次世界大戦（1939〜45）の終結時に構築されたものである。アメリカのサンフランシスコで開催された 1945 年春の会議において、国際の平和と安全の維持、経済・社会分野での国際協力の促進などを目的とする国連を設立するために**国連憲章**が採択されている。

　ジョン・アイケンベリーは、『アフター・ヴィクトリー—戦後構築の論理と行動』（2004／原著 2001 年）において、戦勝国による新秩序形成について分析している。

　　国際秩序構築の決定的瞬間は、いつ訪れるのか？　主要な戦争が終結し、戦勝国が戦後世界の再建に着手するときである。1648 年、1713 年、1815 年、1919 年、1945 年といった特定の年が、決定的な重要性を持つ転換点として浮かび上がってくる。こうした歴史的分岐点で、新しく登場した強国は、世界政治を形作るための絶好の機会を与えられた。戦後の混乱の中で、強国の指導者たちは国際関係の新たな原則とルールを提示し、それによって国際秩序を作り直すという千載一遇の有利な立場に立った。（同, 3）

　19 世紀以降の戦後構築を分析した結果、アイケンベリーは、強国は、自ら制度的拘束（戦略的抑制）を受け入れるようになってきたと主張した。そして、この強国の論理を**制度的抑制戦略**と呼んだ。強国がこの戦略を取るようになってきた理由は二つある。一つは、戦争の結果生じた「パワーの非対称」の状況で、弱小諸国を安心させ、秩序の正統性を高め、ルールの履行費用を抑えるためである。そして、もう一つは、パワーの相対的衰退を見越して、自国にとって望ましい取り決めを固定化するためである。どちらも自国のパワーを温存するのに役立つ。すなわち、制度は、一方で「主導国が弱小・追随諸国よりも強力である初期においては、主導国を拘束する」が、他方で「弱小・追随諸国が次第にパワーを蓄える後期においては、弱小・追随諸国を拘束する」のである（同, 62）。

2　リベラルな国際秩序

　ジョン・アイケンベリーの『**リベラル・リヴァイアサン—アメリカの世界秩序の起源、危機、および変容**』（Ikenberry 2011）は、現代の国際秩序を分析するために有益な枠組みを与えてくれる。まず、国際秩序については「国家間の関係を導く確立したルールや取り決め」と定義している（同, 47）。次に、国際秩序を支える論理として、**均衡**（balance）、**命令**（command）、および**同意**（consent）の三つを取り上げている。第 1 に、均衡型の秩序は、国家主権の原則に基づき国家の自律性を維持することを目的とする、同等な大国間の水

表 5-1　秩序の論理

	均衡（balance）	命令（command）	同意（consent）
秩序	勢力均衡型	階層型	立憲型
権威の源泉	国家主権	物質的パワー	法の支配
道義的目的	自律性の維持	支配的国家の利益	公共財の創出
国家間関係	非階層的 同等な諸大国	階層的 支配国と被支配国	時に階層的 指導国と追随国

出典：Ikenberry（2011, 48）の表を参考にして筆者作成

平的な関係を規定する。第2に、命令型の秩序は、物質的パワーに基づき支配的国家の利益を目的とする、支配国と被支配国との間の垂直的な関係を規定する。第3に、同意型の秩序は、法の支配を権威の源泉とし、国際安全保障や自由貿易体制といった**公共財**（本書第6章参照）の創出を目的とする、指導国と追随国との間の、時に垂直的な関係を規定する。言い換えれば、それぞれ、**勢力均衡型**、**階層型**、および**立憲型**（constitutionalism）の秩序ということになる（表 5-1 参照）。

　なお、最後の立憲型秩序は、**リベラルな国際秩序**とも呼ばれている。後者は、「**開放的で、緩やかにルールに基づいた秩序**」という定義が与えられている（同, 18）。「開放的」とは相互の利益を基礎とした貿易や交流のことを指し、「ルール」はガバナンスのメカニズムとして作用するという。

　アイケンベリーによれば、ルールの利用は、支配的な国家にとって三つの点で役立つという（同, 102-109）。まず、合意に基づくルールは、同意による遵守を促進し、覇権的支配の実施費用を低下させる。次に、覇権国は、自制やコミットメントにより、秩序そのものと自国の地位についての正当性を強化することができる。そして最後に、将来の権力的地位への投資となる。なぜならば、制度の安定性がパワーの低下を補ってくれるからである。

　アイケンベリーは、第二次世界大戦後の国際秩序について、米ソ2極という均衡型の全体的秩序の中に、上記の三つの論理全てに依拠している「アメリカ主導のリベラルな覇権秩序」という部分的秩序があったと主張している（同, 161, 222-223）。この戦後秩序は、次の七つの論理に特徴付けられているという（同, 169-193）。つまり、「開かれた市場」、「経済安全保障と社会的取引」（経済の自由化と社会保障のリンク）、「多国間の制度的協調」、「安全保障上の拘

束」、「西側の民主的連帯」、「人権と革新的変化」、そして「アメリカの覇権的なリーダーシップ」の七つである。

　第二次世界大戦後にアメリカとソ連の間で冷戦が展開するようになると、アメリカ主導のリベラルな秩序は西側先進諸国の関係に限られていった。しかし、冷戦の終結は、リベラルな国際秩序の拡大を容易にした。アイケンベリーは、冷戦後、西側中心のシステムが世界的なシステムへ拡大・発展してきたとみている（同，232）。

3　日本の安保戦略

　第二次世界大戦後、アメリカが追求すべき基本的で長期的な国益には、平和的な国際環境という好ましい世界秩序（国際安全保障利益）が含まれるようになった。そうした秩序には、国際紛争の平和的解決や集団安全保障、それに同盟システムや世界的な勢力均衡が重要となる（Nuechterlein 1985, 8）。

　他方で、アメリカの同盟国である日本も、既存の国際秩序から大きな利益を得てきた。日本の安保戦略（2022, 5）では、第3の国益として「普遍的価値や国際法に基づく国際秩序を維持・擁護する」ことを、また、「特に、我が国が位置するインド太平洋地域において、自由で開かれた国際秩序を維持・発展させる」ことを掲げている（コラム 5-1 参照）。

　また、日米の国家安全保障戦略では、特に地球規模の課題に取り組んでいく上で国連を含む国際制度の重要性を認めつつ、その近代化や強化を唱えている。例えば、日本の安保戦略（2022, 28）は、国連について次のとおり記述している。

　　　特に国連は、紛争対処、人道支援、平和構築、人権の擁護・促進、気候変動、食料危機、自然災害、難民問題等の幅広い分野で役割を果たしており、国連及び国連をめぐる各国との協力を強化し、多国間協力を一層進める。同時に、国連安保理常任理事国が紛争当事者の場合には国連安保理が十分に機能しないなど、国連に内在する限界が顕在化していることを踏まえ、国連安保理の改革を含めた国連の機能強化に向けた取組を主導する。

ただし、国連安保理の常任理事国である中ロを含む権威主義諸国と米英仏を含む民主主義陣営の競争と対立が深まる中で、国連安保理の改革は難しく、当面、

国連を中心とする集団安全保障は機能しないように思われる。最初の安保戦略（2013, 25）にあった「集団安全保障機能の強化」というような表現は、次の安保戦略（2022）では見当たらない。

コラム5-1 「自由で開かれたインド太平洋」ビジョン

自由で開かれたインド太平洋（**FOIP**: Free and Open Indo-Pacific）とは、2016年8月にケニアで開催されたアフリカ開発会議（TICAD）での基調講演において安倍首相が提唱したビジョンである。その狙いは「自由で開かれたインド太平洋を介してアジアとアフリカの「連結性」を向上させ、地域全体の安定と繁栄を促進すること」にある。このビジョンは、（1）法の支配、航行の自由、自由貿易等の普及・定着、（2）質の高いインフラ（社会基盤）整備などを通じた経済的繁栄の追求（連結性の向上等）、および（3）海上法執行機関の能力向上支援などを通じた平和と安定の確保、という三本柱からなる（2022年版防衛白書, 330）。安保戦略（2022, 8）は、日本がこのビジョンを踏まえ「同盟国・同志国等と連携し、法の支配に基づく自由で開かれた国際秩序を実現し、地域の平和と安定を確保していくことは、我が国の安全保障にとって死活的に重要である」としている。

◆注

1) なお、カントは、第1追加条項「永遠平和の保証について」で、なぜ「世界王国」が忌避されるのかについて次のとおり説明している。「統治の範囲が広がりすぎると、法はその威力を失ってしまうものであり、魂のない専制政治が生まれ、この専制は善の芽をつみとるだけでなく、結局は無政府状態に陥る」（カント 2006, 208）。また、「言語と宗教の違い」が諸国家の分離状態を維持するのに役立っていることや、国家間での競争と均衡が平和に資することについても述べている。

2) 例えば、国際収支レジームの場合、原則は貿易と支払いの自由化であり、主な規範は為替レートの一方的操作の禁止である。1958年から71年までの固定為替相場制は、規範よりも特定的なルールと意思決定手続きによって定められていた。変動為替相場制に移行しても原則や規範は変化しなかったという（コヘイン 1998, 65-66）。

3) より古いリベラル制度論には、1940年代と50年代初めの機能主義的統合理論、50年代と60年代のネオ機能主義的地域統合理論、および70年代の相互依存理論がある（Grieco 1988, 486）。

4) 北朝鮮による韓国への武力攻撃（朝鮮戦争）やイラクのクウェート侵攻は「平和の破壊」として認定されたのであり、国連安保理による侵略行為の認定例は存在しない。国連総会による1974年の「侵略の定義に関する決議」があるものの拘束力はなく、第39条の認定においては国連安保理の裁量が大きい（杉原ほか 2012）。

5）　非軍事的措置には、「経済関係及び鉄道、航海、航空、郵便、電信、無線通信その他の運輸通信の手段の全部又は一部の中断並びに外交関係の断絶を含むことができる」（41条）。実際に行われた非軍事的措置は、冷戦期には人権侵害を行う南ローデシア（現ジンバブエ）や南アフリカに対するものなど少数だったが、冷戦終結後に増加するとともに多様化した（杉原ほか 2012）。1990 年にクウェートに軍事侵攻したイラクに対する経済制裁や、特定の個人や団体を対象にした資産凍結措置や旅行禁止措置といった、いわゆるスマートサンクションが注目される。

6）　自衛権には、個別的（individual）なものと集団的（collective）なものがある。**個別的自衛権**は、自国に対する武力攻撃に自ら反撃する権利のことである。**集団的自衛権**は、一国に対する武力攻撃に他国も共同して反撃する権利のことである。集団的自衛権は、国連安保理の許可がなくても同盟が集団防衛できるように国連憲章に含められた（杉原ほか 2012）。

7）　ちなみに、国連憲章 47 条に基づき、軍事的な問題について国連安保理に助言および援助を与える軍事参謀委員会は実際に設立されているが、形骸化している。

8）　国連憲章第 7 章、特に 43 条（兵力使用に関する特別協定）に基づく国連軍への自衛隊の参加の合憲性については、現時点では、そのような正規の国連軍が存在しない以上、判断しないというのが冷戦終結後における日本政府の立場である（朝雲新聞社編集局編著 2023, 770-773）。

文献案内

国際制度の理論
◆ コヘイン，ロバート『覇権後の国際政治経済学』石黒馨，小林誠訳，晃洋書房，1998年〔Keohane, Robert. *After Hegemony: Cooperation and Discord in the World Political Economy*. Princeton University Press, 1984〕.
◆ 山本吉宣『国際レジームとガバナンス』有斐閣，2008年.
◆ 足立研幾『国際政治と規範—国際社会の発展と兵器使用をめぐる規範の変容』有信堂，2015年.
◆ 日本国際政治学会編『国際政治』（国際関係の制度化）第132号，2003年2月.
◆ 国際安全保障学会編『国際安全保障』（通常兵器に関する軍備管理レジームの展望）第37巻第4号，2010年3月；（制裁レジームの実効性と課題）第48巻第2号，2020年9月.

集団安全保障
◆ 佐藤哲夫『国連安全保障理事会と憲章第7章—集団安全保障制度の創造的展開とその課題』有斐閣，2015年.
◆ 国際連合広報局『国際連合の基礎知識』第42版，八森充翻訳，関西学院大学出版会，2018年.
◆ 日本国際政治学会編『国際政治』（歴史のなかの平和的国際機構）第193号，2018年9月.

国際秩序
◆ ブル，ヘドリー『国際社会論—アナーキーカル・ソサイエティ』臼杵英一訳，岩波書店，2000年〔Bull, Hedley. *The Anarchical Society: A Study of Order in World Politics*, 2nd ed. Basingstoke, Hampshire: Macmillan Press, 1995〕.
◆ 梅本哲也『アメリカの世界戦略と国際秩序』ミネルヴァ書房，2010年.
◆ 細谷雄一『国際秩序—18世紀ヨーロッパから21世紀アジアへ』中央公論新社，2012年.
◆ 川崎剛『大戦略論—国際秩序をめぐる戦いと日本』勁草書房，2019年.
◆ 船橋洋一，ジョン・アイケンベリー編著『自由主義の危機—国際秩序と日本』東洋経済新報社，2020年〔Funabashi, Yoichi, and G. John Ikenberry, eds. *The Crisis of Liberal Internationalism: Japan and the World Order*. Washington, D.C.: Brookings Institution Press, 2020〕.
◆ 日本国際政治学会編『国際政治』（新興国台頭と国際秩序の変遷）第183号，2016年3月；（一九三〇年代の国際秩序構想）202号，2021年3月.
◆ 国際安全保障学会編『国際安全保障』（国際秩序をめぐる攻防の時代）第45巻第4号，2018年3月.

第6章　商業的平和と経済的繁栄

はじめに

　カント（2006, 185）が提示した国家間における永遠平和のための第3の条件は、「**世界市民法は、普遍的な歓待の条件に制限されるべきこと**」である（傍点は原文、太字は筆者）。カントによれば、ここで言う「歓待」とは、「外国人が他国の土地に足を踏み入れたというだけの理由で、その国の人から敵として扱われない権利」を意味している。友好的な相互関係を構築するための「訪問の権利」であるという。この権利は、国家間の通商を可能にするものである。カントは、第1追加条項「永遠平和の保証について」において、商業の役割を強調している。

　　　自然は、たがいの利己心を通じて、諸民族を結合させているのであり、これなしで世界市民法の概念だけでは、民族の間の暴力と戦争を防止することはできなかっただろう。これが商業の精神であり、これは戦争とは両立できないものであり、遅かれ早かれすべての民族はこの精神に支配されるようになるのである。というのは、国家権力のもとにあるすべての力と手段のうちでもっとも信頼できるのは財力であり、諸国は道徳性という動機によらずとも、この力によって高貴な平和を促進せざるをえなくなるのである。（同, 209–210）

ここで、カントは利己心に基づく商業的平和論を唱えているのである。

　本章は、経済的繁栄という国益に注目しつつ、紛争と平和の問題の一つとして商業的平和（商業的リベラリズム）を取り上げる。第I節では、商業的平和論の前提となる経済の思想と政策について考察する。次の第II節では、商業的平和論そのものについて紹介する。そして、第III節では、経済的繁栄に焦点を当てて日本の安保戦略などについて論じる。

I　経済の思想と政策

　本節では、経済的な繁栄と安全保障の関係について扱う。まず、イギリスにおける重商主義と自由放任主義を、次に、第二次世界大戦後にアメリカが主導して構築した国際経済秩序を説明する。そして、最後に、重商主義と自由放任主義における経済と政治の関係について考察する。

1　重商主義と自由放任主義

　16〜18 世紀のヨーロッパにおける絶対王政諸国は、官僚制と常備軍を維持する財源となる国富を増やすために経済に積極的な介入を行う**重商主義**と呼ばれる政策を取った。政策の内容は国や時期によって異なっていたが、一般的に初期の段階では富として金・銀の蓄積が重視され、その後、輸入抑制と輸出促進、自国の海運業の保護を通じて貿易収支の改善が目指された。イギリスの重商主義は議会重商主義と呼ばれている。その特徴は、17 世紀半ばのピューリタン（清教徒）革命を経て商工業者が政治的発言力を高めたことによる、国内の産業活動の自由と外国製品に対する国内産業の保護であった（木村・岸本・小松編 2017, 276）。

　18 世紀後半になると、重商主義に批判的な**自由放任主義**という考え方が出てきた。それは、自由主義の経済思想（経済的自由主義）と言えるものである。この分野の古典としては、イギリスの**アダム・スミス**（1723〜90）による『**国富論**』（2000, 2001／原著 1776）を挙げることができる。スミスは、フランスの重農主義者が唱えていた自由放任主義の考えを発展させた古典派経済学の創始者である。個人の自己利益の追求が「**みえない手**」に導かれて、結果として意図せざる公共の利益を推進するという利益調和説を主張した（スミス 2000, 303-304）。スミスは、市場メカニズムの信奉者であるとともに、自由貿易論者であった。富を勤労による生産物として再定義して、貿易差額による金銀の蓄積を目指した重商主義の輸入制限策と輸出奨励策を批判している。

　19 世紀のイギリスでは、スミスの流れをくむ古典派経済学の自由放任主義が支配的となった。例えば、**デイヴィド・リカード**（1772〜1823）は、国家間の分業と貿易が相互に利益をもたらすことを理論的に説明する**比較優位論**を発表して、自由貿易の正当性を高めた（ギルピン 1990, 183-185）。イギリスは、

1850 年ごろ、東インド会社の貿易独占権や、貿易を規制していた穀物法と航海法を廃止して自由貿易体制を確立した。その立役者の一人が実業家から政治家になった**リチャード・コブデン**（1804〜65）であった。彼は、産業資本家の立場から「反穀物法同盟」を結成し、自由貿易に向けての運動や経済学のマンチェスター学派の創設における中心的人物であった。第一次世界大戦（1914〜18）まで、自由貿易はイギリスが主導したのである。

　第一次世界大戦の終結後、世界経済はいったん回復していたものの、突如1929 年に世界恐慌が始まった。ニューヨークの証券取引所における 1929 年10 月の株価大暴落に端を発する工業や農業、金融などの分野での恐慌がアメリカで発生し、同国の完全失業者は、1932 年の時点で総労働者の 4 分の 1 に相当する 1,300 万人にもなったといわれている [1]。この恐慌は瞬く間に世界的に拡大した（木村・岸本・小松編 2017）。

　世界的な経済不況を背景に、1930 年代には保護主義の動きが顕著となり、世界経済の分裂が進んだ [2]。1932 年までに世界の貿易量は 1929 年の 3 分の1 以下にまで縮小してしまった。このため、大国は、自国の通貨を使用する本国や植民地からなる閉鎖的な経済圏（ブロック）を形成し、他の大国からの商品を排除することにより、経済の安定性を高めようとした。世界経済は、イギリスのスターリング（ポンド）＝ブロック、アメリカのドル＝ブロック、フランスのフラン・金＝ブロック、ドイツのマルク＝ブロック、および日本の円ブロックなどにより分裂してしまった。こうした**ブロック経済**は、ブロック間の対立関係を促進し、第二次世界大戦の遠因ともなった。

2　現代の国際経済秩序

　ヨーロッパで第二次世界大戦が始まるとすぐに、アメリカは、戦後の国際秩序を構想し始めた。本書第 4 章で言及した**大西洋憲章**（1941 年 8 月）は、戦後秩序の自由主義的な諸原則も明らかにした。それらには、欠乏や恐怖からの自由とともに、世界経済の開放、それに雇用の安定や社会保障を目指す経済的分野の国際協力といった原則が含まれていた（岩沢編 2018, 855）。自由主義的な価値を国際秩序の基本原理としたのは、1930 年代の国際経済の分断化や国内政治の不安定化が第二次世界大戦につながったとの反省に基づいていた（アイケンベリー 2012, 第 6 章）。

　第二次世界大戦の最中に、アメリカは、自由主義的な国際経済秩序の構築を主導し始めた。1944年7月には、アメリカのニューハンプシャー州にあるブレトンウッズでの会議において、国際通貨基金（IMF）と国際復興開発銀行（IBRD、世界銀行）の設立を含む国際通貨・金融に関する協定が締結された。為替は基本的に固定相場制となった。また、1947年の10月に署名開放された**関税及び貿易に関する一般協定（GATT）**は、互恵性・自由化・無差別の原則に基づき、主に西側諸国間の自由貿易を促進するものであった。こうしたいわゆる**ブレトンウッズ体制**により、自由貿易と国内経済の安定性を同時に追求することになった（ラギー2020）。

　ただし、1970年代になると、アメリカ経済の弱体化に伴い、ブレトンウッズ体制は動揺した。ブレトンウッズ体制の中核とも言える金ドル本位制は維持できなくなり、主要国通貨の為替は73年までに固定相場制から変動相場制へと移行した。日本や他の先進国との関係において、アメリカの経済・金融力の相対的低下は明らかとなっていた。

　他方で、GATTの**多国間貿易交渉（ラウンド）**を通じて、自由貿易体制は強化されていった。ケネディ・ラウンド（1964〜67）や東京ラウンド（1973〜79）、ウルグアイ・ラウンド（1986〜94）は、関税引き下げや非関税障壁の軽減・撤廃などにおいて成功を収めた。また、1995年には、GATTを発展解消して**世界貿易機関（WTO）**が設立された。また、1990年代後半から貿易と投資に関する二国間や地域間の協定が大幅に増加している（経済産業省編2019, 247）。

　自由貿易体制の強化とともに、世界の貿易額（輸出入額）と国内総生産（GDP）に占める割合（貿易依存度）はほぼ右肩上がりで増えてきた（図6-1参照）。それらは、2008年8月に起きたリーマン・ブラザーズの経営破綻をきっかけとする世界金融危機（リーマン・ショック）により翌年には落ち込むものの、その後、急回復を見せた。しかしながら、2012年以降、頭打ちとなっている。

　その一因としては、貿易制限的措置の発動といった保護主義的な動きが高まっていることを挙げることができる[3]。自由貿易を推進してきたアメリカにおいても、トランプ政権は保護主義的であり、安全保障への脅威、通商協定の違反などを理由にした貿易制限的措置を発動するとともに（同, 188-189）、環太

図 6-1　世界の貿易額と GDP に占める割合の推移

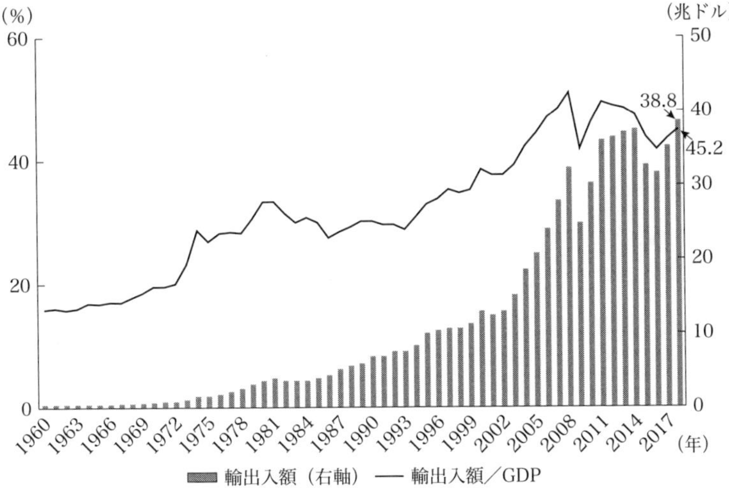

出典：経済産業省編 2020, 272

平洋パートナーシップ（TPP）協定から離脱した。「中間層のための外交政策」
（バイデン 2020）を掲げる、次のバイデン政権も、国内産業や雇用を守ること
を重視する傾向がある。実際、アメリカは、同国を除く 11 カ国で合意された
「環太平洋パートナーシップに関する包括的及び先進的な協定」（CPTPP 協定ま
たは TPP11 協定）に復帰していない。代わりに、関税の引き下げや撤廃を求め
ない、貿易、サプライチェーン（供給網）、クリーン経済、および公正な経済
を柱とするインド太平洋経済枠組み（IPEF）を主導している（本書第 11 章参
照）。

3　経済と政治の関係

　現代においても、重商主義や自由放任主義の基本的な考え方は健在である。
この項では、それぞれにおける経済と政治の関係についての考え方を見ていく。
　国家が経済に積極的に介入することを是とする重商主義は、経済と政治の関
係を密接なものとして扱う。**ヤコブ・ヴァイナー**（Viner 1948, 10）によれば、
いつの時代の重商主義であっても、国家政策の目標としてのパワー（権力）と
富の役割については次のとおりであるという。

　　（1）富は、安全保障や侵略のための権力の絶対的必須手段である。（2）権力は、富の取得あるいはその維持の手段として根本的に重要なものである。（3）富と権力はそれぞれ、国家政策の究極の目的である。（4）軍事的安全保障や長期的な繁栄のためにある期間、経済的犠牲が必要になる場合もあるが、これらの目的の間には長期的な調和がある。（訳はコヘイン 1998, 25）

　つまり、重商主義では、パワーと富の間には少なくとも長期的な補完性があると考えられている。この点で、大砲（軍備）とバター（国民生活）の選択はトレード・オフの関係（一方の追求が他方の犠牲を伴う関係）にあると考える自由主義とは、重商主義は対照的である。日本の明治政府による富国強兵のように、重商主義はパワーと富の両方を追求するのである（ギルピン 1990, 32）。

　なお、より一般的には経済的ナショナリズムと呼ばれることもある重商主義の考え方は、国際政治理論では**リアリズム**に近い（同, 42）。リアリズムでは、繁栄は、安全保障の補助的な役割として考えられることが多い。リアリストの一人ジョン・ミアシャイマー（2019, 85-86）の次の言葉が示唆的である。「経済の繁栄は国家の富の増大につながるので、安全保障面から見ても、極めて重要だ。経済力こそが軍事力の基礎だからである。経済的に豊かな国は必然的に強力な軍備を整えることができ、自国の存続を確保するチャンスも増加する」。いわゆる富国強兵の考え方である。本書第２章で見てきたとおり、リアリストは、国益のうち自国の生存（狭義の安全保障）が最優先であると考える。国家にとって、経済的な繁栄も重要な国益であるが、それと自国の生存という二つの目標が衝突する場合には、常に後者が優先されると考える（同, 87）。

　他方で、自由主義的な古典派経済学を確立したスミスも、自由な経済活動と最低限の国家による干渉を重要視していたものの、富にだけ関心を持っていたのではなかった。限定的な国家の義務として、国防、司法の運営、公共事業・公共施設の設立と維持を認めていた。特に国防については、国家の「第１の義務」と位置付けるとともに、「その社会を他の独立諸社会の暴力と侵略から守る義務は、軍事力によってのみ遂行できる」と述べている（スミス 2001, 343）。また、進歩した製造業と改良された戦争技術を持つ国家にとって、常備軍が不可欠であることを主張している。そして、海運業のように国防に必要な国内産業なら保護することが例外的に認められるとも書いている。「国防は

富裕よりもはるかに重要であるから、［自国の海運業を保護する］航海条例は、おそらく、イングランドのすべての商業上の規制のなかでももっとも賢明なものである」（スミス 2000, 320）。

　しかしながら、ヨーロッパが比較的平和であった 19 世紀を通じて、イギリスの自由放任主義は、必要悪と考える政治から経済を分離して考える傾向がますます強くなっていった。その後、「第一次大戦は国内政策、対外政策双方において経済と政治を再び公然と結びつけた」（カー 2011, 227）。それでも、自由主義の流れをくむ国際政治理論のリベラリズムは、経済と政治を分離して、国家目標として繁栄の追求を強調することが多い（ウェルチ 2016, 41）。1970 年代や 1990 年代のように比較的平和な時期になると、国家存立の重要性が目立たなくなり、リベラリズムの理論に注目が集まることになる。商業的平和論もその一つである。

II　商業的平和論

　本節では、まず**商業的平和論**について説明した上で、商業的平和論への批判として、リアリズムの観点に基づく正反対の主張と因果関係への疑念を取り上げる。

1　相互依存関係と平和

　カントと同時代を生きたスミスも同様に、商業と製造業が国内の人々を戦争状態から解放したと述べ、商業的平和論を主張していた。

> 商業と製造業は、農村の住民のあいだに、秩序とよき統治を、またそれとともに個人の自由と安全を、しだいにもたらしたのであって、以前には彼らは隣人とはほとんど絶え間のない戦闘状態にあり、領主に対しては奴隷的従属状態にあったのである。このことは、ほとんど注目されてこなかったけれども、商業と製造業がもたらしたすべての効果のなかでも、もっとも重要なものであった。（スミス 2000, 235）

他方で、社会の文明化（武器の高度化）が平時および戦時における軍事費の上昇をもたらしていることも指摘している（スミス 2001, 372）。軍事費の上昇

は、戦争の損益計算を悪化させ、平和を強化するとスミスは示唆している（Doyle 1997, 237）。

　ヨーロッパにおいて、自由放任主義の全盛期であった19世紀は「長い平和」の時代でもあった。コブデンは、世界は貿易を通じて平和になるとも主張していた。当時のイギリスでは、「自由貿易は、商業的繁栄への道として、戦争と攻撃的なマーカンティリズム（重商主義）にとって代わった」と広く信じられていた（ブレィニー 1975, 32-33）。

　商業的平和論の考えは、第一次世界大戦の直前になっても衰えることはなかった。イギリスのジャーナリストであった**ノーマン・エンジェル**は、その著作『**大いなる幻想**』（エンセル 1912／原著 1910）において、ヨーロッパでは大国間の相互依存関係のために、戦争が国家の経済的利益を推進することは幻想になったと主張した。

　しかし、『大いなる幻想』が出版されてからわずか４年後に、第一次世界大戦が起きた。これはエンジェルの主張の誤りを証明している、とリアリズムの観点からは指摘されることが多い。他方で、リベラリズムを信奉する研究者は、経済的相互依存が戦争を無益なものにしたと主張していたのであって、不可能にしたと言っていたわけではなかったと、エンジェルを擁護している（Russett and Oneal 2001, 278）。エンジェルは、戦争が人々の「無理解」によって起こり得ると考えていた（カー 2011, 66）。なお、第一次世界大戦で『大いなる幻想』の評判が失墜しなかったことは、同著の出版によりエンジェルが1934年にノーベル平和賞を受賞していることからも分かる。

　リチャード・ローズクランス（1987, 第7章）は、第一次世界大戦前におけるヨーロッパの相互依存性が過大評価されてきたことを指摘している。第1に、工業国どうしの相互依存関係は現代よりずっと小さかった。例えば、イギリスの貿易や投資は、その植民地を中心にヨーロッパ大陸外の低開発国との間で行われる割合が高かった。第2に、1913年の対外投資の約9割が経営参加を目的としない間接投資であり、株式の1割以上を保有するような直接投資は少なかった。第3に、当時は、多国籍企業などによって推進される各国経済の相互浸透の程度も低かった。すなわち、第一次世界大戦前のヨーロッパでは平和を促進するような種類の相互依存はそれほど進んでいなかった、というのがローズクランスの主張である。

2　相互依存関係と紛争

　経済的な相互依存が戦争の可能性を低下させるとのリベラリズム的な考えに対して、リアリズムの立場から反論したのが、ネオリアリズムの創始者**ケネス・ウォルツ**である。彼の反論は、主著『**国際政治の理論**』（2010）の第7章で明確に述べられている。ウォルツ（同，209）は、「相互依存の神話」が誤っていることは「第一次世界大戦で決定的に示されたはず」であるとしている。

　また、ウォルツにとって、接触の緊密化を意味する相互依存の進展は、むしろ紛争の可能性を高めるものである。

> もっとも厳しい内戦やもっともむごたらしい国際紛争は、密接な関係のある高度に類似した人びとが居住している場所で起こってきた。当事者が何らかのかたちで関係していない限り、戦争が始まることはありえない。規制のない相互依存関係にある国家が対立を経験するのは必至であり、時には暴力にもいたるであろう。中央による管理が発達するよりも早く相互依存が深化するならば、相互依存は戦争の勃発を早めることになる。（同，183）

ウォルツは、相互依存の効果においてリベラリズムの人々と正反対のことを言っているのである。

　ウォルツによるもう一つの批判は、相互依存の定義に関することである。経済学者は相互依存を市場における価格変動への敏感性として捉えていた。**敏感性としての相互依存**とは、「地球上のいかなる場所で起こっている事態の影響も、さまざまな遠隔地で急速に表れるということ」である（同，185）。他方で、ウォルツは、政治学的には**脆弱性としての相互依存**に着目すべきであると主張した[4]。他国への依存が高まれば、その依存関係が断ち切られたときの自国の脆弱性も高まる。そこで、無政府状態の国際政治システムにおいて自国の安全保障を追求する国家は、自給自足や支配領域の拡大を目指すという。実際、太平洋戦争前の日本のような脆弱性の高い国家が、石油などの死活的な資源の自給自足を目指して攻撃的な軍事政策を追求することが歴史上にはよくあった、という指摘が別のリアリストであるミアシャイマーによってなされている（Mearsheimer 1990, 43n65）。

　なお、相互依存と平和の関係についてまったく異なる結論を取る、リアリズムとリベラリズムを架橋する理論がある。それは、**デール・コープランド**が提

唱した**貿易期待理論**（theory of trade expectations）である。この理論は、高いレベルの相互依存が戦争につながるか平和につながるかは、将来の貿易への期待の程度によると主張するものである。つまり、将来の貿易について楽観的なときは、リベラリズムが強調する貿易の利益に焦点が当たり、戦争への制約が強まる（平和となる）。他方で、将来の貿易について悲観的なときは、リアリズムが強調する貿易断絶の潜在的な費用（脆弱性としての相互依存）に焦点が当たり、戦争がより合理的な選択肢となる（Copeland 1996）。後者の例としては、第二次世界大戦前の日本が挙げられている。

3　【発展】因果関係の問題

　相互依存が平和を促進するという議論に対し、それは原因と結果が逆ではないのかという反論もなされている。19世紀は、ドイツやイタリアの統一をめぐる比較的短い戦争がいくつかあったが、一般的には平和の時代だと見なされている。このことについて、オーストラリアの歴史学者ジェフリー・ブレイニーは、主著『**戦争と平和の条件**』（1975, 44／原著1973）の中で、「19世紀における平和の諸原因としてもてはやされた変化の大部分は、おそらくより多く平和の結果であった。思想や民衆や商品が国境をこえて流出しやすかったことは非常に多く平和の一つの結果であった」と論じている。

　また、自由貿易と平和との関係については、どちらかがもう片方を発生させるという因果関係ではなく、双方が第三の他の要因によって引き起こされているという**疑似相関**の可能性もある。例えば、リアリズムに依拠する**覇権移行論**は、卓越したパワーと指導力を持つ覇権国が自国のパワーを利用して自由貿易体制と国際社会の平和の双方を促進していると考えている。覇権的リアリズムの観点から覇権移行論を唱えた**ロバート・ギルピン**は、その著作『**覇権国の交代—戦争と変動の国際政治学**』（2022／原著1981, 137）において、次のとおり述べている。

　　前近代の帝国と同じく、覇権国は財政収入と引き換えに安全と所有権の保護という公共財を供給したと言ってもよい……。パックス・ブリタニカとパックス・アメリカーナは、パックス・ロマーナと同じように国際システムの相対的な平和と安全を保証した。イギリスとアメリカは自由主義的な国際経済秩序の規則を作

り、これを執行した。イギリスとアメリカの政策は自由貿易と資本移動の自由を育んだ。両国は基軸通貨を供給し、国際通貨システムを運営した。

覇権国が自由貿易体制と国際社会の平和を促進するのは、そうすることが自国の利益になるからである。しかも自由貿易体制や国際社会の平和は、覇権国のみならず他の諸国にとっても利益となる**公共財**（public goods）[5]であることから、覇権国による支配の正当性を高めることにもなるのである（本書第５章参照）。

　ただし、今日、アメリカの覇権がかつてのように強固なものではなくなっていることに留意する必要がある。台頭してきた中国は、アジアインフラ投資銀行（AIIB）を創設したり、巨大経済圏構想「一帯一路」や人民元の基軸通貨化を推進したりしてきた。パワーバランスの変化の中で、既存の覇権国による国際経済秩序は挑戦を受け動揺しているのである。

Ⅲ　経済的繁栄と日本

　本節では、現代の商業的平和論の一つである貿易国家論と、その一例として戦後日本を取り上げ、いわゆる「吉田ドクトリン」や安保戦略を紹介する。

1　貿易国家論

　商業的平和論の考え方は、現代にも引き継がれている。冷戦の最盛期においては、国家安全保障とパワーを重視するリアリズムが主流であった。しかし、1960年代末からの米ソ間のデタント（緊張緩和）という国際状況の下で、経済的相互依存が平和を促進するという、自由主義の流れをくむ相互依存論が盛んに論じられるようになった。この項では、そうした代表作として、**リチャード・ローズクランス**の『**新貿易国家論**』（1987／原著1986）に注目してみたい。

　ローズクランスは、伝統的な「武力政治の世界」と新しい「貿易の世界」という二つの純粋な国際関係の在り方（理念型）を提唱している（同，第２章）。第二次世界大戦の終結までは、覇権の追求や独立の維持のために戦争を主要な国家手段とする**武力政治的・領土主義的国家**しか存在していない「武力政治の世界」であった。近代ヨーロッパでは、領土の拡張が各国の目標であった。西

暦 1500 年の時点で同地域にはおよそ 500 の国家があったが、その後、数多くの消滅・分割・併合の過程を経て、1900 年における国家の数は約 25 まで減少した（同，23-24）。

　1945 年以降の低関税の時代になって、国民福祉および資源配分を向上させるために国内の経済発展と国際貿易を主要な国家手段とする**貿易国家**が登場して、「貿易の世界」に近い状況が現れてきた。

> 貿易国家とは、機能的差異 6) に基づく平等を受け入れる、相互依存的な国家である。その目指すところは、国内の経済発展と国際貿易を通じて国民福祉および資源配分を向上させることであり、他国の同様の努力となんら対立するところはない。(同，39-40)

貿易の世界では、「戦争は貿易をとだえさせ、貿易を成り立たせる相互依存関係を破壊するものとして、忌避される」（同，36）。国家が政策手段として戦争ではなく貿易を選ぶということは、平和の道を選択するということも意味している。つまり、貿易国家は平和国家でもあるということになる。

　ローズクランスによれば、国家が国益増進のためにどちらの手段を選択するかを決定する際は、戦争遂行の費用と利益および貿易の費用と利益の比較が大きな役割を果たすという。武力行使の費用便益計算では、新たな領土を獲得する容易さと、獲得した領土を支配する容易さを考慮する必要がある。それらの変数は、軍事技術やナショナリズムなどの要因によって影響を受ける。例えば、核兵器の登場は戦争の費用を高めている。他方で、貿易の費用便益計算に影響を与える要因には、貿易規制の程度や経済状態、現在の相互依存度が含まれる。例えば、世界市場の発展は貿易の利益を高める。さらに、「国家がどう行動するかは、最終的にはその信奉する理論と、過去にくぐり抜けてきた国家的体験によって決定される」とともに、そうした理論や体験は社会的学習によって引き継がれていくという（同，58）。

　第二次世界大戦後に「商業の精神」に最も支配されるようになった国家の一つが日本である。ローズクランスは、『新貿易国家論』において貿易国家の代表例として日本に言及している。

海洋主義と貿易の世界に属する国々は、自給自足が幻想であることを認識している。貿易が比較的自由で開放的でありさえすれば、経済を発展させ生活の必需物資を手に入れるのに新しく領土を獲得する必要はない、と考えている。この世界を代表する国々は日本とヨーロッパ諸国（なかでも西ドイツ）である。今日の西ドイツと日本は、1930 年代に武力で獲得しようとした原材料と石油を、国際貿易で手に入れ、平和のうちに繁栄している。(同, 26)

日本が 20 世紀半ばに武力政治的・領土主義的国家から貿易国家へと転換したのは、第二次世界大戦での徹底した敗北という過去の体験が大きかったと、ローズクランスは示唆している。

2　日本の吉田ドクトリンと安保戦略

　日本が貿易国家として国益を追求していくという方針は、後に**吉田ドクトリン**と呼ばれるようになる。それは、**日米安保**、**軽武装**、および**経済中心**という三つの基本原則からなっている。つまり、「(1) アメリカとの同盟関係を基本とし、それによって安全を保障する。(2) したがって、自国の防衛力は低く抑える。(3) そして得られた余力を経済活動にあて、通商国家として活路を求める」という三原則である（高坂 1989, 299）。国家の繁栄を最優先に考え、軍事力よりも国際経済関係の方を重要視する考え方を高坂正堯は「商人的国際政治観」と呼んでいる（高坂 1968, 68）。**吉田茂**首相（自由党、任 1946〜47、48〜54）のこの選択は、その後の日本外交において定着していくことになる。なお、この選択が可能であったのは、アメリカ主導の自由主義的国際秩序の中で、アメリカ軍を中心とする同盟体制とアメリカ市場を含む自由貿易体制の利益を日本が享受していたからにほかならない。日米安保体制のおかげで、日本の防衛政策は、経済的に効率的な防御と抑止を重視する戦略と低い防衛費を維持することができたのである。

　軽武装路線を取った政府は、防衛費を低く抑えてきた。国民総生産（GNP）に占める防衛関係費の割合は、1952 年度には 2.78 % であったものの、その後、経済成長とともに低下していき、1967 年度以降は 1 % を切るようになった。その後、日本は 50 年以上にわたり、防衛費を GNP または GDP（1994 年度以降）の 1 % 程度（最高で 1.013%）に抑えてきた [7]。

　ところが、日本の安保戦略（2022, 3）は、同国が「戦後最も厳しく複雑な

安全保障環境に直面している」として、「吉田ドクトリン」からの脱却を企図している。象徴的なのは、5年後の「2027年度において、防衛力の抜本的強化とそれを補完する取組をあわせ、そのための予算水準が現在の国内総生産（GDP）の2％に達するよう、所要の措置を講ずる」と安保戦略（2022, 19）に明記されたことである。

　なお、安保戦略（2022, 5）は、二つ目の国益として経済的繁栄の実現を掲げるとともに、それが日本の平和と安全に寄与することや国際経済秩序の維持・強化にも言及している。

> 経済成長を通じて我が国と国民の更なる繁栄を実現する。そのことにより、我が国の平和と安全をより強固なものとする。そして、我が国の経済的な繁栄を主体的に達成しつつ、開かれ安定した国際経済秩序を維持・強化し、我が国と他国が共存共栄できる国際的な環境を実現する。

また、安保戦略（2022, 26-28）は、戦略的なアプローチとして「自由、公正、公平なルールに基づく国際経済秩序の維持・強化」や、新たに「自主的な経済的繁栄を実現するための経済安全保障政策の促進」（コラム6-1参照）を取り上げている。

　他方で、同戦略文書は、商業的平和論についてやや懐疑的な見方をしている。その冒頭で「グローバリゼーションと相互依存のみによって国際社会の平和と発展は保証されないことが、改めて明らかになった」として、商業的平和論の一定の有効性とともにその限界についても認めている（同, 3）。また、中国が「他国の中国への依存を利用して、相手国に経済的な威圧を加える事例も起きている」として（同, 9）、前節で取り上げた「脆弱性としての相互依存」の状況にも言及している。2020年ごろから、中国などを念頭に特定の国家への経済的な依存度を下げるため、日米をはじめとする同盟国や同志国が重要物資の供給網の強化を目指している。

コラム 6-1　日本の経済安全保障政策

　　近年、経済的な相互依存関係がますます国家安全保障にリスクを生み出している。日本政府においても、中国やロシアなどを念頭に、日本の経済安全保障を抜本的に強化する必要性が認識されるようになった。安保戦略（2022, 26-27）は、**経済安全保障**を「我が国の平和と安全や経済的な繁栄等の国益を経済上の措置を講じ確保すること」と定義するとともに、「経済的手段を通じた様々な脅威が存在していることを踏まえ、我が国の自律性の向上、技術等に関する我が国の優位性、不可欠性の確保等に向けた必要な経済施策に関する考え方を整理し、総合的、効果的かつ集中的に措置を講じていく」としている。

　　この取り組みの土台になるのが、2022 年 5 月に参院本会議で可決、成立した「経済施策を一体的に講ずることによる安全保障の確保の推進に関する法律」（**経済安全保障推進法**）である。この法律は、（1）半導体や医薬品などの重要物資のサプライチェーン（供給網）の強靭化、（2）電力やガス、鉄道などの基幹インフラの安全性の確保、（3）人工知能（AI）や量子といった先端的な重要技術の開発支援、（4）国の安全を損なう恐れのある発明の特許出願の非公開、という四つの柱から構成されている。

◆注
1）　アメリカの国益概念は、戦間期において経済的繁栄に焦点を当てていたが、冷戦期に拡大し国家安全保障と同義になった（Nuechterlein 1985, 8; Wolfers 1962, 147-148）。

2）　1930 年代には、市場メカニズムにより供給と需要は常に均衡し、完全雇用もまた自動的に達成されるとする古典派（自由放任）経済学への疑念が高まった。『自由放任の終焉』という著作がある、イギリスの経済学者**ジョン・メイナード・ケインズ**（1852～1949）は、有効需要（消費支出と投資支出）の不足を失業の原因とする経済理論を考案して、有効需要創出のため政府による財政支出政策を提唱した。アメリカでは、このケインズ経済学を踏まえて、テネシー川流域のダム建設などの公共事業を含む、ニューディール（新規まき直し）と呼ばれる政策を推進した。なお、ケインズ経済学も市場と価格メカニズムを重視する自由主義の経済理論の一つである（ギルピン 1990, 27）。

3）　保護主義的な傾向の背景としては、自由貿易による経済格差の拡大という認識の広がり、相手国における市場歪曲的な措置（自国企業の優遇や外国企業への制限・規制など）の是正の試み、ハイテク分野での覇権争い、それに WTO を中心とする多角的貿易体制の機能不全などが考えられる（経済産業省編 2019, 第 II 部第 2 章）。

4）　同様に、**ロバート・コヘインとジョセフ・ナイ**は、共著『**パワーと相互依存**』（2012／原著第 3 版 2001）において、脆弱性の議論を発展させて、非対称的な相互依存関係がパワーの源泉であることを論じた。相手が自分に依存する以上に、自分が相手に依存している場合、相手が自分に対してパワーを行使しやすくなるという。

5）　ギルピンは、公共財を「どの個人によるその財の消費も他のいかなる個人によるその

財の消費の削減をもたらさないという意味で誰もが共通に享受できる」財と定義している（ギルピン 2022, 15n）。

6)　ウォルツのネオリアリズム理論では、国家は自給自足を求め機能的差別化（本書第2章参照）が生じなかったが、貿易国家は進んで他国と分業を行い機能的差異を受け入れるのである。

7)　**三木武夫**首相（自由民主党、任 1974〜76）の政権は、1976 年に、初めての防衛大綱を閣議決定する際に、当面、防衛予算を GNP の 1% を超えないことをめどとすることも閣議決定した。1987 年に中曽根政権が防衛関係費の GNP 比 1% 枠を閣議決定で廃止したものの（田中 1997）、その年度から 3 年間、1.004%、1.013%、1.006% と微増しただけで、その後また 1% 未満となっている。1994 年度からは GDP のデータを使い比率が若干高くなったが、それでも 2022 年度まで 1% を超えたことはなかった。ただし、沖縄に関する特別行動委員会（SACO）関係経費や米軍再編関係経費のうち地元負担軽減分などを含めると 2010 年度は 1.008% であった。

文献案内

経済的繁栄と安全保障

◆　ギルピン，ロバート『世界システムの政治経済学—国際関係の新段階』佐藤誠三郎，竹内透監修，大蔵省世界システム研究会訳，東洋経済新報社，1990 年［Gilpin, Robert. *The Political Economy of International Relations*. Princeton University Press, 1987］．

◆　ケネディ，ポール『大国の興亡—1500 年から 2000 年までの経済の変遷と軍事闘争』決定版，上巻，鈴木主税訳，草思社，1993 年［Kennedy, Paul. *The Rise and Fall of the Great Powers: Economic Change and Military Conflict from 1500 to 2000*. New York: Random House, 1987］．

◆　田所昌幸『国際政治経済学』名古屋大学出版会，2008 年．

◆　大矢根聡，大西裕編『FTA・TPP の政治学—貿易自由化と安全保障・社会保障』有斐閣，2016 年．

◆　日本国際政治学会編『国際政治』（検証 エコノミック・ステイトクラフト）205号，2022 年 2 月．

◆　国際安全保障学会編『国際安全保障』（経済と安全保障）第 38 巻第 2 号，2010年 9 月；（イノベーション・エコシステムと安全保障）第 49 巻第 1 号，2021 年6 月．

商業的平和論をめぐる論争

◆　古城佳子『経済的相互依存と国家—国際収支不均衡是正の政治経済学』木鐸社，1996 年．

◆　レーニン『帝国主義論』角田安正訳，光文社，2006 年．

◆　小野塚知二編『第一次世界大戦開戦原因の再検討—国際分業と民衆心理』岩波書店，2014 年．

貿易国家論と日本

◆　中島信吾『戦後日本の防衛政策—「吉田路線」をめぐる政治・外交・軍事』慶應義塾大学出版会，2006 年．

◆　楠綾子『吉田茂と安全保障政策の形成—日米の構想とその相互作用，1943〜1952 年』ミネルヴァ書房，2009 年．

◆　長谷川将規『経済安全保障—経済は安全保障にどのように利用されているのか』日本経済評論社，2013 年．

◆　ソリース，ミレヤ『貿易国家のジレンマ—日本・アメリカとアジア太平洋秩序の構築』岡本次郎訳，日本経済新聞出版社，2019 年［Solís, Mireya. *Dilemmas of a Trading Nation: Japan and the United States in the Evolving Trans-Pacific Order*. Washington, DC: Brookings Institution Press, 2017］．

◆　村山裕三編著『米中の経済安全保障戦略—新興技術をめぐる新たな競争』芙蓉書房出版，2021 年

◆　日本国際政治学会編『国際政治』（吉田路線の再検証）第 151 号，2008 年 3 月．

第 3 部

防衛の戦略的アプローチ

イントロダクション

　戦略の核心は目的（ends）、手段（means）、および方法（ways）から構成されると定式化されることが多い。例えば、アメリカの国防省は戦略を「戦域、国家、または多国間レベルの**目的**を達成するため、同期・統合された**方法**で国力の**手段**を運用するための賢明な考え、または一連の考え」と定義している（OCJCS 2021, 203, 太字は筆者）。日本の安保戦略（2022）や、それを踏まえた**防衛戦略**（2022、本書まえがき参照）も、目標（目的）、アプローチ（方法）、および国力の主な要素（手段）を列挙している。

　防衛戦略（2022, 7）は三つの防衛目標を設定している。（1）力による一方的な現状変更を許容しない安全保障環境の創出、（2）力による一方的な現状変更やその試みの抑止、早期の事態収拾、（3）我が国への侵攻の阻止・排除。

　その上で、防衛目標を達成するためのアプローチとその手段が示されている。アプローチについては、（1）我が国自身の防衛体制の強化、（2）日米同盟による共同抑止・対処、および（3）同志国等との連携が挙げられている。なお、三つ目のアプローチは、防衛戦略の前身である防衛大綱（2010, 2013, 2018）では、より広く「安全保障協力」とされていた。手段については、それぞれのアプローチの中で具体的に示すとされている。例えば、一つ目のアプローチに関連して「防衛力を抜本的に強化することに加えて、我が国が持てる力、すなわち、外交力、情報力、経済力、技術力を含めた国力を統合して、あらゆる政策手段を体系的に組み合わせて国全体の防衛体制を構築していく」としている。

　本書の第1部と第2部においては、紛争と平和の理論とともに、日米の安保戦略における国益定義や国外情勢認識を見てきた。この第3部では、日本が掲げる防衛の戦略的アプローチに焦点を当てて、自国の防衛体制、同盟の形成と管理、および安全保障協力について説明していくことにする。

第7章　自国の防衛体制

はじめに

　戦争とは何か。その本質について深い洞察を提供しているのが、プロイセン王国の職業軍人であった**カール・フォン・クラウゼヴィッツ**（1780〜1831）の主著『**戦争論**』（2001a, b／原著 1832）である。彼は、この中で戦争を次のとおり定義している。

> 　つまり戦争とは、敵をしてわれらの意志に屈服せしめるための暴力行為のことである。
> 　暴力は、敵の暴力に対抗するために、さまざまな技術や学問を通して発明されたものによって武装する。もっとも暴力は、国際法上の道義という名目の下に自己制約を伴わないわけではないが、それはほとんど取るに足らないものであって、暴力の行使を阻止する重大な障害となりはしない。これを要するに物理的暴力（……）はあくまでも手段であって、敵にわれわれの意志を押しつけることが目的なのであるということである。この目的に確実に到達するためにこそ、われわれは敵の抵抗力を打ち砕かなければならないのである。そしてこのことが概念上軍事行動の本来的目標となる。（クラウゼヴィッツ 2001a, 35、傍点は原文）

ここで主張されているのは、軍事的目標（敵の抵抗力を打ち砕くこと）や軍事的手段（物理的暴力）は、政治的目的（敵にわれわれの意志を押しつけること）に奉仕するものであるということである。

　20世紀後半以降、国家間戦争は起きにくくなっている（本書第11章参照）。科学技術の進歩により兵器の破壊力が格段に増して、戦争の潜在的なコストは高まるばかりである。また、本書の第5章で見てきたとおり、戦争の違法化も進んだ。しかし、ロシアのウクライナ侵略を見れば明らかなとおり、コスト意識や国際法のみではこの地上から戦争を消し去ることはできない。国連憲章でも、国連安保理を中心に行う集団安全保障の他に、国家による自衛権の行使を認めている。そこで、自助努力として自衛体制の構築が必要なのである。

　本章は、防衛の戦略的アプローチの一つとして自国の防衛体制に注目する。以下、第Ⅰ節では軍事力の必要性と危険性という二面性について説明する。そして、第Ⅱ節では日本の安心供与に関する政策について、第Ⅲ節では日本の抑止と防衛に関する政策を紹介する。

Ⅰ　軍事力の二面性

　日本帝国海軍の連合艦隊司令長官であった**山本五十六**は、中国の古典『**司馬法**』（原著前４世紀）の次の警句を好んで記したという。

> 国大なりといえども　戦を好めば必ず亡び
> 天下安しといえども　戦を忘るれば必ず危うし　（NHK取材班・渡邊 2015, 108）

この警句は、軍事力のジレンマを見事に捉えている。本節では、国際政治における軍事力（防衛力）の特性、抑止モデルと連鎖反応モデル、および抑止と防衛について説明する。

1　軍事力の特性

　ケネス・ウォルツは、主著『**国際政治の理論**』（2010）の中で、国際政治における**軍事力**の意義と限界について語っている。まず、軍事力の脅威が国際政治において肯定的な面を持っていることを次のとおり指摘している（同、第6章）。国際システムは、それを構成する諸国家がそれぞれ軍事力を保有している自助システムである。そうした無政府状態（本書第2章参照）では、軍事力が行使される可能性はいつでもある。そのため、「謀略は制限され、要求は抑制され、紛争解決への動機が生まれる」。労使間交渉においてストライキが果たす役割のように、国際政治の背後に潜んでいる軍事力には、国際紛争の「沈静効果」があるのである（同, 150）。

　次に、軍事力はもはや時代遅れという意見について、ウォルツは二つの誤解があると主張している（同, 第8章）。一つ目は、軍事力の使用・不使用からその**有用性**を評価する間違いである。ウォルツは、軍事力は抑止力として「他国の攻撃を思いとどまらせるとき、すなわち、戦場で全く使われる必要がない

ときにもっとも有用である」と述べ、パックス・ブリタニカの例を挙げている。

> 1914 年を最後の年とする 1 世紀間、イギリス海軍はすべての挑戦者を脅すに十分なほど強力であったが、そのあいだイギリスは世界の辺鄙な場所で時おり帝国主義的冒険を行ったにすぎなかった。全面戦争を戦うために軍事力が用いられたのは、イギリスのパワーが弱まってからであった。軍事力は、使用されたことにより、その有用性が確実に下がったのである。(同, 245)

ウォルツと同様、多くのリアリストは、軍事力の存在や威嚇の方が実際の行使よりも現状維持国の国益にかなっていると考えている (Edelstein 2010)。

　ウォルツの指摘する軍事力をめぐる二つ目の誤解は、軍事力を**政治的な支配**と同一視してしまうことである。軍事力は征服を得意とするが、政治支配はあまり得意ではない。「対外的に使用される軍隊は、領土の上に支配を確立［＝征服］するための手段であって、領土内で支配を行使するための手段ではない」(ウォルツ 2010, 249)。これは軍事力の限界である。近年の例を挙げれば、2003 年に開始されたイラク戦争において、最初の大規模戦闘で圧倒的な強さを見せたアメリカ軍がその後の占領では治安維持に苦戦したことが想起されるであろう。

　さて、軍事力は国際政治において必要なものであると同時に危険なものでもある。

> 外交戦略に責任を有する者たちは、生存の道を見出し、適切な手段で外交政策の目的を実現するために、外交の揺籃期から葛藤してきた。国際紛争や競争に対して合理的説得による平和的手段のみで対処しようとしても、いつも成功するわけではなく、軍事力による威嚇や行使が特定の指導者に理解できる唯一の言語でもあるという結論に達した者がほとんどである。こうした状況の下では、軍事力は政策の必要な手段となる。だが他方で、軍事力による威嚇や行使はしばしば非効率なだけでなく、国家間の紛争を激化させ、さもなければ避けられたかもしれない戦争の引き金にすらなることに、ほとんどの者は気づいてきた。(ローレン・クレイグ・ジョージ 2009, 313)

この軍事力の「必要性と危険性との間の根本的なジレンマ」は、国際政治上の

大きなテーマであり続けてきた（同）。国際政治の分析において軍事力に焦点を当てるリアリストも、軍事力の必要性を説く一方、その危険性から軍事力の行使には慎重になる傾向がある。ちなみに、アメリカでは、ハンス・モーゲンソーやウォルツをはじめとする多くのリアリストがベトナム戦争やイラク戦争に対してアメリカの国益にならないとして反対してきている（Rosato and Schuessler 2011）。

2 抑止と連鎖反応

　軍事力の必要性と危険性に関連して、本項では、**ロバート・ジャーヴィス**が『**国際政治における認識と誤認**』（Jervis 1976）の第３章において検討した抑止モデルと連鎖反応モデルの対比を紹介する。ジャーヴィスは、それぞれのモデルからまったく正反対の政策的含意を引き出している。

　抑止モデルでは、他国が能力または決意において弱いと侵略的な国家が信じる場合に大きな危険が生じると考えられている。侵略的な国家がより大胆になり、抑止の失敗につながるからである。そのため、抑止失敗を回避するためには、国家は戦争を行う能力と決意を示さなければならない。この政策指針によれば、国家は、弱さと捉えられる傾向にある穏健策や懐柔策を取りにくくなる。

　他方で、**連鎖反応（spiral）モデル**では、相手に恐怖を与えることで**安全保障のジレンマ**（本書第２章参照）の悪循環が起こると考えられている。自国を守ろうとする行動の意図せざる、望まざる結果として軍備競争を挙げることができる。自己保存の本能による防御的兵器の調達が相手にとっては攻撃的兵器の調達のように見え、脅威となることから、さらなるパワー追求の競争を引き起こしてしまう。また、安全保障のジレンマによる危機の不安定性が戦争に至る可能性を高めてしまう。そのため、恐怖と敵意の悪循環を回避するためには、国家は穏健策や懐柔策により相手を安心させる必要があるというのである。

　ジャーヴィスは、抑止モデルと連鎖反応モデルがあらゆる点で相互に矛盾していることを次のとおり語っている。

> 　連鎖反応論者も抑止論者も、誤解の危険性と国家の意図を明確にすることの重要性に深く関心を持っている。しかし、抑止論者は、攻撃国が防御国の決意を過小評価するのではないかと心配し、連鎖反応論者は、それぞれの側が相手の敵意を

過大評価すると信じている。抑止論から導かれる政策（例：強力で柔軟な軍隊の建設、死活的利益とは関係のない問題のために戦う意欲、弱さと見られることの回避）は、連鎖反応モデルによると、最も緊張を高め、錯覚に基づく対立を作りがちとなる。そして、連鎖反応論者が提唱する行動（自国の非攻撃性について相手側を安心させようとする試み、挑発の回避、一方的なイニシアチブの実施）は、抑止論によれば、国家の抵抗する意志を攻撃国が疑うようになる可能性が高い。（同, 84）

ジャーヴィスによれば、どちらのモデルも常に正しいわけではない。例えば、連鎖反応モデルではなく抑止モデルが正しい例としては、1938 年のミュンヘン会談においてイギリスとフランスがドイツに対してチェコスロヴァキアのズデーテン地方の割譲を認めた**宥和（appeasement）政策**（懐柔策）がドイツの領土拡大を止められなかったことを挙げることができる。また、抑止モデルではなく連鎖反応モデルが正しい例としては、軍動員の競争が奇襲攻撃の相互的恐怖を引き起こし、第一次世界大戦の勃発につながったことを挙げることができる。

　ここで問題となるのは、それぞれのモデルが該当する条件とは何かということである。抑止モデルと連鎖反応モデルは、相手国の意図に関して異なる前提を採用している。抑止モデルは、相手国が現状変更を望んでいるとの前提で、強硬策の重要性を強調する。他方で、連鎖反応モデルは、相手国が現状維持を望んでいるとの前提で、安全保障のジレンマの回避において相手に安心を与えること、すなわち**安心供与**（reassurance、再保証とも訳される）の重要性を強調する。すなわち、強硬策を取るのがよいのかそれとも安心供与策を取るのがよいのかは、主に相手側の意図が現状変更的であるのかまたは現状維持的であるのかにかかっているのである。

3　抑止と防衛

　軍事力の中心的な役割である抑止と防衛についての理解を深める一助として、**グレン・スナイダー**の著作『**抑止と防衛―国家安全保障の理論に向けて**』（Snyder 1961）を取り上げたい。スナイダーによる抑止と防衛の概念規定は次のとおりである（同, 3-4；シュナイダー 1973 参照）。まず、**抑止**とは「費用とリスクが予想される利得を上回る見通しを提起することにより、敵が軍事的行為をとることを思いとどまらせること」をいう。軍事力の抑止的価値は、**敵の**

軍事的行動の可能性を低下させる効果にある。次に、**防衛**とは「抑止失敗の場合に自国が被ると予想される費用とリスクを低下させること」をいう。軍事力の防衛的価値は、**領土を守る拒否能力**と**戦争の損害を緩和する能力**の二つにある。つまり、抑止は主に平時に敵の意図に働きかけることであるのに対して、防衛は戦時に敵の剝奪・損害能力を低下させることである。

　スナイダーは、抑止の論理として、攻撃をしようとする側、すなわち抑止される側（抑止対象国）のリスク計算に着目する。抑止対象国は、他国への攻撃を検討する際、次の四つの要因を考慮するという。すなわち、（1）領土獲得などの戦争目的（利得）の評価、（2）抑止する側（抑止国）による対処の結果、自国が被りそうな費用（損失）、（3）抑止国による対処の公算、および（4）抑止国による対処を乗り越え目的を達成する公算、である。

　スナイダーは、抑止概念について懲罰的なものと拒否的なものとに区別した。**懲罰的抑止**（deterrence by punishment）とは、核報復などの懲罰を与える能力と威嚇により、抑止対象国が被ると予期し得る代価を上昇させて、同国が軍事的行為を取ることを思いとどまらせることである。抑止国の懲罰能力は、抑止対象国における上記の第2要因に影響を与える。

　他方で、**拒否的抑止**（deterrence by denial）とは、抑止対象国の領土獲得を拒否する能力により、領土目的達成の公算を低下させて、抑止対象国が軍事的行為を取ることを思いとどまらせることである。抑止国の拒否能力は、抑止対象国における上記の第4要因に影響を与えるのである。

　スナイダーによれば、抑止国が拒否能力を十分に持っている場合は、拒否的抑止における威嚇の信憑性は比較的高い。抑止失敗の場合、拒否的行為は、抑止国にとって、核戦争を招いてしまうことになる懲罰的行為に比べて低費用であり、かつ侵略の阻止に効果的であるからである。懲罰的抑止では、抑止対象国による抑止国の意図の評価が重要になるのに対して、拒否的抑止では、抑止対象国は抑止国の能力で評価することになる。このため、拒否的抑止の威嚇の方が抑止対象国にとってずっと計算しやすいことになる。しかし、抑止国が拒否能力を十分に持っていない場合は、拒否的抑止における威嚇の信憑性は低くなる。それは、抑止対象国の利得の公算を低下させることが期待できない一方、十分な拒否能力の整備は多額の資金を必要とするため困難だからである。

II　日本の安心供与

　日本は、周辺地域における安全保障のジレンマの悪循環を恐れ、安心供与を重視してきた。本節では、日本の安心供与について、日本国憲法 9 条と自衛権の関係および平和国家としての基本政策といったテーマを取り上げる。

1　憲法 9 条と自衛権

　日本国憲法は、その基本原理として、国民主権や基本的人権の尊重とともに、**平和主義**を採用している。その前文には、日本国民は「政府の行為によつて再び戦争の惨禍が起ることのないやうにする」とともに、「恒久の平和を念願し、人間相互の関係を支配する崇高な理想を深く自覚するのであつて、平和を愛する諸国民の公正と信義に信頼して、われらの安全と生存を保持しようと決意した」との文章がある。日本の防衛政策は、憲法の平和主義により、他国では見られない特徴がある。日本の特殊性を理解するためには、まず、憲法 9 条と自衛権との関係を把握しておく必要がある。

　憲法 9 条は、**戦争放棄**、**戦力不保持**、および**交戦権の否認**を規定している。

　　第 1 項　日本国民は、正義と秩序を基調とする国際平和を誠実に希求し、国権の発動たる**戦争**と、**武力による威嚇**又は**武力の行使**は、国際紛争を解決する手段としては、永久にこれを放棄する。
　　第 2 項　前項の目的を達するため、陸海空軍その他の**戦力**は、これを保持しない。国の**交戦権**は、これを認めない。（太字は筆者）

第 1 項は国連憲章の趣旨と合致しているが、第 2 項の規定は国際社会でも珍しい徹底した平和主義を示している。

　しかし、日本政府は、「もとより、わが国が独立国である以上、この規定は、主権国家としての固有の自衛権を否定するものではない」という見解を維持してきた（2022 年版防衛白書，192）。**自衛権**が否定されない以上、自衛のための必要最小限度の実力行使や、そのための実力保持は憲法上認められているというのが政府の立場である。憲法 9 条の趣旨についての政府見解で重要なポイントは、以下の四つである（同，192-193）。

第1に、自衛のための必要最小限度の実力は、憲法9条2項で保持が禁止されている「**戦力**」にあたらないとされている。1954年6月に**自衛隊法**が公布され、翌月に陸・海・空自衛隊が発足すると、自衛隊を合憲とするための政府統一見解が出されて今日まで維持されている。ただし、「大陸間弾道ミサイル（ICBM）、長距離戦略爆撃機、攻撃型空母」などの「性能上専ら相手国国土の壊滅的な破壊のためにのみ用いられる、いわゆる攻撃的兵器」（1988年以降の防衛白書）は、憲法上許されないと解されている（本書第2章参照）。

第2に、自衛のための必要最小限度の実力行使は、憲法9条1項で禁止されている「戦争」や「武力の行使」にあたらないとされている。現在の政府見解によれば、憲法9条の下で許容される自衛の措置としての「**武力の行使**」は、次の三要件を満たす必要がある。

　①わが国に対する**武力攻撃**が発生したこと[1]、またはわが国と密接な関係にある他国に対する武力攻撃が発生し、これによりわが国の存立が脅かされ、国民の生命、自由および幸福追求の権利が根底から覆される明白な危険があること

　②これを排除し、わが国の存立を全うし、国民を守るために他に適当な手段がないこと

　③必要最小限度の実力行使にとどまるべきこと（2022年版防衛白書, 192）

一つ目の要件は、かつて単に「わが国に対する武力攻撃が発生したこと」であった。2014年7月の閣議決定により、個別的自衛権のみならず、集団的自衛権の行使も限定的に認められるようになった（本書第8章参照）。

第3に、自衛権を行使できる地理的範囲は、「必ずしもわが国の領土、領海、領空に限られないが、それが具体的にどこまで及ぶかは個々の状況に応じて異なるので、一概には言えない」とされている。ただし、政府が「武力行使の目的をもって武装した部隊を他国の領土、領海、領空に派遣すること」と定義している、いわゆる**海外派兵**は一般に憲法上許容されない（本書第5章・第8章参照）[2]。

第4に、自衛のための必要最小限度の実力行使に該当する相手国兵力の殺傷と破壊などは、憲法9条2項で禁止されている「**交戦権**」の行使に当たらないとされている。ただし、自衛のための必要最小限度を超えるものと考えられる相手国の領土の占領などは、認められていない。

2　平和国家としての基本政策

　戦後の日本は、安心供与の一貫として「**平和国家**」という国家アイデンティティを堅持してきた。平和国家という自己認識は、第二次世界大戦における惨禍への反省と「平和主義の理想を掲げる日本国憲法」に基づいている（1978・82〜2022 年版防衛白書）。防衛戦略（2022, 1）は、「日本国憲法の下、専守防衛に徹し、他国に脅威を与えるような軍事大国にならないとの基本方針に従い、文民統制を確保し、非核三原則を堅持してきた。今後とも、我が国は、こうした基本方針の下で、平和国家としての歩みを決して変えることはない」と明言している。

　この平和国家としての基本方針は、冷戦期に策定されたものであるが、冷戦が終結してから 30 年以上が経過した現在でも堅持されている。非核三原則については第 10 章で取り上げるので、ここでは専守防衛と「軍事大国とならないこと」、それに文民統制の確保という三つの基本政策を簡単に補足しておく。

　第 1 の**専守防衛**は、初めての防衛白書（1970 年版）の中で正式に使われ始めた用語である。そこでは、「専守防衛は，憲法を守り、国土防衛に徹するという考え方である」と記述されている。最近の防衛白書では次のように説明されている。「専守防衛とは、相手から武力攻撃を受けたときにはじめて防衛力を行使し、その態様も自衛のための必要最小限にとどめ、また、保持する防衛力も自衛のための必要最小限のものに限るなど、憲法の精神に則った受動的な防衛戦略の姿勢をいう」（2022 年版防衛白書, 193）。これは、1981 年に参議院予算委員会における大村襄治防衛庁長官の答弁の中で表明された定義である。

　第 2 の「**軍事大国とならないこと**」という原則は、**福田赳夫**首相（自由民主党、任 1976〜78）が 1977 年にマニラで表明した東南アジア外交三原則（福田ドクトリン）の一つでもあったように、冷戦期から継続されてきたものである。中曽根康弘政権は、1987 年 1 月に閣議決定した文書「今後の防衛力整備について」において、防衛費の国民総生産（GNP）比 1% 枠を廃止する代わりに「他国に脅威を与えるような軍事大国とならないとの基本理念」を明確にした（1987 年版防衛白書, 資料 39）。防衛白書の本文の中で「軍事大国とならない」という表現が登場するのは、上記の閣議決定に言及した 1989 年版である。この冷戦終結の頃は、ソ連の脅威が低下する一方で、日本の躍進する経済力がアメリカにとって脅威と感じられていた時期でもあった。

　第３の**文民統制**（civilian control）も、冷戦期から続く基本政策の一つである。2022年版防衛白書によれば、まず、文民統制は、「民主主義国家における軍事に対する政治の優先、又は軍事力に対する民主主義的な政治による統制」と定義されている。この基本政策の背景には、明治憲法下において、統帥権（最高指揮権）が内閣から独立し、軍部大臣現役武官制が取られ、議会・内閣による軍の統制が不十分だったことへの反省がある。このため、日本国憲法は、国の防衛に関する事務を含む全ての「行政権は、内閣に属する」（65条）、「内閣総理大臣その他の国務大臣は，文民でなければならない」（66条２項）と定めている。また、自衛隊法では、「内閣総理大臣は、内閣を代表して自衛隊の最高の指揮監督権を有する」（7条）一方、防衛大臣は「自衛隊の隊務を統括する」（8条）こととされた。そして、内閣には、日本の安全保障に関する重要事項を審議するために**国家安全保障会議**（本書序章参照）が設置されている。さらに、国民を代表する国会が自衛隊を法律・予算の面から統制し、防衛出動などの承認を行うことになっている。

Ⅲ　日本の抑止と防衛

　本節では、日本の抑止と防衛について、防衛力の役割と自衛隊の任務、防衛体制の強化、および防衛力構想の変遷といったテーマを取り上げる。

1　防衛力の役割と自衛隊の任務

　安保戦略（2022, 11-12）は、「我が国の安全保障に関わる総合的な国力の主な要素」（戦略的な手段）として、外交力、経済力、技術力、および情報力とともに、防衛力を挙げている。防衛力（軍事力）については、「我が国の安全保障を確保するための最終的な担保であり、我が国を守り抜く意思と能力を表すものである。国際社会の現実を見れば、この機能は他の手段では代替できない」とし、その役割として「我が国に脅威が及ぶことを抑止し、仮に我が国に脅威が及ぶ場合にはこれを阻止し、排除する」こと（抑止と防衛）と「我が国に望ましい安全保障環境を能動的に創出するための外交の地歩を固める」こと（外交の後ろ盾）を挙げている。防衛力は、防衛戦略（2022）における防衛目標（第３部イントロダクション参照）の実現には不可欠な戦略的な手段なのである。

　次に、日本の防衛力を担っている自衛隊の任務について見ておこう。自衛隊法第 3 条は、自衛隊の**本来任務**を四つ定めている（2022 年版防衛白書, 233；田村編著 2018, 144）。すなわち、(1) わが国の防衛、(2) 公共の秩序維持、(3) 重要影響事態への対応、および (4) 国際平和協力活動である。最初の国の防衛だけが**主たる任務**で、他は**従たる任務**となっている。(2) の任務は、基本的に警察機関が対処すべきものであることから、「必要に応じ」との限定がかけられている。また、冷戦終結後に追加された (3) と (4) の任務は、「主たる任務の遂行に支障を生じない限度において」実施するとされた。以下、自衛隊の行動類型として具体化されている (1) と (2) の各任務を簡単に説明する（(3) と (4) の任務については本書第 9 章参照）。なお、以上の本来任務以外にも南極地域観測に対する協力や国賓等の輸送など**付随的な業務**と呼ばれているものがある。

　第 1 に、自衛隊が日本を防衛する任務に当たるのは、武力攻撃事態等や存立危機事態において**防衛出動**を命じられた場合である。**武力攻撃事態等**とは「我が国に対する外部からの武力攻撃が発生した事態」（武力攻撃事態）と「我が国に対する外部からの武力攻撃が発生する明白な危険が切迫していると認められるに至った事態」（武力攻撃予測事態）のことである。また、**存立危機事態**とは「我が国と密接な関係にある他国に対する武力攻撃が発生し、これにより我が国の存立が脅かされ、国民の生命、自由及び幸福追求の権利が根底から覆される明白な危険がある事態」をいう（本書第 8 章参照）。これらの事態において防衛出動を命じられた自衛隊には、「武力の行使」の三要件（本章第 II 節参照）を満たせば、自衛権の発動としての**武力行使**が認められる（コラム 7-1 参照）。

　第 2 に、公共秩序維持の任務は、多種多様な行動を含んでいる。自衛隊法に定められている主なものには、治安出動、自衛隊の施設等の警護出動、海上警備行動、海賊対処行動、弾道ミサイル等に対する破壊措置、災害派遣、領空侵犯に対する措置、機雷等の除去、在外邦人等の保護措置・輸送などがある。

コラム 7-1　武力の行使と武器の使用

　防衛出動以外の行動では、自衛隊の武力行使は認められないが、自衛官による

武器の使用が認められることがある。日本政府は、武力の行使と武器の使用を次のように整理している。

> 　一般に、「**武器の使用**」とは、火器、火薬類、刀剣類その他直接人を殺傷し、又は武力闘争の手段として物を破壊することを目的とする機械、器具、装置をその物の本来の用法に従って用いることをいい、これに対し、「**武力の行使**」とは、我が国の物的・人的組織体による国際紛争の一環としての戦闘行為をいうものとされている。（……）我が国憲法上、「武力の行使」は、いわゆる武力の行使の三要件を満足する場合にのみ行使することが許されるものであるが、各種の法律に規定されている自衛官による「武器の使用」は、いずれも「武力の行使」に該当するものではない。(田村編著 2018, 57)

なお、相手に危害を加えるような武器使用（**危害射撃**）には、正当防衛または緊急避難という**危害許容要件**への該当が必要とされる場合と必要とされない場合がある。一定の条件の下で危害許容要件が緩和される自衛隊の行動類型としては、命令または要請による治安出動、自衛隊の施設等の警護出動、海上における警備行動、および海賊対処行動がある。

2　防衛体制の強化

　安保戦略（2022, 17-20）は、戦略的なアプローチの一つとして日本の防衛体制の強化を挙げている。そこで列挙されている重点項目は以下のとおりである。

　　ア　国家安全保障の最終的な担保である防衛力の抜本的強化

　　イ　総合的な防衛体制の強化との連携等

　　ウ　いわば防衛力そのものとしての防衛生産・技術基盤の強化

　　エ　防衛装備移転の推進

　　オ　防衛力の中核である自衛隊員の能力を発揮するための基盤の強化

安保戦略（2022）を踏まえ、防衛戦略（2022）もこれらの項目を重視している。

　これらの中で最も力を入れて書かれているのがアの項目[3)]、特に**反撃能力**の保有についてである。安保戦略（2022, 4-5）では、冒頭の「策定の趣旨」のところに「本戦略に基づく戦略的な指針と施策は、その枠組みに基づき、我が国の安全保障に関する基本的な原則を維持しつつ、戦後の我が国の安全保障政策を実践面から大きく転換するものである」と書かれている。その大きな転換の目玉であり「我が国への侵攻を抑止する上で鍵となる」のが、脅威圏の外から発射できる長射程のスタンド・オフ・ミサイルなどを活用する反撃能力の保有なのである（同, 17）。

　長い間、武力行使の三要件を満たす敵基地攻撃は憲法上問題ないとする 1956 年の政府見解が維持されてきた。「誘導弾等による攻撃を防御するのに、他に手段がないと認められる限り、誘導弾等の基地をたたくことは、法理的には自衛の範囲に含まれ、可能である」とされてきたのである。しかし、「このような事態は今日においては現実の問題として起こりがたい」(1959 年 3 月 19 日衆議院内閣委員会、伊能繁次郎防衛庁長官答弁) として敵基地攻撃能力の保有をしないという政策判断も維持されてきた。

　北朝鮮による核・ミサイル開発などへの対応として、日本政府は、2004 年度から、アメリカと緊密に協力しながら**弾道ミサイル防衛**（BMD: Ballistic Missile Defense）システムを整備してきた。当面のシステムとして、海上自衛隊（海自）のイージス艦搭載 SM-3 ミサイルによる上層・ミッドコース段階での迎撃と、航空自衛隊（空自）のペトリオット PAC-3 ミサイルによる下層・ターミナル段階での迎撃という多層防衛を採用している。さらに、安保戦略 (2022, 17) は、「ミサイル防衛能力を質・量ともに不断に強化していく」方針を掲げている。

　しかし、ミサイル防衛能力の強化だけでは、高まるミサイル攻撃の脅威に対応できなくなりつつある。安保戦略（同）によれば、「我が国周辺では、極超音速兵器等のミサイル関連技術と飽和攻撃など実戦的なミサイル運用能力が飛躍的に向上し、質・量ともにミサイル戦力が著しく増強される中、ミサイルの発射も繰り返されており、我が国へのミサイル攻撃が現実の脅威となっている」という。そのため「弾道ミサイル防衛という手段だけに依拠し続けた場合、今後、この脅威に対し、既存のミサイル防衛網だけで完全に対応することは難しくなりつつある」としている。これが反撃能力保有への転換の理由として提示されている。

　また、安保戦略 (2022, 4) は、「我が国の安全保障に関する基本的な原則を維持しつつ」反撃能力を保有することを丁寧に説明している。「この反撃能力は、憲法及び国際法の範囲内で、専守防衛の考え方を変更するものではなく、武力の行使の三要件を満たして初めて行使され、武力攻撃が発生していない段階で自ら先に攻撃する先制攻撃は許されないことはいうまでもない」(同, 18)。かつての敵基地攻撃能力という名称を反撃能力としたのは、反撃対象が敵基地にとどまらないことに加え、最後の点を明確にしたかったからであろう。

3 【発展】防衛力構想の変遷

　日本政府は、1976年から2018年まで6回にわたり**防衛大綱**（本書まえがき参照）を策定してきた。本節では、防衛大綱の中核概念と言える防衛力構想の変遷を見ていく。

　冷戦期の1976年（昭和51年）に採択された51防衛大綱は、**基盤的防衛力構想**を打ち出した。この構想は、同防衛大綱の文章を使えば、四つの柱からなる。

　　①防衛上必要な各種の機能を備え、後方支援体制を含めてその組織及び配備において均衡のとれた態勢を保有する

　　②平時において十分な警戒態勢をとり得る

　　③限定的かつ小規模な侵略までの事態に有効に対処し得る[4]

　　④情勢に重要な変化が生じ、新たな防衛力の態勢が必要とされるに至ったときには、円滑にこれに移行し得るよう配意された基盤的なものとする（いわゆる「エクスパンド条項」）

ちなみに、柱③の「限定的かつ小規模な侵略」とは、「一般的には、事前に侵略の「意図」が察知されないよう、侵略のために大掛りな準備を行うことなしに奇襲的に行われ、かつ、短期間のうちに既成事実を作ってしまうことなどを狙いとしたもの」をいう（1977年版防衛白書）。そうした事態に有効に対処するために、柱②では「いわゆる『ウサギの耳』を長くすること」、すなわち「平時において十分な警戒態勢をとりうる」ことが強調されている（同）。常時十分な警戒態勢は、他国による既成事実化の試みを阻害する拒否能力の重要な構成要素とされた。

　基盤的防衛力構想は、冷戦終結後も1995年（平成07年）の07防衛大綱では「基本的に踏襲」、2004年（平成16年）の16防衛大綱では「有効な部分は継承」するとされた。ただし、07防衛大綱では、柱③の「限定的かつ小規模な侵略」という表現や、柱④のエクスパンド条項はなくなった[5]。

　それが、2010年（平成22年）の22防衛大綱になると、ついに「防衛力の存在自体による抑止効果を重視した」基盤的防衛力構想は放棄されて、「防衛力の運用に着眼した動的な抑止力を重視」する**動的防衛力**構想が採用された。動的な抑止力とは次のとおり説明されている。

　　防衛力を単に保持することではなく、平素から情報収集・警戒監視・偵察活動を

含む適時・適切な運用を行い、我が国の意思と高い防衛能力を明示しておくことが、我が国周辺の安定に寄与するとともに、抑止力の信頼性を高める重要な要素となってきている。このため、装備の運用水準を高め、その活動量を増大させることによって、より大きな能力を発揮することが求められており、このような防衛力の運用に着眼した動的な抑止力を重視していく必要がある。(防衛大綱 2010, 6)

ここで「平素から情報収集・警戒監視・偵察活動」を運用していくことが強調されているのも、現代においても可能性が低下していない既成事実化を狙う侵略に対する拒否的抑止力を高める狙いがあるからである。

　その後、動的防衛力の構想は、2013 年（平成 25 年）の 25 防衛大綱における陸海空の自衛隊の統合運用を強化する**統合機動防衛力**や、さらに 2018 年（平成 30 年）の 30 防衛大綱における宇宙・サイバー・電磁波といった新たな領域の能力を強化し融合させる**多次元統合防衛力**（本書第 12 章参照）という新しい構想に発展してきた。

　安保戦略（2022）の下では、防衛大綱に代わって**防衛戦略**（2022）が策定された。その防衛戦略（同, 8）は、「これまでの多次元統合防衛力を抜本的に強化し、その努力を更に加速して進めていく」としている。

◆注
1)　自衛隊法上の**武力攻撃**とは、国または国に準ずる者による「我が国に対する外部からの組織的、計画的な武力の行使」をいう（田村編著 2018, 153）。武力攻撃の発生時点とは、「基本的に、武力攻撃が始まったとき、すなわち、相手が武力攻撃に着手したときであると考えられ、武力攻撃による被害の発生が現実にあることを待たなければならないとはされていない」（同, 36）。
2)　2015 年に内閣官房が平和安全法制に関する特別委員会理事会に提出した資料によれば、武力行使の『『新三要件』を満たす場合に例外的に外国の領域において行う『武力の行使』については、ホルムズ海峡での機雷掃海のほかに、現時点で個別具体的な活動を念頭には置いていない」とされている（朝雲新聞社編集局編著 2023, 767）。
3)　防衛力の抜本的な強化には、他にも領域横断作戦能力、スタンド・オフ防衛能力、無人アセット防衛能力、現有装備品の可動率向上、弾薬・燃料の確保、主要な防衛施設の強靭化などの最優先課題や、自衛隊と海上保安庁との連携・協力、柔軟に選択される抑止措置（FDO: Flexible Deterrent Options）、GDP の 2% となる防衛予算の達成（本書第 6 章参照）などが列挙されている。
4)　冷戦期の 51 防衛大綱には、直接侵略事態の場合に日本が取るべき行動として、「限定

的かつ小規模な侵略については、原則として独力で排除すること」や、「侵略の規模、態様等により、独力での排除が困難な場合にも、あらゆる方法による強じんな抵抗を継続し、米国からの協力をまってこれを排除すること」が明記された。

5) 「限定的かつ小規模な侵略」という表現の削除については、防衛力の役割拡大にともない「我が国に対する侵略にのみ焦点を当てるようなことは新防衛大綱にふさわしくないと考え」られたからであり、エクスパンド条項の削除については、情勢に重要な変化が生じた場合には「防衛力の在り方自体の見直しが必要となる」としたからであった（1996年版防衛白書，98, 131）。

 文献案内

国際政治における軍事力

◆ ローレン，ポール・ゴードン，ゴードン・A・クレイグ，アレキサンダー・L・ジョージ『軍事力と現代外交―現代における外交的課題』木村修三ほか訳，有斐閣，2009年［Lauren, Paul Gordon, Gordon A. Craig, and Alexander L. George. *Force and Statecraft: Diplomatic Challenges of Our Time*, 4th ed. Oxford University Press, 2007］.

◆ 福山隆『抑止―"基本"なのに理解されていない考え』扶桑社，2021年.

◆ 防衛学会編『新防衛論集』（軍事力の今日的意義）第24巻第3号，1996年12月.

◆ 国際安全保障学会編『国際安全保障』（先制・予防攻撃について）第31巻第4号，2004年3月.

日本の防衛政策――歴史

◆ 田中明彦『安全保障―戦後50年の模索』読売新聞社，1997年.

◆ 河野康子，渡邉昭夫編『安全保障政策と戦後日本1972～1994―記憶と記録の中の日米安保』千倉書房，2016年.

◆ 真田尚剛『「大国」日本の防衛政策―防衛大綱に至る過程1968～1976年』吉田書店，2021年.

◆ 千々和泰明『戦後日本の安全保障―日米同盟，憲法9条からNSCまで』中央公論新社，2022年.

◆ 国際安全保障学会編『国際安全保障』（「防衛計画の大綱」の多角的研究）第44巻第3号，2016年12月；（平和安全法制を検証する）第47巻第2号，2019年9月.

日本の防衛政策――現状

◆ 朝雲新聞社編集局編著『防衛ハンドブック』各年版，朝雲新聞社，各年.

◆ 田村重信編『日本の防衛政策』第2版，内外出版，2016年.

◆ 田村重信編『新・防衛法制』内外出版，2018年.

◆ 高橋杉雄『現代戦略論―大国間競争時代の安全保障』並木書房，2023年.

◆ 国際安全保障学会編『国際安全保障』（統合運用をめぐる諸問題）第34巻第4号，2007年3月.

第8章　同盟の形成と管理

はじめに

　本書第3章で、古代ギリシアのペロポネソス戦争を分析した古典、トゥキ
ディデス著『戦史』を紹介した。この戦争は、紀元前5世紀に、アテーナイ
（アテネ）を中心とするデロス同盟と、ラケダイモーン（スパルタ）を中心とす
るペロポネソス同盟との間で起きた。

　ペロポネソス戦争の最初の引き金は、ペロポネソス同盟に属するコリントス
軍とデロス同盟に新たに加わったケルキューラ軍が戦った海戦に、アテーナイ
軍が巻き込まれたことであった（同, 第46-第55章）。トゥキディデスの分析
によれば、そもそもアテーナイが前433年にケルキューラと防衛同盟を結ん
だのは、勢力均衡のためであった（同, 第31-第45章）。ギリシアの北西に位
置する島（コルフ島）のケルキューラは、海軍を増強していたコリントスに対
して脅威を感じた。そこで、それまでの非同盟政策を放棄して、同盟関係を求
めてアテーナイに使節を送った。そのケルキューラ使節がアテーナイの民議会
で強調したのは、アテーナイの利益、特に勢力均衡の論理に基づくものであっ
た。

> 　ギリシアには、海軍の名に値するものはただ三つ、諸君ら、われら、コリントス
> 人、各々の所有するもの以外には無い。若し諸君が、その二つが合体するのを黙
> 過し、コリントス人がまずわれらを先に併合することになれば、諸君はケルキュ
> ーラとペロペーソスの合同海軍を同時に敵にまわして海戦をいどまねばならぬ。
> だがわれらの要請をいれれば、われわれの船隊の数だけ味方は優勢となり、これ
> をひきいて敵と勝敗を決することができる。（同, 第36章）

アテーナイも、こうした勢力均衡上の利益とケルキューラの戦略的位置の観点
から、同国との同盟を決定した。

　本章は、防衛の戦略的アプローチの一つとして同盟を取り上げる。以下、第

Ⅰ節では、同盟の概念について議論する。第Ⅱ節では、同盟に関する理論について紹介する。そして、第Ⅲ節では、日米同盟について考察する。

Ⅰ 同盟の概念

本節では、同盟の概念の紹介として、同盟の定義、勢力均衡の手段としての同盟、および同盟政策のトレードオフについて取り上げる。

1 同盟の定義

同盟の定義には、少なくとも広義のものと狭義のものがある。まず、広義の定義は、「二カ国以上の主権国家間の安全保障協力の公式または非公式な約束」というものである（Walt 1997, 157）。この定義では、協力の内容は軍事面に限定されない。次に、狭義の定義は、「**特定の状況において外部のアクターに対して相互の軍事支援をする約束**」である（同）。本書では、第5章で取り上げた集団安全保障と区別するために、基本的に狭義の定義を採用する。

通常、同盟の約束は条約の締結を通じてなされる。第二次世界大戦後に締結された同盟条約には、例えば**北大西洋条約**（1949年調印）や**アメリカ合衆国と大韓民国との間の相互防衛条約**（1953年調印、以下「米韓相互防衛条約」という）がある。北大西洋条約は「ヨーロッパ又は北アメリカにおける一又は二以上の締約国に対する武力攻撃」（5条）、米韓相互防衛条約は「いずれかの締約国に対する太平洋地域における武力攻撃」（3条）が発生した場合の相互防衛を約束している。なお、両条約とも、前文において**集団的防衛**（collective defense）という用語も使っている。

ここで、**アーノルド・ウォルファーズ**が『**対立と協調──国際政治に関するエッセイ**』（Wolfers 1962, 181-189）において行っている集団的防衛と**集団安全保障**（本書第5章参照）の区別を紹介する。まず、両者とも、孤立とは反対の協調（collaboration）、すなわち通常は将来の軍事的支援の相互的な約束に該当する。よって、被攻撃者は自国の防衛力が他国の力により補完されることを期待するという類似性がある。

しかし、集団的防衛と集団安全保障は、概念上、対象国と地理的限定の有無の双方で異なる。集団的防衛では、特定の脅威国を対象とするとともに、共同

表 8-1　集団的防衛と集団安全保障

	対象国	地理的限定	関連項目
集団的防衛	特定の脅威国	あり	同盟、集団的自衛
集団安全保障	侵略行為をした全国家 同盟国・友好国を含む	なし	国際連盟・国連

出典：Wolfers（1962, 181-189）を参考にして筆者作成

で対処することになる地域を限定しておく。他方で、集団安全保障では、侵略行為をした全国家（同盟国・友好国を含む）が対象となり、対象地域の地理的限定もない。

　概念的には対照的な集団的防衛と集団安全保障であるが、西側諸国にとっては、両者を区別しない傾向が強かった。第 1 に、法的側面から言えば、集団安全保障に関する国連憲章第 7 章の中で、集団的防衛を正当化する「**集団的自衛**（collective self-defense）の固有の権利」（51 条）が規定されている。第 2 に、語義的側面から言えば、集団的（collective）という共通の単語を使っている。第 3 に、歴史面から言えば、国際連盟や国連で集団安全保障を導入した時期（1919 年から 56 年に始まった**スエズ戦争**[1] の直前まで）においては、非民主国家が集団安全保障の対象となったことから、西側の民主主義国家から見れば、偶然にも集団的防衛の対象と変わらなかった。以上が、集団的防衛と集団安全保障との関係に関するウォルファーズの議論である。それに基づき両者の違いをまとめたものが表 8-1 である。

2　勢力均衡の手段

　本書第 1 章では、**ハンス・モーゲンソー**が『**国際政治**』（2013（中））の第 12 章において論じている勢力均衡の諸方法を紹介した。その方法の一つである同盟に関するモーゲンソーの議論の概要は、以下のとおりである。

　同盟は、勢力均衡の「必然的機能」である。同盟政策には、味方側の強化と敵側の弱体化の方法がある。同盟政策は、（集団安全保障が依拠している）法や道義という**原則**ではなく、自国にとって得か損かという**便宜**（私利）の論理に基づいて実施される。同盟諸国を結びつけているものは、利益の共有である。国益を基礎とする勢力均衡は、道義的・法的義務の尊重に基づく集団安全保障とは異なるのである。

　しかし、利益を共有しているだけでは、条約に基づく公式な同盟は生まれない。第二次世界大戦の開始まで、アメリカとイギリスは、同盟を締結しなかった。その理由としては、ヨーロッパの勢力均衡の保持という両国の共通利益が自明であったことと、共通の脅威となる、勢力均衡を脅かす国家を事前に設定することができなかったことを指摘できる。

　条約の締結が必要な同盟が必要になってくるのは、（1）敵の存在が明確であり、かつ（2）協力の目的や政策、それに地理的領域において共通の利益が不明確である場合である。同盟条約は、応援義務発生事由の規定などにより、目的や政策、それに地理的領域を限定し、共通の利益を明確化するものである。第二次世界大戦以前のアメリカとイギリスの関係のように、それらが初めから明確であれば、同盟条約を結ぶ必要はないのである。

　イデオロギー的な同盟も存在するが、必ず共通の利益に基づいている。同盟の核心は、勢力均衡の維持という共通の利益である。そのため、「物質的利益に関係のない、純粋にイデオロギー的な同盟は死産せざるを得ない」。ここでイデオロギーとは、「共通の文化、政治制度、および理想」または「哲学的・政治的・道義的な信念」という意味である（同，197，106）。

　イデオロギーは、同盟を強めることもあれば、弱めることもある。

　　　イデオロギー的な要素が現実的な利益の共有に付け加えられるとき、その要素は、道義的確信および情動的な選好を同盟の支持の方向へと糾合することによってその同盟を強化する。イデオロギー的要素はまた、同盟を弱めることができる。それは、同盟が明確にするとされていた共通利益の性質および限界を曖昧にすることによって、さらには、政策と行動の協調程度からいって必ず失望に終わるような期待を増大させることによって、である。（同，197）

イデオロギー的要素は、同盟にとって両刃の剣となる可能性がある。

　勢力均衡が生み出す同盟の形態は、大きく分けて二つある。一つは、優勢な国家による世界支配を阻止するため他国が同盟を形成している場合である。例えば、17世紀後半においてルイ14世のフランスに対抗してイギリスとオランダが中心になって形成した同盟や、18世紀の終わりから19世紀の初めにかけてナポレオン率いるフランスへの対抗を目的とした同盟、第二次世界大戦時にドイツや日本に対抗した連合国、そして冷戦期にソ連に対抗した西側同盟

がある。

　もう一つの同盟の形態は、二つの同盟間での対抗である。すなわち、「その
うちの片方あるいは双方が、帝国主義的目標を追求したり、相手側の連合の帝
国主義的野望に対して自陣営のメンバーの独立をまもる」という形態である
（同，202）。勢力均衡の黄金時代であった 18 世紀には、1713 年の**ユトレヒト
条約**（本書第 1 章参照）に基づく勢力均衡を維持するために、同盟国の組み合
わせがしばしば変わった。同盟再編の柔軟性は、同盟が道義ではなく利益を考
慮していたために可能であった。19 世紀以降、勢力均衡はヨーロッパ（トル
コを含む）の体制からグローバルな体制へと次第に拡大していった。そのプロ
セスの一つの到達点が第一次世界大戦であった。ヨーロッパが主戦場ではあっ
たが、そこから遠く離れた国々である日本やアメリカも参戦している。

3　同盟政策のトレードオフ

　同盟政策には、少なくとも三つの困難な選択がある。一つ目は、新しい脅威
に直面した国家は、目標としての安全保障を追加的に高める手段として**軍備と
同盟**のどちらを優先するかという選択である。

　ジェームズ・モローは、自らの論文（Morrow 1993）において、軍備か同盟
かの選択は、特にそれぞれの国内の政治的費用と国外の安全保障上の利益との
比較によって決まると主張している。彼の議論の概要は、次のとおりである。
一方で、軍備増強については、増税や徴兵により政府への政治的な支持を低下
させるという国内費用がかかる。軍備増強のため軍事に資源を投入する利益が
大きくなるのは、特に技術変化が速く、動員が容易な場合である。他方で、同
盟形成・強化については、同盟国間で利害が対立する場合、同盟国への譲歩と
いう国内費用がかかる。同盟から得られる利益が大きくなるのは、利害対立が
少ないため同盟の信憑性が高い場合と、同盟国が強大かつ地理的に重要な場所
に位置する場合である。以上の費用と利益を考慮して、脅威に対して最も効率
的な対応となる政策が選ばれる。

　モローは、軍備と同盟の別の違いも指摘している。自国の軍備増強は、能力
の向上に時間がかかるという短所と、自国の能力なので有事には当てにできる
という長所を持つ。対照的に、同盟の形成や強化は、能力の即時の向上が期待
できるという長所と、同盟国の意図に依存するので有事には当てにできないと

いう短所を持つという。

　二つ目の困難な選択は、目標として**安全保障と自律性**（autonomy）をそれぞれどの程度に追求するかというものである。安全保障と自律性は、トレードオフ、すなわち一方を追求すれば他方を犠牲にせざるを得ない関係にある。

　モローは、別の論文（Morrow 1991）において、同盟の利益を安全保障（共通の脅威の抑止・打破）に限定し、同盟諸国の国力の糾合に注目する勢力均衡理論などの**能力集成**（capability aggregation）**モデル**は不十分であるとして、**自律性と安全保障のトレードオフ・モデル**を提唱している。このモデルでは、非対称的な同盟は、自律性と安全保障の利益を国家に提供できると考える。より強力な同盟国は自律性の利益（他国の政策の支配、他国での基地の利用）を、より弱小な同盟国は安全保障の利益を享受する。国家は、自国の利益を増進する利益と、同盟国の利益を増進する費用の比較により同盟の価値を評価するとしている。1815年から1965年までの164の同盟の統計分析に基づいて、モローは、自律性と安全保障のトレードオフ・モデルの方が、同盟国がいずれも自律性を犠牲にして安全保障を追求している対称的な同盟という特殊なケースのみを扱う能力集成モデルよりも同盟についての説明力が高いと主張している。

　同盟政策における三つ目の困難な選択は、二つ目と関連するが、どの程度に同盟に関与（コミット）するかというものである。この選択が困難なのは、**同盟のジレンマ**、すなわち、見捨てられの恐怖と巻き込まれの恐怖の間で、一方の恐怖の緩和が他方の恐怖の深刻化をもたらすからである（Snyder 1997）。一方で、**見捨てられ**（abandonment）とは、同盟の廃止、軍事援助の約束の事前取り消しや不履行、同盟国への外交上の支持回避などを指す。これは代替的なパートナーが存在する多極構造において、顕著となる。見捨てられるのを回避するためには、同盟への関与の強化が必要である。他方で、**巻き込まれ**（entrapment）とは、自国が共有しない同盟国の利益をめぐっての紛争に巻き込まれることである。敵対国への予期しない攻撃、敵対国が攻撃するように仕向ける挑発、危機に直面した交渉における頑固な態度などによって発生する。巻き込まれのリスクは、自国と同盟国との利益の共有度などによって影響を受ける。巻き込まれるのを回避するには、同盟への関与を弱める必要がある。

II　同盟の理論

　本節では、同盟に関する主要な理論として、ネオリアリズムとネオリベラル制度論の同盟理論について説明する。

1　ネオリアリズムの同盟理論

　リアリズムは、同盟の形成を勢力均衡の観点から捉えている。本章第 I 節で取り上げたモーゲンソー著『国際政治』に代表される古典的リアリズムだけではなく、**ケネス・ウォルツ著『国際政治の理論』**(2010) に代表されるネオリアリズムも、同様である。ウォルツは、バランシング行動を**対内的努力**（自国能力の強化）と**対外的努力**（他国能力の追加）の二つに分類している（本書第２章参照）。本章と関連する対外的努力では、「国家は２つの連合のうちの弱いほうに加わることを好む」傾向がある（同，167）。天秤を水平にするには、軽い方の皿に分銅を追加しなければならないのと同じである。

　国際システムのアナーキー構造の下では、国家は、**バンドワゴニング**（本章第３章参照）、すなわち最強国や優勢な陣営にくみすることはしない。なぜならば、そうすることで、最強国や優勢な陣営をますます強大化させ、自国への将来の脅威を大きくしてしまうからである。ちなみに、国内システムのハイラーキー構造の下では、自助は必要なく、勝ち馬に乗っても後で「安全が危険にさらされることがないので、バンドワゴニングが賢明な行動」となる（同，166）。

　ウォルツは、多極システムと２極システムのそれぞれにおける同盟の特徴を以下のとおり挙げている。

　多極システムにおける同等の国家間の同盟は、同盟関係の柔軟性から生じる、二つの特徴を持っている。第１に、そうした同盟は、安全保障の強化という点において、いつも当てになるとは限らない。潜在的に同盟を組める相手が複数存在しているため、同盟の相手国が離反する可能性がある。「共通の脅威の認識」により同盟が形成されても、同盟国間の「共通の利益は通常、他国に対する恐れという消極的なものである。積極的利益が問題になると，分裂が訪れる」（同，220）。戦時の同盟であっても、構成国は、同盟関係が短命であることを見越して、戦後の相対的な力関係が有利となるように利己的に行動する。

そのため、危険への対処の責任を国家は他国に押しつけようとすることもある（いわゆる「**責任転嫁**（buck-passing）」）。

　第2に、多極システムにおける同等の国家間の同盟は、政策の自律性を弱めるという特徴を持つ。

> 同盟関係の柔軟性は、口説こうとしている相手の国が別の求愛者のほうを好む可能性があること、そして現在の同盟相手が離反していく可能性があることを意味している。このため、同盟の柔軟性は、政策の選択肢を狭くする。国家戦略は潜在的な同盟相手を喜ばせるか、現在の同盟相手を満足させるものでなければならないからである。（同，218）

多極システムでは、勢力不均衡を是正するのに対外的努力も重要であり、他国に依存しがちとなる。同盟の柔軟性が、戦略と政策決定の硬直性を生み出している。

　他方で、超大国である二つの国が対峙している2極システムでは、勢力の不均衡は対内的努力によってのみ正すことができる。同等でない国家間の同盟が形成されることがあっても、超大国以外の国家による軍事上の貢献は大きくはない。例えば、**北大西洋条約機構**（NATO）を「かつてのような同盟ではなく」アメリカがその他の加盟国を守る「保証［guarantee］の条約と呼ぶ」ことも可能である（同，240）。超大国である同盟の主導国は、弱小国の離反を恐れないので、弱小国に譲歩する必要もない。2極システムでは、同盟の主導国は、同盟国に依存しない分だけ、自国の計算と利害に基づき自由に政策を形成することができる[2]。例として、アメリカがイギリスとフランスを統制できた、1956〜57年の**スエズ戦争**が言及されている。

2　【発展】ネオリベラル制度論の同盟理論

　リアリズムは、同盟の結束をもたらしているものが共通の脅威である以上、共通の脅威が消滅すれば同盟は解体されるであろうとみている。例えば、ウォルツは、冷戦後の論文（Waltz 1993）で、ソ連の崩壊と**ワルシャワ条約機構**（WTO）の解体により、NATO は数年しかもたないであろうと予測していた。ネオリアリズムによる冷戦後の NATO 短命論は、その後、**ネオリベラル制度**

論（本書第 5 章参照）の立場から批判された。

　例えば、**ロバート・マッカーラ**（McCalla 1996）は、制度論により冷戦後の NATO の持続性をよく説明できると主張している。マッカーラは、制度論を同盟に適用して、制度の一種である**レジーム**（本書第 5 章参照）として NATO を捉えている。制度論の中心的な主張は、レジームが、当初の目的より長く続く利益をメンバーにもたらすということである。また、レジームは新規に構築するよりは既存のものを維持する方が安上がりであると考える。以上のことから、冷戦が終結して共通の脅威が消滅しても、加盟国間における幅広い多層的で多面的な関係を有する NATO は、伝統的な軍事同盟とは異なり、冷戦後の新たな安全保障問題への対処にも役立つため存続しているという見解を示している。ただし、マッカーラの議論は、NATO の誕生や冷戦期における持続を説明できるネオリアリズムを否定するものではなく、補完するものである。

　セレスト・ウォランダー（Wallander 2000）は、制度化された同盟の全てが冷戦終結後も持続しているわけではないことに注目し、資産の特定性という概念から NATO の持続性を説明している。**資産の特定性**（asset specificity）とは、制度の資産（規範・ルール・手続き）が特定の関係、場所および目的のために作られている程度のことである。例えば、場所の観点から言えば、自由に動ける空母は、西太平洋の基地よりも資産の特定性が低いと言える。そして、特定性の低い資産は一般資産、特定性の高い資産は特定資産と呼ばれている。多様な関係、場所、および目的のために利用できる**一般資産**には、透明性や情報提供、協議・決定・実施のための手続きに関連するものがある。また、安全保障上の目的から**特定資産**を分けると、意図的な脅威に対する抑止と防衛、不安定と不信（安全保障のジレンマ）の問題に対する安心供与（本書第 7 章参照）、調停、および紛争予防に関するものがある。

　冷戦後の環境へ NATO が適応できたのは、汎用性のある一般資産や、新しい環境の特徴であった不安定や不信に対処する特定資産を持っていたからである、というのがウォランダーの主張である。冷戦期から引き継いだ一般資産としては、加盟国の政府代表が参加する北大西洋理事会（NAC）と文民スタッフ、協議の実践や手続き、ヨーロッパ連合軍最高司令部（SHAPE）、相互運用性、兵站・増援・防空、および共通の経済インフラがある。また、冷戦期から引き継いだ不安定・不信に対処するための特定資産としては、政治・軍事的統合、

司令部・部隊の多国籍性、超国家的防衛政策、および民主的文民統制がある。なお、外的脅威に対処するための特定資産の相対的な重要度は、冷戦終結後に低下したという。

Ⅲ　日米同盟

　本節では、日米同盟について、日米安保条約、日米安保体制の同盟化、および 1990 年代後半以降の展開を見ていく。

1　日米安保条約

　日本は、1951 年 9 月に**サンフランシスコ講和会議**で、連合国のうちアメリカをはじめとする自由主義陣営の諸国のみと平和条約を結んで、翌年 4 月に主権を回復して独立することとなった。また、同日に、**日本国とアメリカ合衆国との間の安全保障条約**（以下「旧日米安保条約」という）が締結された。この条約により、「日本国の安全」と「極東における国際の平和と安全の維持に寄与」するために、アメリカ軍の日本駐留が維持されることになった（条文は多田 1982 参照）。アメリカにとって、この条約は、極東の国際秩序を維持するのに資するものであった。しかし、日本側では、旧日米安保条約は、アメリカの日本防衛義務について不明確であったことや、日本の内乱にアメリカ軍が出動できるとする規定（いわゆる**内乱条項**）を含んでいたことなど、多くの問題を抱えていると認識されていた。そこで安保改定がなされ、1960 年に新たに締結されたのが現行の**日本国とアメリカ合衆国との間の相互協力及び安全保障条約**（以下「日米安保条約」という）である。

　日米安保条約では内乱条項が削除されたが、それ以外の特徴について、ここでモーゲンソー（2013（中），第 12 章）による同盟の分類から考えてみよう。第 1 に、条約上、両国間で**利益の一致**が見られる。日米安保条約は、前文において「両国が極東における国際の平和及び安全の維持に共通の関心を有することを考慮し」としている（多田 1982）[3]。ただし、実質的には、日本の利益は極東より狭い「日本国の安全」に、アメリカの利益はより広い「太平洋における国際の平和と安全」に力点があった（前田・飯島編 2003, 91-92；坂元 2000, 248-249）。その点では、各国の利益は**補完的**であったとも言える。さら

に、日米安保条約は、旧日米安保条約とは異なり共通の価値観に言及しており、**イデオロギー的**でもある。その前文には「民主主義の諸原則、個人の自由及び法の支配を擁護すること」が書き込まれた。国連憲章にはない、民主主義という用語があることが注目される[4]。

　第 2 に、日米安保条約は、利得の配分において**相互的**な体裁を取っている（異論については例えば室山 1992, 201-202）。それは「非対称な相互性」、すなわち「アメリカへの基地提供とアメリカからの安全保障を交換する『物と人との協力』をその本旨としていた」（坂元 2000, i, 267）[5]。

　日米安保条約は、**第 5 条**において**日本に対する武力攻撃の場合の共同防衛**を、**第 6 条**において**日本によるアメリカ軍への基地の許与**を規定している。

　　第五条　各締約国は、日本国の施政の下にある領域における、いずれか一方に対する武力攻撃が、自国の平和及び安全を危うくするものであることを認め、自国の憲法上の規定及び手続に従つて共通の危険に対処するように行動することを宣言する。
　　第六条　日本国の安全に寄与し、並びに極東における国際の平和及び安全の維持に寄与するため、アメリカ合衆国は、その陸軍、空軍及び海軍が日本国において施設及び区域を使用することを許される。

　ただし、相互防衛の地理的範囲が日本の施政下にある領域[6]（領土・領空・領海、米軍基地を含む）内に限定されている。すなわち、日米両国の領域を相互に防衛し合うという約束にはなっていない。このように特殊な相互防衛の規定になっているのは、憲法 9 条の政府見解により、日本には「海外派兵」（本書第 5 章・第 7 章参照）が認められていないからである（多田 1982）。他方で、日米安保条約は、前文と第 2 条において政治的・経済的協力についても規定しており、**全般的**なものとなっている。以上のことから、条約の正式名称は、相互防衛条約ではなく、「相互協力及び安全保障条約」となっている。

2　日米安保体制の同盟化

　日米安保条約が 1960 年に制定されてから長い間、日米同盟という言葉は公式には使われていなかった[7]。その理由として、同盟関係の中核をなす防衛協力が公式化されていなかったことが考えられる。当時の日米安保体制（arrangements）には、日米安保条約の他、日米地位協定などの関連取り決めがあったが、防衛協力に関する政府間の取り決めはなかったのである。

　1950年代には始まっていた日米防衛協力が公式化されたのは、米中接近やベトナム戦争の終結を経た1970年代後半のことである（板山2020）。1975年8月における三木首相とジェラルド・フォード大統領（共和党、任1974〜77）の首脳会談（ワシントン）での合意（共同新聞発表）を受けて、日米両政府は、翌年7月に安全保障協議委員会の下部機構として局長・次官補レベルの防衛協力小委員会を新たに設置した。そこで協議を重ねた結果、**日米防衛協力のための指針**（以下「**ガイドライン**」という）が1978年11月に日米安全保障協議委員会で了承された。

　1978年ガイドラインは、三部構成である。それぞれの見出しは、侵略を未然に防止するための態勢、日本に対する武力攻撃（いわゆる「第5条事態」）に際しての対処行動等、および日本以外の極東における事態（いわゆる「第6条事態」）で日本の安全に重要な影響を与える場合の日米間の協力、となっている。

　同ガイドラインの特徴は、1976年の51防衛大綱を土台にした第5条事態に関する記述が多く、第6条事態に関する記述がほとんどないことである。作戦構想の基本については、「自衛隊は主として日本の領域及びその周辺海空域において防勢作戦を行い，米軍は自衛隊の行う作戦を支援する。米軍は，また，自衛隊の能力の及ばない機能を補完するための作戦を実施する」こととなった。自衛隊は盾、アメリカ軍は矛という役割分担である。

　日米防衛協力が公式化されてようやく、日米関係に同盟という用語が使われるようになった。日本の首相として公式の場で初めてアメリカを「同盟国」と呼んだのは、1979年5月のホワイトハウスでの歓迎会で答辞を述べた大平首相であった（田中1997, 284）。その半年後、11月にテヘランでアメリカ大使館占拠事件が発生し、そして、翌月にソ連がアフガニスタンに侵攻した。国際環境に対する両国の認識が大きく変わる中、1981年5月の「鈴木・レーガン共同声明」（ワシントン）は、「日米両国間の同盟関係」という表現を首脳レベルの共同文書で初めて使用した（細谷ほか編1999, 1014）。

　冷戦の終結後、日本が直接に武力攻撃を受けない場合の日米防衛協力の範囲が拡大してきた。ソ連から日本への直接的脅威が低下すると、アメリカ政府は、

自国が直接攻撃されない事態での軍事的貢献を日本に求めるようになった（室山 1997, 134）。他方、日本政府も、1990 年代前半の湾岸戦争や朝鮮半島危機を通じて非軍事的貢献の限界を明確に認識して、日本有事以外においても軍事的支援の役割を限定的ながら受容してきた。また、両国間で、極東よりも広い範囲のアジア太平洋地域が強調されるようになった。こうした日米安保体制の再定義を象徴するのが、**橋本龍太郎**首相（自由民主党、任 1996〜98）とクリントン大統領の間で 1996 年 4 月に東京において発出された「**日米安全保障共同宣言（21 世紀に向けての同盟）**」である。この共同文書では、「同盟」の語がタイトルを含めて 9 回使われている。

3　1990 年代後半以降の展開

　日米安全保障共同宣言での合意を受けて、日米両政府が防衛協力小委員会を中心に検討した結果、新たなガイドラインが 1997 年 9 月に日米安全保障協議委員会で了承された。これにより、日本の**周辺事態**（第 6 条事態）での両国の軍事的な役割と任務の分担などが初めて合意された。旧ガイドラインでは、「侵略の規模，態様等により独力で排除することが困難な場合に」自衛隊がアメリカ軍の軍事援助を受けることに力点が置かれていた。ところが**1997 年ガイドライン**では、アメリカ軍の活動に対する日本の支援が、従来の日本国内の施設の使用だけでなく、自衛隊による**後方地域支援**（補給、輸送、整備、衛生など兵站）まで拡大された。日本は、日本有事に至らない周辺事態で軍事的な支援を提供することになったのである。同ガイドライン実施の法的整備として、日本は、1999 年に**周辺事態安全確保法**と自衛隊法一部改正法を、そして翌年には**船舶検査活動法**を制定した。

　2001 年 9 月にアメリカで同時多発テロが発生すると、日米同盟はグローバルな対テロ戦争に注力するアメリカを支援する一つの枠組みとなった。日本は、特別措置法を制定してインド洋やイラクへ自衛隊を派遣した（本書第 9 章参照）。象徴的なのは、2003 年 5 月の日米首脳会談において「世界の中の日米同盟」を強化することが合意されたことである。2000 年代半ばの日米協議においては、共通戦略目標の確認、日米の役割・任務・能力の検討、および兵力態勢の再編に関する新たな合意に至っている（2009 年版防衛白書）。

　2010 年代になると中国の台頭に伴い、日米同盟のさらなる強化が図られた。

日本政府は、2014 年 7 月の閣議決定により、**集団的自衛権**は憲法上行使でき
ないという、長い間堅持してきた立場を部分的に修正した [8]。安全保障環境の
根本的な変容を理由として、従来の武力行使の三要件に「我が国と密接な関係
にある他国に対する武力攻撃が発生し、これにより我が国の存立が脅かされ、
国民の生命、自由及び幸福追求の権利が根底から覆される明白な危険がある場
合」（以下「**存立危機事態**」という）を追加した（内閣官房 2014、本書第 7 章参
照）。

　そして、2015 年 4 月には、三つ目となるガイドラインが日米安全保障協議
委員会で了承された。**2015 年ガイドライン**の第 1 の特徴は、第Ⅲ章「強化さ
れた同盟内の調整」において、**同盟調整メカニズム**（ACM）を導入したことで
ある。それは「平時から緊急事態までのあらゆる段階において自衛隊及び米軍
により実施される活動に関連した政策面及び運用面の調整を強化する」ととも
に、「適時の情報共有並びに共通の情勢認識の構築及び維持に寄与する」もの
である（詳細については防衛白書参照）。

　第 2 の特徴は、第Ⅳ章「日本の平和及び安全の切れ目のない確保」におい
て、「日本に対する武力攻撃を伴わない時の状況を含め、平時から緊急事態ま
でのいかなる段階においても、切れ目のない形で、日本の平和及び安全を確保
するための措置」について記述していることである。特に注目されるのは、
2014 年の集団的自衛権に関する憲法解釈の変更を受けて、「日本以外の国に
対する武力攻撃への対処行動」というセクションが追加された点である。存立
危機事態において、日米両国が協力して行う作戦の例として、アセット（装備
品等）の防護、捜索・救難、海上作戦、弾道ミサイル攻撃に対処するための作
戦、および後方支援が挙げられた。なお、2015 年 9 月には、**平和安全法制整
備法**が参議院で可決成立し、自衛隊法や有事法制の事態対処法などに存立危機
事態についての規定が導入された。

　第 3 の特徴としては、第Ⅵ章「宇宙及びサイバー空間に関する協力」を設
け、宇宙とサイバー空間を重視していることである（本書第 12 章参照）。

コラム 8-1　安保 3 文書（2022）における日米同盟

　　2022 年の安保戦略は、戦略的なアプローチの一つとして、「米国との安全保障面における協力の深化」を挙げている。日米同盟の抑止力と対処力を一層強化するために具体的に掲げている方針は、基本的に 2015 年ガイドラインの方向性と一致している。2022 年の防衛戦略や**整備計画**（本書まえがき参照）においても、日米同盟については特筆すべき記述はない。同年には日米両国で戦略文書が策定されたが、それらの策定を受けて両国間で新たなガイドラインを協議することにはならなかった。

◆注

1)　1956～57 年の**スエズ戦争**（**第 2 次中東戦争**）では、民主主義国であるイギリス、フランス、およびイスラエルが、スエズ運河国有化を宣言したエジプトに侵攻した。国連で、アメリカは、同盟国であるイギリスおよびフランスと対立した。

2)　ウォルツが注目しなかった**単極システム**では、唯一の超大国にとって、同じレベルの大国との競争がなく、同盟国からの支援の必要性がさらに低下することから、行動の自由が拡大し、単独行動の傾向が現れると考えられる（Walt 2009, 94）。他方で、同盟国にとっては、自由度を増した超大国に対する影響力が低下するとともに、「見捨てられ」と「巻き込まれ」の同盟ジレンマが深刻になると想定される（同, 98-99）。

3)　安保改定の国会審議で「**極東**」の範囲が大きな争点となり、1960 年 2 月 26 日に衆議院安全保障条約等特別委員会で、**岸信介**首相（自由民主党、任 1957～60）は政府の統一解釈を表明した。その統一解釈において、極東の区域については、「大体において、フィリピン以北並びに日本及びその周辺の地域であって、韓国及び中華民国の支配下にある地域もこれに含まれている」と大まかな範囲が示された。他方で、アメリカ側の意向も踏まえ、極東の平和と安全に寄与するため出動するアメリカ軍の行動範囲は、「必ずしも前記の区域に局限されるわけではない」ことも強調された。以上のことから、「太平洋か極東かという違いは、基本的には日米両国の議会と世論にどう映るかという、いわば見栄えの問題であった」ことが分かる（坂元 2000, 251）。

4)　日米安保条約第 2 条は、「締約国は、その自由な諸制度を強化することにより、これらの制度の基礎をなす原則の理解を促進することにより、並びに安定及び福祉の条件を助長することによつて、平和的かつ友好的な国際関係の一層の発展に貢献する」との一文を含んでいる。つまり、民主的平和論のような考えが日米安保条約にすでに織り込まれていた。

5)　日米安保条約は、モローの用語を使えば自律性と安全保障の交換から成り立っている非対称的なものと言える。モローによれば、非対称的な同盟は、歴史上、より一般的であり、また持続的でもあるという（Morrow 1991）。

6)　日米安保条約第 5 条の適用対象地域には、日本の施政下にある尖閣諸島は含まれるが、日本の施政下にはない北方領土や竹島は含まれない。

7) 今日、日本政府は、日米同盟について「一般的には、日米安保体制を基盤として、日米両国がその基本的価値及び利益をともにする国として、安全保障面をはじめ、政治及び経済の各分野で緊密に協調・協力していく関係を意味する」という広義の定義を採用している（2022 年版防衛白書，191）。

8) 日本政府は、1970 年ごろから、集団的自衛権について「国際法上保有、憲法上行使不可」という憲法解釈を取ってきた（佐瀬 2012, 75）。

 ## 文献案内

同盟の概念と理論
◆ 船橋洋一編『同盟の比較研究―冷戦後秩序を求めて』日本評論社，2001 年.
◆ ウォルト，スティーヴン・M『同盟の起源―国際政治における脅威への均衡』今井宏平・溝渕正季訳，ミネルヴァ書房，2021 年 [Walt, Stephen M. *The Origins of Alliances*. Cornell University Press 1987].
◆ 日本国際政治学会編『国際政治』（国際政治のなかの同盟）206 号，2022 年 3 月.
◆ 国際安全保障学会編『国際安全保障』（在外米軍の再編）第 33 巻第 3 号，2005 年 12 月；（在外米軍基地の価値と機能再考）第 42 巻第 3 号，2014 年 12 月；（同盟関係の現在）第 44 巻第 1 号，2016 年 6 月；（基地研究の先登）第 47 巻第 3 号，2019 年 12 月.

日米同盟
◆ 竹内俊隆編『日米同盟論―歴史・機能・周辺諸国の視点』ミネルヴァ書房，2011 年.
◆ 吉田真吾『日米同盟の制度化―発展と深化の歴史過程』名古屋大学出版会，2012 年.
◆ 宮岡勲「軍事技術の同盟国への拡散―英国と日本による米軍の統合情報システムの模倣」『国際政治』第 179 号，2015 年 2 月，69-82 頁.
◆ 池宮城陽子『沖縄米軍基地と日米安保―基地固定化の起源 1945-1953』東京大学出版会，2018 年.
◆ 武田康裕『日米同盟のコスト―自主防衛と自律の追求』亜紀書房，2019 年.
◆ 山本章子『日米地位協定―在日米軍と「同盟」の 70 年』中央公論新社，2019 年.
◆ 板山真弓『日米同盟における共同防衛体制の形成―条約締結から「日米防衛協力のための指針」策定まで』ミネルヴァ書房，2020 年.
◆ 日本国際政治学会編『国際政治』（日米安保体制―持続と変容）第 115 号，1997 年 5 月；（国際政治のなかの沖縄）第 120 号，1999 年 2 月.

日米関係全般
◆ 五百旗頭真編『日米関係史』有斐閣，2008 年.
◆ 畠山圭一編著『テキスト日米関係論―比較・歴史・現状』ミネルヴァ書房，2022 年.
◆ 山口航『冷戦終焉期の日米関係―分化する総合安全保障』吉川弘文館，2023 年.

第9章　安全保障協力

はじめに

　18世紀に主にフランスで活躍した哲学者、ジャン＝ジャック・ルソー（1712〜78）の著書『人間不平等起源論』（2008／原著1755）は、人間は集団の利益のために協力することを約束しても個人の利益を優先して仲間を裏切ることがあることを、原始社会における**鹿狩りの例え**で説明している。

> 　人間たちは知らず知らずのうちに、相互の約束と、こうした約束を守ることの利点について、ごく曖昧な考え方を身につけていった。ただしそれも約束を守ることによってえられる利点が、明確で目の前にある場合に限られた。まだ彼らは将来を予見することができず、遠い未来のことに心を配ることはなかったのであり、明日のことすら念頭になかったからである。
> 　一頭の鹿を共同で狩りだす作業を考えてほしい。そのためには各人が持ち場を守る必要があることは、誰もが理解していた。しかし誰かの近くを野兎が駆け抜けたとしよう。するとその人は持ち場のことなど気にせずに、野兎を追いかけるに違いない。そして兎を捕らえてしまえば、仲間が獲物を取り損ねたとしても気にもかけないのである。（同，129-130）

　この場合、鹿一頭の分け前の方が兎一匹より大きくても、狩人間に信頼関係がない場合は狩人が兎を追うのは合理的である。なぜならば、自分が鹿狩りに協力して兎を捕らえなければ、他の誰かが兎を追いかけ、鹿を捕らえることができなくなり、自分は兎も鹿もありつけなくなるという最悪の事態に直面するからである。つまり、他者への信頼の欠如が、協力を難しくしているのである。

　鹿狩りの例えの論理は、国家間の関係にも当てはまる。例えば、国際協力による軍縮は鹿の共同捕獲であり、相手への不信感に基づく自国の軍拡は兎の捕獲である。自国にとって軍縮がいくら望ましくても、他国を信頼していない場合は、自国も軍拡をせずにはいられないということになる。

　本章は、防衛の戦略的アプローチの一つとして、本書ですでに取り上げた集

団安全保障（第５章）や同盟（第８章）以外の安全保障協力に注目する。以下、まず、第Ⅰ節で広く国際協調と安全保障協力について説明した上で、第Ⅱ節では国連の平和活動について、そして、第Ⅲ節では日本の国際平和協力活動の発展について見ていく。

Ⅰ　国際協調と安全保障協力

　本節では、国際協調に対するリアリズム理論の見解を簡単に紹介した上で、リベラリズムに基づく協調的安全保障という構想や日本の安全保障協力を紹介する。

1　リアリズムと国際協調

　代表的なネオリアリストである**ケネス・ウォルツ**は、『**国際政治の理論**』(2010) の中で、国際的な無政府状態、すなわち自助システムは、次の二つの観点から自国の安全保障を最優先する諸国家の間での協調を制限すると主張している。第１に、相手の将来の意図と行動が不確実な状況において、相手にとってより有利になるかもしれない協調はリスクが高い。国家間の協調によって共通の利益が得られるとしても、他国が相対的により大きな利益（**相対的利得**）を得る場合には、他国がより強大化し、将来における自国の安全保障への危険が高まる。第２に、協調行為を通じて他国依存を強めていくことにもリスクがある。非対称的な他国依存は**脆弱性**を生む。他国に依存すればするほど、その関係を一方的に断ち切られることを恐れることになる。そこで、国家は、特定の国家への過度の依存を避ける傾向がある。このため、国家間での分業は難しく、自給や自助を目指すことになる（本書第６章参照）。

　他方で、ウォルツは、大国間の競争が低下する場合には、**絶対的利得**が重要となることを認めている。大国間の競争が低下するのは、(1) 相互核抑止などで大国間の勢力均衡が安定していることと、(2) 少数の超大国とその他の国との間に国家能力で大きな差があること（２極構造）、という二つの条件を満たす場合であるという。1970 年代のアメリカのような「恵まれた立場にある国は、たとえ他国が極端に多くの利益を得たとしても、率先して公共努力を行ったり、それに協力することもあるのである」と述べている（同, 259）。

2　リベラリズムの協調的安全保障

　冷戦終結後に注目された**協調的安全保障**（cooperative security）の概念は、冷戦終結の直後に、**アシュトン・カーター、ウィリアム・ペリー、**および**ジョン・スタインブルーナー**著『**協調的安全保障の新概念**』（Carter, Perry, and Steinbruner 1992）において提唱されたものである[1]。クリントン政権による安全保障協力に影響を与えた、このリベラリズム的な概念の概要は、以下のとおりである。

　協調的安全保障の主要な目標は、攻撃手段が集結するのを防ぎ、そうして他国が自ら反撃の準備をする必要性もなくすことによって、戦争を防止することである。**集団安全保障**（本書第5章参照）は、反撃の威嚇を通じて侵略を抑止し、侵略が発生すればそれを打ち破る点で協調的安全保障とは異なるが、両者は相互に補完的である。

　協調的安全保障の概念を体現する国際体制は、次の要素から構成される。第1の要素は、**背景的な**（background）**核抑止**と**協調的な非核化**である。背景的な核抑止とは、核兵器の役割を核攻撃の抑止に限定すること（唯一目的化、本書第10章参照）である。協調的な非核化には、1991年ソビエト核脅威削減法（ナン・ルーガー法）で促進された、旧ソ連諸国における核兵器の解体・廃棄の継続や、残される核戦力の安全、核の不拡散などが含まれる。

　第2の要素は、**通常戦力の防御的配置**（configuration）である。平時における地上部隊の位置と移動や、戦術航空作戦を統制することにより、差し迫った衝突から軍隊を引き離しておくとともに、国際的な反応を引き起こすことなく、地上部隊による攻撃を仕掛けるのに必要な大規模の準備を行うことを不可能なままにしておく。

　第3の要素は、**侵略への国際的対応**である。侵略が起きた場合は、それを打破できる多国籍軍を組織することが必要になる。そのため、多国籍軍は、湾岸戦争の時と同様に、アメリカ軍が有する偵察攻撃複合体（RSC: reconnaissance strike complex）の能力を中心に編成されるのが望ましい。偵察攻撃複合体とは、指揮・統制・通信・インテリジェンス、精密誘導兵器、および防空網制圧という三つの主要な要素からなる。

　第4の要素は、**軍事的投資と拡散の制限**である。国家による兵器技術へのアクセスが容易になっている。このため、アクセス拒否を重視してきた統制の

メカニズムは、兵器や技術への需要縮小に向けた協調的な誘導による制限へ変更されなければならない。これまで述べてきた、各国の軍隊からなる国際的な連合の重視、自国の軍隊や防衛産業の縮小、防御的配置の原則を含む軍の配備制限、および大量破壊兵器を重視する政策の徹底的な転換などが必要となる。

第5の要素は、**透明性**である。軍事上の準備に関する広範な制限を含む協調的安全保障体制にとって、各国の防衛プログラムの相互監視が重要となる。透明性が必要であるのは、部隊の規模や装備、兵器の開発・試験・製造、販売・購入などである。

さて、諸国が安全保障協力に取り組む動機としては、(1) 旧ソ連諸国の軍部の統制のない解体という危険、(2) 軍部と武器市場の世界的な再構築、(3) 核兵器の保安 (operational safety) とセキュリティ (核テロ対策)、(4) 技術の伝播と拡散、(5) バイオ技術とバイオ戦争、(6) 技術投資への競争的な要求、および (7) 内戦などがある。

協調的安全保障のためにすでに始められている取り組みとしては、(1) アメリカと旧ソ連諸国の非核化、(2) 地上部隊の再配置、(3) 軍隊間の交流と計画対話の強化、(4) 共通の警告・情報機能、(5) 武器登録、(6) 拡散統制レジーム間の協調、および (7) 地域レベルの協調的安全保障体制[2] などがある。

3 日本の安全保障協力

安保戦略 (2013, 3) は、「国際協調主義に基づく積極的平和主義」を国家安全保障の基本理念と位置付け、「我が国の安全及びアジア太平洋地域の平和と安定を実現しつつ、国際社会の平和と安定及び繁栄の確保にこれまで以上に積極的に寄与していく」としている。日本政府がこの基本理念を採択した背景には、「現在、我が国を取り巻く安全保障環境が一層厳しさを増していることや、我が国が複雑かつ重大な国家安全保障上の課題に直面していること」、また「我が国の平和と安全は我が国一国では確保できず、国際社会もまた、我が国がその国力にふさわしい形で、国際社会の平和と安定のため一層積極的な役割を果たすことを期待している」という状況認識がある。日本が取るべき国家安全保障上の戦略的アプローチには、「国際社会の平和と安定のためのパートナーとの外交・安全保障協力の強化」や「国際社会の平和と安定のための国際的

努力への積極的寄与」が含まれている。

　そして、安保戦略（2013）の下、2018 年防衛大綱は、日本防衛の三つの柱として日本自身の防衛体制や日米同盟とともに安全保障協力を挙げている。（この安全保障協力という用語には、同盟国アメリカとの安全保障上の協力は入っていない。）そして、2018 年防衛大綱の「安全保障協力の強化」というセクションは、（1）防衛協力・交流の推進と（2）グローバルな課題への対応に分けて記述されている。防衛協力・交流は、共同訓練・演習、防衛装備・技術協力、能力構築支援、軍種間交流などからなる。グローバルな課題への対応には、海洋安全保障、宇宙・サイバー領域の利用、軍備管理・軍縮・不拡散、および国際平和協力活動などが含まれている。（本書では、海洋安全保障や宇宙・サイバー領域については第 12 章で、核兵器の軍備管理・軍縮・不拡散については第 10 章で取り上げるので、次節から、国連の平和活動や日本の国際平和協力活動に焦点を当ててみたい。）

　その後、防衛戦略（2022, 7）は、「Ⅲ　我が国の防衛の基本方針」において、防衛目標を達成するための三つ目のアプローチとして、安全保障協力ではなく同志国等との連携を挙げている。同志国等との連携は、安全保障協力のうち防衛協力・交流の推進に該当するものである。防衛戦略（2022）は、同志国等として（重要順に）オーストラリア、インド、英国、フランス、ドイツ、イタリア等、NATO および欧州連合（EU）、韓国、北欧・バルト諸国等、中東欧諸国、東南アジア諸国、モンゴル、中央アジア諸国、インド洋沿岸国・中東諸国を挙げている。同志国等には、中国やロシアは含まれていない。防衛戦略（同, 17）は、「同志国等との連携」と「中国やロシアとの意思疎通」を区別した上で、後者についても「留意していく」としている。

　他方で、防衛戦略（2022）において、安全保障協力のうちグローバルな課題への対応の方は、防衛目標を実現するためのアプローチから切り離されて、「Ⅵ　国民の生命・身体・財産の保護・国際的な安全保障協力への取組」という、いささか不思議な組み合わせとして残った。

　なお、2015 年の**平和安全法制整備法**により、1999 年の**周辺事態安全確保法**（本書第 8 章参照）が改正されて**重要影響事態安全確保法**が成立した。同法により「我が国周辺の地域における」という文言が削除された「我が国の平和及び安全に重要な影響を与える事態」（**重要影響事態**）において、アメリカ軍の

みならず他の諸外国の軍隊等にも後方支援活動等を行うことができるようになった。「同志国等との連携」は、日米同盟とともに、勢力均衡の機能を果たしている。

Ⅱ 国連の平和活動

国際社会における安全保障協力の形態の一つとして、国連の平和活動がある。本節では、『**国連平和維持活動—原則と指針**』（国際連合 2008, 6）という「国連PKOの立案・実施担当者の指針」を示す国連の文書に依拠しつつ、まず平和活動の分類について説明を行い、次に平和維持活動に焦点を当てて見ていく。

1 平和活動の分類

国連やその他の国際機関が実施している、国際の平和と安全のための**平和活動**（peace operations）には、平和維持の他、いろいろなものがある。『国連平和維持活動—原則と指針』は、それぞれの活動を次のとおり定義している（同, 13、太字は原文）。

まず、紛争が発生する前の活動として、紛争予防がある。

> **紛争予防**（Conflict prevention）とは、組織的または外交的な手段を用いて、国家間または国内の緊張や対立が武力紛争へと発展しないようにすることを指す。理想的には、体系的な早期警報や情報収集、紛争の根源となっている諸要因の慎重な分析を、その土台とすべきである。紛争予防活動の具体例としては、事務総長による「あっせん」、予防的展開、信頼醸成措置などがあげられる。

次に、紛争が発生した後の活動としては、外交努力を中心とする平和創造と、強制措置を中心とする平和執行がある。

> **平和創造**（Peacemaking）は原則的に、進行中の紛争に取り組む措置を指すが、敵対する当事者を交渉による合意へと導くための外交努力を伴うのが普通である。国連事務総長は安保理あるいは総会の要請に応じ、または自発的に「あっせん」を行って紛争の解決を図ることができる。平和創造は特使、政府、国家グループ、

地域機関または国連自体が担当することもある。また、非公式な非政府団体や著名人が独自の和平仲介に乗り出すこともある。

　平和執行（Peace enforcement）とは、安保理の承認を受け、武力行使を含む幅広い強制措置を適用することを指す。このような措置は、安保理が平和への脅威、平和の破壊または侵略行為が存在すると判断する事態において、国際の平和と安全を回復することを目的に承認される。安保理は適宜、地域機関に平和執行措置を委託することができる。

最後に、主に停戦後に実施される平和維持と平和構築がある。

　平和維持（Peacekeeping）とは、いかに不安定であろうとも、戦闘が停止した平和な状態を維持し、和平仲介者が取り付けた合意の履行を助けるための手法を指す。平和維持は長年を経て、国家間の紛争終結後に停戦と兵力の引き離しを監視するという主として軍事的なモデルから進化を遂げ、軍事、警察、文民の多様な要素が連携して、持続可能な平和に向けた基礎の構築を支援するという複雑なモデルを取り入れるようになった。

　平和構築（Peacebuilding）とは、国内のあらゆるレベルで紛争管理能力を強化することにより、紛争の発生や再発のリスクを低め、持続可能な平和と開発に向けた基礎を築くための幅広い措置を指す。平和構築は持続可能な平和に必要な条件を整備するという、複雑で息の長いプロセスである。したがって、武力紛争の根深い構造的な原因について、包括的な対策を講じることが主眼となる。平和構築の具体的措置では、社会と国家が機能するために必要な中心的課題に取り組むとともに、国家がその中心的機能を実効的かつ合法的に果たせる能力の向上を目指す。

　紛争予防を除き、平和創造、平和執行、平和維持、および平和構築の間で活動に重なりがある。主に停戦後に行われる平和維持と平和構築については、特にその傾向が強い（次項参照）。

2　平和維持活動

　冷戦期には、国連安保理で拒否権を持つアメリカとソ連の対立により、集団安全保障体制は麻痺状態に陥った。国際の平和と安全のため、その代わりに発展してきたのが、**国連平和維持活動**（PKO: peacekeeping operations）であった。国連憲章の規定に基づくものではなく、必要に応じて考案されてきたもの

である。初めての国連 PKO は、**第１次中東戦争**（1948）の停戦監視であった。この活動は、安保理の決定により 1948 年に創設された**国連休戦監視機構**（**UNTSO**: UN Truce Supervision Organization）の軍事監視団によって行われた。**第２次中東戦争**（スエズ戦争、1956〜57）の際は、緊急総会によって**第１次国連緊急軍**（**UNEF I**: First UN Emergency Force）が創設された。これは、初めての**国連平和維持軍**（**PKF**: Peacekeeping Force）であった。なお、実施部隊である PKF は、その長年の功績により 1988 年にノーベル平和賞を受賞している。

　冷戦期における PKO は従来型と呼ばれている。**従来型 PKO** の任務は、主に国家間の紛争における「停戦または非武装地帯に関する当事者の公約順守について監視、報告し、違反の申し立てを調査すること」であった。この任務の遂行により、「各当事者に対し、他方の当事者が停戦を利用して軍事的優位に立とうとすることはないという安心感を与え」、政治的解決に向けたプロセスを促進するための環境を整備することを目的としていた（同，15）。

　冷戦終結後は、武力紛争の大半を占めるようになっていた内戦直後の危険な状況に対応した、新世代の**複合型 PKO** が登場した。それは、正式な和平合意のない状態で始められることもあった。このタイプの PKO の中心的機能は、以下のとおりである。

　（1）法の支配と人権を全面的に尊重しつつ、国家の治安維持能力を強化しながら、安全で安定した環境を整備すること

　（2）対話と和解を促進し、正当で実効的なガバナンス機構の確立を支援することにより、政治的プロセスを進展させやすくすること

　（3）国連その他の国際的な主体が国別レベルで、一貫性と調整のとれた形でそれぞれの活動を追求できるようにするための枠組みを提供すること（同，16）

内戦に対応した複合型 PKO は、国連安保理から平和構築活動に貢献することが求められることが多い（同，17）[3]。

　今日の国連 PKO の基本原則は、主たる紛争当事者の同意、公平性、および自衛と任務防衛以外の武力不行使の三つである。第１に、国連 PKO の展開には、**主要な紛争当事者の同意**が必要である。特に内戦の場合は、紛争当事者が多かったり不明瞭であったりすることが多いので、全ての当事者の同意は必要

とされていない。

　第2に、主たる紛争当事者に対して、**公平性**（impartiality）を維持しなければならない。ここでの公平性とは、特定の紛争当事者を優遇したり差別したりしないことである。この原則は、全ての当事者から距離を置くという意味での**中立性**（neutrality）とは異なる[4]。

　第3に、**自衛とマンデート（任務）防衛以外の武力不行使**である。国連PKOが武力を行使できるのは、当初から自衛の場合のみとされてきた。**第4次中東戦争**（1973）の後に展開された**第2次国連緊急軍**（UNEF II）に関する1973年の事務総長報告に基づき、「自衛という概念には、PKOが安保理から与えられたマンデートによる責務を果たすことを強硬な手段で阻止しようとする試みへの抵抗も含まれるようになった」（同, 21）。現在の複合型PKOでは、内戦状況により多数の避難民が発生することから、「身体的暴力の脅威が差し迫った**民間人を保護するマンデート**」が与えられることが多い（同, 16）。特に1999年以降のPKOでは、国連安保理が国連憲章第7章を適用することが多くなっている（松葉2010)[5]。

Ⅲ　日本の国際平和協力活動

　現在、日本の国際平和協力活動には、国連PKOなどの国際平和協力業務、大規模な災害への国際緊急援助活動、および2015年の国際平和支援法により導入された国際平和共同対処事態における諸外国の軍隊等に対する協力支援活動等という三つのカテゴリーがある。本節では、日本の国際平和協力活動の発展について、冷戦終結の頃、1990年代、および2000年代以降の3期に分けて説明する。

1　非軍事的な国際貢献（冷戦終結の頃）

　1985年のプラザ合意による円高以降、ドルで表示される日本の経済力が拡大したこともあり、より多くの国際貢献を求める期待が「経済大国」日本にかかってきた。これに対し、**竹下登**首相（自由民主党、任1987〜89）は、外国訪問の際に、平和のための協力強化、政府開発援助（ODA）の拡充、および国際文化交流の強化を三つの柱とする**国際協力構想**を公表して、「世界に貢献する

日本」をアピールした（1988年版外交青書，30-32）。平和のための協力強化について、竹下首相は、1988年5月のロンドン市長主催の昼食会におけるスピーチの中で、次のとおり述べている。

> 我が国は平和を国是としており、憲法上も、軍事面の協力を行いえないことはご承知のところであります。しかし、我が国が世界の平和について拱手傍観すべきでないことは申すまでもありません。私は、我が国としては、政治的及び道義的見地から、なしうる限りの協力を行うべきであると考えており、紛争解決のための外交努力への積極的参加、要員の派遣、資金協力等を含む、新たな「平和のための協力」の構想を確立し、国際平和の維持強化への貢献を高めてまいります。
> （同，348，下線は筆者）

このスピーチは、今後、日本が国際平和への非軍事的貢献を強化していくとの宣言であった。その後、1988年6月には、国連アフガニスタン・パキスタン仲介ミッション（UNGOMAP）に外務省員1名を派遣した。これが日本政府による国連PKOへの初めての要員派遣となった（同，31）。

　冷戦が終結するや否や、国連による国際の平和と安全の維持のための活動への日本の協力の在り方が問われる事態が発生した。1991年に中東で起きた**湾岸戦争**である。

　日本は、アメリカから、湾岸戦争への資金協力のみならず軍事的な人的貢献も求められた。具体的には、掃海艇や給油艦、そしてアメリカ空母ミッドウェーの護衛のための護衛艦の派遣、それに輸送や医療などの多国籍軍への後方支援である。これらの人的貢献への要請に対し、日本政府は、国連決議に基づくPKOや多国籍軍の活動への軍事的な協力を可能にするため、1990年10月に**国連平和協力法案**を閣議決定して、国会に提出した。

　この法案のポイントは、平和協力隊を編成し海外に派遣して平和協力業務に従事させることであった（田中1997）。平和協力隊は、ボランティアや、自衛隊、海上保安庁などの各省庁からの出向者によって構成されることになっていた。また、平和協力業務としては、停戦監視、行政的助言・指導、選挙監視・管理、輸送・通信、医療活動、救援活動、復旧活動などが列挙されていた。

　国会での審議では、国連平和協力法案の合憲性が問題となった（外岡・本田・三浦2001）。**中山太郎**外務大臣が10月26日に衆議院の国連特別委員会で

答弁した政府統一見解は、おおよそ次のとおりであった。(1) いわゆる「国連軍」の司令官の指揮下に入りその一員として行動するという意味での「参加」は憲法上許されない。(2)「協力」とは「参加」よりも意味の広い用語で、「参加」に該当しない、組織の外からの支援という形態での「協力」もあり得る。(3) 武力を行使する国連軍に対する協力であっても、その武力行使と一体化しなければ、憲法上許される（朝雲新聞社編集局編著 2023, 771-772）。しかし、政府側が武力行使との一体化に関する基準を明確に示せないなど、政府側の準備不足や世論の反対もあり、国会での議論は紛糾し、同法案は 1 カ月も経たずに廃案となった。

　湾岸戦争では、日本は、サウジアラビアとクウェートに次ぐ総計 130 億ドルもの財政支援をしたにもかかわらず、外交的には負のイメージしか残せなかった。象徴的なのは、戦後、クウェート政府がアメリカの新聞や雑誌に掲載した感謝の意を表明する広告において、同国の解放に貢献した国家のリストに日本が入っていなかったことであった。このエピソードは、有事における「小切手外交」の限界とともに「人的貢献」の必要性を主張する際によく語られてきたものである。

2　自衛隊による活動の始まり（1990 年代）

　冷戦期、自衛隊の本来的な任務は、国土防衛と国内における公共の秩序維持（災害派遣を含む）に限定されていた。それが、湾岸戦争を契機に「人的貢献」の必要性が叫ばれ、自衛隊も、その後少しずつ、国際的な安全保障環境を改善するために国際社会が協力して行う活動（**国際平和協力活動**）に取り組むようになっていく。まずは、1991 年の湾岸戦争の直後に海上自衛隊の艦船がペルシャ湾で機雷を掃海したのが、自衛隊初めての海外実任務となった。そして、翌年には、自衛隊による国際緊急援助活動と国際平和協力業務が法的に可能となった。

　国際緊急援助活動は、海外の大規模な自然災害に対する協力活動である。1987 年の**国際緊急援助隊の派遣に関する法律**（国際緊急援助隊法）を 1992 年 6 月に一部改正（19 日公布、29 日施行）して、自衛隊も従事できるようにした。自衛隊初の国際緊急援助活動は、ホンジュラス共和国におけるハリケーン災害に対する医療部隊と航空輸送部隊の派遣（1998 年 11 月〜12 月）であった。

　国際平和協力業務は、1992 年の**国際連合平和維持活動等に対する協力に関する法律**（国際平和協力法、6 月 19 日公布、8 月 10 日施行）に基づく活動である。その協力対象には、国連 PKO の他、人道的な国際救援活動や国際的な選挙監視活動が含まれる。国連 PKO に対する協力に関しては、「国連平和維持隊への参加に当たっての基本方針（**参加 5 原則**）」が規定されている。

(1) 紛争当事者の間で**停戦合意**が成立していること。

(2) 当該平和維持隊が活動する地域の属する国及び紛争当事者が当該平和維持隊の活動及び当該平和維持隊への**我が国の参加に同意**していること。

(3) 当該平和維持隊が特定の紛争当事者に偏ることなく、**中立的な立場を厳守**すること。

(4) 上記の原則のいずれかが満たされない状況が生じた場合には、我が国から参加した**部隊は撤収**することができること。

(5) **武器の使用**は、要員の生命等の防護のために**必要な最小限**のものに限られること [6]。（2022 年版防衛白書, 231、太字は筆者）

　また、国際平和協力法では、当面、自衛隊の部隊は、**平和維持隊（PKF）**の本体業務、すなわち武装解除の監視、緩衝地帯などにおける駐留・巡回、検問、放棄された武器の処分などには従事しないこととされた（いわゆる **PKF 本体業務の凍結**）。自衛隊の活動は、後方支援業務（本体業務を支援する医療、輸送、通信、建設など）に限定されたのである。なお、本章第 II 節で言及されているとおり、通常、PKF（peacekeeping force）は平和維持軍と呼ばれているが、日本政府は軍事色を薄めるためか平和維持隊と呼んでいる。

　自衛隊初の国際平和協力業務は、国連 PKO については**国連カンボジア暫定機構（UNTAC）**に対する停戦監視要員と施設部隊の派遣（1992 年 9 月〜翌年 9 月）、人道的な国際救援活動についてはルワンダへの難民救援隊と空輸派遣隊の派遣（1994 年 9 月〜12 月）であった。

　その後、数次にわたる派遣の経験を踏まえ、国際平和協力法は何度か改正された。1998 年の改正により、上官の命令による武器の使用が可能となった。また、2001 年の改正では、自己の管理下の者と武器等の防護のための武器使用も認めて国際基準に近づけるとともに、PKF 本体業務の凍結を解除した。

3　自衛隊による活動の拡大（2000 年代〜）

　新しい世紀になって、日本の国際平和協力活動に、**国際テロ対応のための活動**が付け加えられた。アメリカで 2001 年 9 月 11 日に発生した同時多発テロ事件を契機に、アメリカとイギリスは、翌月にアフガニスタンで軍事作戦を開始した。その 3 週間後には、**小泉純一郎**首相（自由民主党、任 2001〜06）の政権は、自衛隊による諸外国の軍隊への協力支援活動、捜索救助活動、および被災民救援活動を柱とする**テロ対策特別措置法**（限時法）[7] を成立させた（コラム 9-1 参照）。この法律に基づき、インド洋において海上阻止活動に参加しているアメリカなどの外国の艦艇に対して、2001 年 12 月初旬には海上自衛隊が燃料と水の補給を開始した。また、同じ頃、航空自衛隊も、国内外で輸送支援を始めたのであった。

　すぐに、日本の国際平和協力活動に**イラク国家再建に向けた取り組みへの協力**も追加された。2003 年 3 月にアメリカとイギリスが今度は国際的に賛否の分かれたイラク戦争を開始した時も、小泉首相はすぐに支持の立場を明確にした。ジョージ・W・ブッシュ大統領が同年 5 月 1 日にイラクにおける主要な戦闘の終結を宣言すると、国連安保理は、イラク復興支援に関する**決議第 1483 号**を採択した。小泉政権は、7 月に**イラク人道復興支援特別措置法**（限時法）を成立させて、12 月には自衛隊のイラク派遣を決定した [8]。

　以上のとおり、日本の平和主義は、軍事面での協力を回避する消極的なものから、武力行使や戦闘には直接従事しないがそれ以外の軍事面での協力により平和の維持・強化に貢献する積極的なものに変わりつつあった。こうした傾向を象徴するかのように、自衛隊法の一部改正により、2007 年 1 月には国際平和協力活動は自衛隊の「付随的な業務」から「本来任務」へと位置付けが変更された（いわゆる**本来任務化**）。この流れが、安保戦略（2013）の基本理念「**国際協調主義に基づく積極的平和主義**」に至っている。

　そして、2015 年には、**平和安全法制**が整備された。その二本柱の一つである**国際平和支援法**は、国際平和共同対処事態において、自衛隊が**諸外国の軍隊等に対する協力支援活動等**が行えるようにした。ここで**国際平和共同対処事態**とは、「国際社会の平和や安全を脅かす事態であって、その脅威を除去するために国際社会が国連憲章の目的に従って共同して対処する活動のうち、日本が国際社会の一員として主体的かつ積極的に寄与する必要があるもの」と定義さ

れている。国際平和支援法は、有効期間の定められた限時法であるテロ対策特別措置法やイラク人道復興支援特別措置法（安全確保支援活動の部分）などを恒久法として整備したものである。

　また、平和安全法制のもう一つの柱である**平和安全法制整備法**により、自衛隊法などの他の法律とともに、**国際平和協力法**も一部改正された。国連 PKO については、受け入れ同意が安定的に維持されていることが確認されている場合、いわゆる**安全確保業務**（住民・被災民対象）や**駆け付け警護**（活動関係者対象）も業務に含められるようになった。これらの業務の実施に当たり、自己保存型と武器等防護を超える、いわゆる任務遂行のための武器使用が可能となった（田村編著 2018）。また、この改正により、イラク人道復興支援特別措置法のような限時法を立法しなくても、国連が統括しない人道復興支援や安全確保などの活動（**国際連携平和安全活動**）にも参加することができるようになった。ただし、南スーダン PKO に派遣していた陸上自衛隊の施設部隊約 350 人が2017 年 5 月に撤収した後、日本は部隊派遣を行っていない。2023 年夏の時点では、司令部要員として 4 名を南スーダンに、2 名をシナイ半島の多国籍部隊・監視団に派遣しているのみである。ちなみに後者の派遣は、初めての国際連携平和安全活動である（2022 年版防衛白書）。

コラム 9-1　「武力の行使との一体化」論

　国際平和協力活動では、「武力の行使」の三要件（本書第 7 章参照）を満たすことはできないので、憲法上、日本は武力行使できない。ただ、1990 年 10 月に国連平和協力法案の国会審議で示されたとおり、武力を行使する諸外国の軍隊に対する協力は、その武力行使と一体化しなければ憲法上許されるというのが日本政府の見解である。テロ対策特別措置法やイラク人道復興支援特別措置法では、諸外国の軍隊による武力行使との一体化を避けるために、1999 年の**周辺事態安全確保法**における**後方地域**（本書第 8 章参照）の考え方を引き継ぎ、自衛隊の活動地域を日本の領域と非戦闘地域に限定した。**非戦闘地域**とは「現に戦闘行為が行われておらず、かつ、そこで実施される活動の期間を通じて戦闘行為が行われることがないと認められる」公海とその上空および外国の領域（その外国の同意がある場合のみ）をいう。その後の国際平和支援法では、いわゆる「武力の行使との一体化」論が修正されて、単に「現に戦闘行為が行われている現場」では実施しないということになった。すなわち、「そこで実施される活動の期間を通じて戦闘行為が行われることがないと認められる地域」という限定はなくなった

のである。

◆注

1) 共著者のペリーとカーターは、後に、それぞれクリントン政権の国防長官（任 1994〜97）、オバマ政権の国防長官（任 2015〜17）を務めた。
2) ヨーロッパにおいては、ヨーロッパ安全保障協力会議（CSCE）の 1990 年パリ首脳会議で承認された信頼安全保障醸成措置（CSBM: confidence and security building measures）など、協調的安全保障レジームが冷戦直後に形成されている。
3) 支援対象の平和構築活動としては、例えば、戦闘員の武装解除・動員解除・社会復帰（DDR）、地雷対策、治安部門改革（SSR）その他の法の支配関連活動、人権の保護と促進、選挙支援、国家権力の回復と拡張への支援がある（国際連合 2008, 17）。
4) 今日、PKO の任務遂行を妨げる当事者に対して排除する行動をとっても、公平性の原則には違反しないと解されている。なお、この解釈は 2000 年の「ブラヒミ・レポート」において採用されたものであり、それ以前は、公平性と中立性は区別されていなかった（松葉 2010）。
5) 国連憲章第 7 章で言及している「強力な（robust）」平和維持は、次の 2 点で平和執行と異なる。まず、前者では主たる紛争当事者の同意が必要である。次に、平和執行では、国際の平和および安全の維持や回復という戦略レベルでの武力行使が認められるが、平和維持では、自衛とマンデート（任務）防衛という戦術レベルで武力が行使できるにすぎない（国際連合 2008, 14）。
6) 正当防衛や緊急避難に該当する場合のみ人への危害が許容される。
7) テロ対策特別措置法は、自衛隊がこれらの活動を実施することを 2 年間の期間限定（延長可）で可能にする法律であった。2007 年 11 月に期限が切れ失効した後は、2008 年 1 月に施行した**補給支援特別措置法**により補給活動のみを 2 年間実施した。
8) 陸上自衛隊は、主にイラク南部のムサンナー県で人道復興支援活動に 2006 年 7 月まで従事した。また、航空自衛隊は、安全確保支援活動として国連や多国籍軍に対して空輸支援を 2008 年 12 月まで行った。

文献案内

国際協調と日本

◆ アクセルロッド，R『つきあい方の科学―バクテリアから国際関係まで』松田裕之訳，ミネルヴァ書房，1998年［Axelrod, Robert. *The Evolution of Cooperation*. New York: Basic Books, 1984］.

◆ 鈴木基史，岡田章編『国際紛争と協調のゲーム』有斐閣，2013年.

◆ 冨樫あゆみ『日韓安全保障協力の検証―冷戦以後の「脅威」をめぐる力学』亜紀書房，2017年.

◆ 渡部恒雄，西田一平太編『防衛外交とは何か―平時における軍事力の役割』勁草書房，2021年.

◆ 佐竹知彦『日豪の安全保障協力―「距離の専制」を越えて』勁草書房，2022年.

◆ 国際安全保障学会編『国際安全保障』（インド太平洋時代の外交・安全保障政策）第46巻第3号，2018年12月；（アジアにおける信頼醸成）第50巻第3号，2022年12月.

国連の平和活動

◆ 石塚勝美『ケースで学ぶ国連平和維持活動―PKOの困難と挑戦の歴史』創成社，2017年.

◆ 上杉勇司，藤重博美編『国際平和協力入門―国際社会への貢献と日本の課題』ミネルヴァ書房，2018年.

◆ 日本国際政治学会編『国際政治』（紛争後の国家建設）第174号，2013年9月.

◆ 国際安全保障学会編『国際安全保障』（平和構築と軍事組織）第34巻第1号，2006年6月；（持続的な平和（Sustaining Peace）の実現に向けた取り組みの現状と課題）第50巻第1号，2022年6月.

日本の国際平和協力活動

◆ 本多倫彬『平和構築の模索―「自衛隊PKO派遣」の挑戦と帰結』内外出版，2017年.

◆ 藤重博美『冷戦後における自衛隊の役割とその変容―規範の相克と止揚，そして「積極主義」への転回』内外出版，2018年.

◆ 加藤博章『自衛隊海外派遣』筑摩書房，2023年.

◆ 国際安全保障学会編『国際安全保障』（自衛隊の国際協力活動）第36巻第1号，2008年6月；（国際平和協力活動における自衛隊の運用と教訓）第38巻第4号，2011年3月；（平和安全法制を検証する）第47巻第2号，2019年9月.

第 *4* 部

現代の安全保障課題

イントロダクション

　伝統的な戦争のイメージは、近代、特に 19 世紀のヨーロッパにおける経験に基づいている。そうしたイメージをつかむには、**クラウゼヴィッツ**の主著『戦争論』（2001a, b）を読むとよい。ここでは、その著書から、伝統的な戦争の特徴を三つ指摘したい。

　一つ目の特徴は、**戦争は政治の一手段である**ということである。クラウゼヴィッツ（2001a, 63）は、「戦争とは他の手段をもってする政治の継続にほかならない」という有名な一文を残している。敵に自分たちの意志を押しつけるという政治的目的が先にあって、それに合わせて、敵の抵抗力を打ち砕くという軍事的目標と、物理的暴力という軍事的手段が選択されるのである。そこには合理性が想定されている。

　二つ目の特徴は、一つ目の特徴と関連しているが、**国家間戦争**であるということである。クラウゼヴィッツは、戦争の共通の特質として、政府、軍隊、および国民の主体間の密接な相互作用に着目して、「**三位一体**」という概念を提示している（同, 67）。確かに 1648 年のウェストファリア条約以降、戦争の主要な形態は国家間戦争であった。

　そして、伝統的な戦争の三つ目の特徴は、**陸上戦闘が中心**であるということである。クラウゼヴィッツは、陸軍軍人であったこともあり、ナポレオン戦争におけるトラファルガー沖の海戦（1805）にはほとんど着目していない。

　現代の戦争は、クラウゼヴィッツ時代の戦争から変化している。例えば、第二次世界大戦の末期に核兵器が登場したことにより、核戦争も政治の一手段であり続けられるのかという論争が起きている。また、国家ではないアクターが戦争の当事者になることが増えている。さらに、科学技術の進歩により戦闘空間が拡大している。

　本書の第 4 部では、伝統的な戦争が、現代ではどの程度、またどのように変化してきているのかを見ていく。核兵器出現の影響、グローバル化による非国家主体の活性化、およびグローバル・コモンズ（国際公域）と呼ばれる海洋・宇宙空間・サイバー空間における安全保障というテーマを取り上げる。

第 10 章　核兵器の戦略と管理

はじめに

　第二次世界大戦の末期であった 1945 年の夏に、アメリカは人類で初めて核実験に成功し、続けて 2 発の**原子爆弾**（原爆）を日本に投下した。両爆弾による犠牲者は、同年だけで約 21 万人といわれている（厚生労働省 2020, 2）。アメリカが原爆を独占していた時期は 4 年間しか続かなかった。ソ連が 1949 年 8 月に原爆実験に成功したからである。そこで、アメリカはさらに強力な兵器である**水素爆弾**（水爆、熱核爆弾）の開発に取り組み、1952 年 11 月には初の水爆実験を成功させた。しかし 1955 年にはソ連の水爆実験が続くことになる。

　すさまじい破壊力を有する核兵器の出現は、戦争の本質というものを変えてしまったのだろうか。クラウゼヴィッツは、前述のように、戦争が政治の一手段であることを主張している。

> 　戦争とともに政治的視点が完全に消滅するといったようなことは、戦争が敵意にのみ由来する生死の闘争である場合にしか考えられることではない。だが、ありのままの戦争を見れば、それは、すでに述べたごとく、政治そのものの表現にほかならないことがわかるであろう。政治が戦争を生み出す以上、政治的視点が軍事的視点に従属するなどということは矛盾も甚だしい。政治は頭脳であり、戦争は単なるその手段であって、その逆ではない。したがって、軍事的視点が政治的視点に従属する場合しか考え得ようがないのである。（クラウゼヴィッツ 2001b, 526）

戦争はそれが政治的目的を果たす場合にのみ意味があるというクラウゼヴィッツの主張に照らせば、政治的な帰結を考えない核戦争の勝利は意味がない。幸運なことに、第二次世界大戦後、核兵器は一度も実戦で使用されていない。しかし、ウクライナに侵略したロシアが核兵器の使用をほのめかしたり、実戦投入しやすい小型核を核兵器国が開発したりしているのが実情である。核兵器が

絶対使われないとは言い切れないのである。

　本章は、現代の安全保障課題の一つとして核兵器の戦略と管理を取り上げる。以下、第Ⅰ節では、核兵器をめぐる論争について紹介する。第Ⅱ節では、冷戦期とポスト冷戦期におけるアメリカの核戦略について説明する。そして、第Ⅲ節では、米ソ間および多国間の核軍備管理体制と核兵器に対する日本の取り組みについて述べる。

Ⅰ　核兵器をめぐる論争

　本節では、核兵器をめぐる論争として、核抑止に関する二つの基本的な考え方を学ぶとともに、核兵器が戦争の発生や勢力均衡の方法などに著しい変化をもたらしているという核革命の有無に関する議論と、核兵器拡散の是非に関する議論を取り上げる。

1　核抑止に関する二つの考え方

　冷戦初期から現代に至る核兵器をめぐる議論は、核軍備縮小を支持する理想主義と核抑止を支持する現実主義に分けた上で、さらに後者について抑止容易論と抑止困難論に分類することができる（Payne 2020）。

　抑止容易論は、**懲罰的抑止**（本書第 7 章参照）が十分に機能するという見解である。初期の代表的な抑止容易論者としては、政治学者バーナード・ブローディや経済学者トーマス・シェリングがいた。

　例えば、シェリングは、ゲーム論的に核戦略を考察した『紛争の戦略』（2008／原著 1960）において、安定的な相互抑止は可能であると主張した。この主張を理解するためには、まず、敵の核戦力を対象とする**対兵力**（counter-force）の奇襲攻撃（**先制攻撃・第 1 撃**）と敵の都市・工業地帯を対象とする**対価値**（counter-value）の反撃（**報復攻撃・第 2 撃**）を区別しなければならない。シェリングによれば、相互抑止（恐怖の均衡）の**戦略的安定性**（strategic stability）には、「どちらの当事国も奇襲攻撃によって相手国の反撃能力を破壊することはできないが、相手国の市民に対して大きな苦しみを与えることができる状態が必要となる」（同, 141）。すなわち、双方における報復攻撃兵器の安全性（非脆弱性）[1]と市民の脆弱性が鍵となる。これらが確保される場合、

先制攻撃をしても必ず報復攻撃により受け入れがたいレベルの懲罰を受けることになるので、先制攻撃しようという誘因はなくなり、戦略的安定性が高まるのである。

　なお、抑止容易論に関連して、戦略レベルの安定性が非戦略レベルの不安定性を生むという、**安定・不安定のパラドックス**という説（Snyder 1965）がある。敵の本土を狙う長射程の**戦略核戦力**レベルにおける相互抑止の安定性（戦略的安定性）が増すと、戦略核の撃ち合いへのエスカレーションを心配する必要がなくなり、戦場などで使用する短射程の**戦術核戦力**や通常戦力レベルにおける相互抑止の不安定性が高まるという。現実世界の例としては、インドとパキスタンの関係が挙げられることが多い。

　他方で、**抑止困難論**は、懲罰的抑止が十分に機能しないため**拒否的抑止**（本書第 7 章参照）や**防衛**も必要であるという見解である。核戦争で勝てるようにしておくことが核攻撃を抑止するために必要であり、核兵器による撃ち合いの可能性を考慮して、自国の損害を限定するため、敵の核戦力を対象とする対兵力攻撃やミサイル防衛が必要と考える。初期の代表的な抑止困難論者としては、数学者アルバート・ウォールステッターや物理学者ハーマン・カーンがいた。

　例えば、ウォールステッターは、『フォーリン・アフェアーズ』誌上に掲載された論文「**こわれやすい恐怖の均衡**」（Wohlstetter 1959; ウォールステッター 1973）において、相互抑止（恐怖の均衡）の安定性が決して簡単に成立するわけではないことを主張した。彼は、恐怖の均衡が壊れやすいことを次のとおり説明している。恐怖の均衡は、相互に効果的な反撃ができるときに成り立つ。しかし、爆撃機による効果的な反撃のためには、次に挙げる六つ全ての段階の障害を乗り越える必要がある。すなわち、（1）平時の安定的で着実な運用に加え、攻撃を受けた後でも、（2）兵器の残存、（3）報復の決定と連絡、（4）敵地への到達、（5）敵の防空網の突破、そして（6）民間防衛（対爆待避壕など）を克服しての目標の破壊、という各段階である。1960 年代後期のミサイル時代になっても反撃能力を確保することが難しいことに変わりはないだろう。このように戦略的抑止が不十分である以上、戦略的抑止に加え、その失敗に備えた都市の防衛や、限定戦に備えた通常戦力の強化も必要になってくるという。

2　核革命の有無

　抑止容易論は、**核革命論**（Jervis 1989）と密接な関係にある。1988 年にア
メリカ政治学会の年次大会で行われた会長講演において、**ケネス・ウォルツ**は、
核兵器の登場により国際政治の世界が激変したとの核革命論を力強く肯定した。
核兵器に関する否定的な見解に対し、それが平和を促進し、安全保障にかかる
費用を低下させ得ることを主張したのである。その根拠として挙げたのが、通
常兵器の論理とまったく異なる核兵器の論理であった[2]。なお、以下は、その
講演の概要である（Waltz 1990a）。

　核抑止は、懲罰的抑止のことであり、防衛や戦闘とは区別されなければなら
ない。懲罰的抑止には、相手の第１撃から生き残り十分に報復できる第２撃
力を持つだけでよい。こうした非脆弱な第２撃力が最低限あれば、相手がど
のような兵器をどれだけ持とうと相手を抑止できる。核兵器が「絶対兵器」と
呼ばれるゆえんである。核抑止は、核兵器の並外れた破壊力のため、報復の可
能性が低くても機能することから、威嚇を実行する意志ではなく能力に依存す
る。また、抑止が破綻し報復がなされた場合の結果が容易に予測できる（いわ
ゆる「水晶玉効果」）ので、多くの人が心配している信憑性は、実は問題とはな
らない。より強大な核戦力を持つ国家が先制攻撃をしようとする誘因もない。
よって、核抑止は非常に安定している。

　通常兵器とは異なり、核兵器は戦略を支配している。核兵器の登場により、
兵器の使用（戦闘）ではなく存在（抑止）が重要になったため、戦争を闘うた
めの戦略の必要性は低下し、通常戦力の役割も縮小した。また、**エスカレーシ
ョン支配**（エスカレーションの各段階で相手の能力を上回ること）も、一方の第２
撃力が他方を支配することはできないため、核保有国間では無意味である。

　核兵器は、軍備競争の力学から逃れることを可能とする。核保有国間での大
きな戦争が起こる可能性はゼロに近い。他国が相手の核戦力を全て破壊してし
まう第１撃力を達成できない限りにおいて、戦略戦力の規模を限定すること
が可能である。また、核戦力のバランスは核弾頭の数や大きさの変化に影響を
受けないので、核の優位の追求は無駄ということになる。検証や非遵守の問題
など軍縮の障害の多くは消滅する。同様に、同盟も戦略的バランスに影響をほ
とんど与えないのである。

　核の論理では、戦略防衛は不要なものである。まず、核兵器に対する完全な

防衛は考えにくい。次に、防衛が一時的に可能となっても、先制攻撃の誘因を生み出してしまう。核の世界では、防衛システムは不安定さを増すのである。そして、戦略防衛は、それを乗り越えようとする集中攻撃を招き被害がより大きくなる可能性が高い。安定した抑止の状況から不安定な防衛の状況に移行するのは愚かなことである。

　以上のように、核革命論はアメリカの国際政治論の研究者の間では広く支持されているが、それに対する反論もなされている。例えば、**ケイル・リーバーとダリル・プレス**は、共著論文「**対兵力の新しい時代―技術的変化と核抑止の将来**」（Lieber and Press 2017）において、核革命論と核保有国が安全保障上の競争をしている現実に矛盾があるとして、技術の変化により核戦力の脆弱性は高まりつつあると主張している。この論文によれば、自国の核戦力を保護する手段としては、ミサイルサイロの堅固化やミサイルの隠蔽などがある。しかし、対兵力攻撃ミサイルの精度の高まりが堅固化戦略を、また、遠隔感知（センサー）の進歩が隠蔽戦略を弱めているという。

3　【発展】核兵器拡散の是非

　抑止容易論の立場に立つ**ケネス・ウォルツ**は、『**核兵器の拡散―終わりなき論争**』（セーガン・ウォルツ 2017／原著 2013）という本の中で、核兵器拡散の是非について**スコット・セーガン**と論争している。ウォルツの主張は、「核保有国が増えるのはおそらく好都合」というものである。その主張の根拠として、ここでは二つ挙げたい。

　第 1 に、国際政治構造が多極から 2 極、そして単極にシフトした一方（本書第 3 章参照）、核兵器の出現が 1945 年以降の大国間の平和を促進してきた。核の拡散は、（懲罰的）抑止を容易にするため、平和に貢献するであろう。核抑止は、次の平和促進効果を持つ。(1) 核保有国に対する攻撃は自滅のリスクを高める。(2) 戦争の膨大なコストから国家は慎重となる。(3) 抑止戦略は、防御のための領土獲得を不要とする。(4) 防御側の意思の方が攻撃側よりも強い。(5) ミサイルとミサイルが戦うわけではないので、相手側のミサイルがいくら旧型であっても、報復攻撃の悲惨な結末が予測できる。最後の点（水晶玉効果）、すなわち核兵器では計算違いが起こりにくいという点が特に重要である。

　第２に、比較的弱小な国家への拡散であっても、新たな核保有国にもこれまでの強大な核保有国と同様の制約がかかる。「核保有国は、現に不安定かもしれないし将来不安定になるかもしれないが、国内の権力闘争における敵側に対して核兵器を用いるようになるとは考えがたい」（同，14）。例えば、中国では、文化大革命（1966〜76）の最中においても核兵器が使われることはなかった。他方で、新たな核保有国が国外で核兵器を使用することも考えがたい。リビアの支配者カダフィのように「非合理的」と見なされた支配者も、外国の懲罰行動により自らの統治が脅かされるような場合には、慎重に行動していた。また、自滅のリスクがある状況では、文民統制が戦争回避に必要不可欠というわけでもない。

　以上の議論に対して、セーガンは核保有国が増えるのは不都合であると反論している。セーガンによれば、ウォルツのような核拡散肯定派、核拡散楽観主義者は、合理的抑止論のロジックに依拠している。合理的抑止論においては、核抑止が安定的に機能するためには、（1）核保有の移行期間に予防戦争が起きないこと、（2）第２撃力が生き残ること、および（3）偶発的な・未認可の使用が起きにくいことが要件となる。セーガンは、柔軟性に欠ける慣例手順や狭い組織的利益（政治的プロセス）といった組織論的な見解から、合理的国家行動の仮説に異議を唱えている。

　セーガンの組織論的な見解では、合理的抑止論の３要件は全て満たされない。まず、移行期における予防戦争については、軍人は、次に挙げる組織的な偏執さから予防戦争を支持する傾向にある。（1）戦争の可能性を高くみている、（2）軍事的勝利に焦点を当てる、（3）攻勢的なドクトリンに偏向している、（4）戦後の問題は重視しない、（5）予防戦争の政治・外交上の帰結は考慮しない。

　次に、第２撃力の生存性については、軍は第２撃に必要となる非脆弱な核戦力を開発しようとしない。その理由は次のとおりである。（1）核兵器の非脆弱化は高くつく、（2）既存の組織が抵抗する、（3）非脆弱な戦力を必要としていない、（4）実施規定や慣行が硬直的である、（5）組織的な学習は失敗後のみ行われる。

　最後に、偶発的な・未認可の使用については、起こり得ることである。なぜならば、深刻な事故を回避する三つの戦略、すなわち（1）多くの予備の安全

装置からなるシステムの構築、(2) トライ＆エラー学習の実践、および (3) 組織構成員間における信頼の醸成が、組織的な問題（システムの複雑化と不透明化、責任問題、隠蔽体質など）からうまくいかないからである。

II　アメリカの核戦略

　アメリカの核戦略は、いつも抑止容易論と抑止困難論の両方の影響を受けてきた（Payne 2020）。ただ、両者の相対的な影響力は時期によって変化してきた。本節では、その変化に注目しながら、アメリカの核戦略（Freedman and Michaels 2019 参照）について冷戦期とポスト冷戦期に分けて紹介する。

1　冷戦期における核戦略

　ドワイト・アイゼンハワー大統領（共和党、任 1953〜61）の政権は、1954 年に**大量報復**（massive retaliation）**戦略**あるいは**ニュールック戦略**と呼ばれる基本戦略を公表した。当時、戦車等の通常戦力ではソ連中心の東側陣営が勝り、核戦力ではアメリカ中心の西側陣営が圧倒的に優位であった。そこで、「大量報復力」という核兵器による抑止力を強化し、通常兵器による「局地防衛力に対する依存度を下げる」ことにしたのである（ダレス 1973, 123-124）。しかし、ソ連の核戦力が強化されるにつれて、大量報復戦略に対する批判が高まった。西ヨーロッパへのソ連軍の侵攻に対し大量報復をしたら、アメリカの都市も核攻撃を受ける危険性が現実味を増してきて、大量報復による抑止の**信憑性**（credibility）に疑問が生じてきたのである。

　ちなみに、アメリカでは、アイゼンハワー政権末期には、**長距離爆撃機**に加えて、**大陸間弾道ミサイル**（ICBM: Intercontinental Ballistic Missile）と**潜水艦発射弾道ミサイル**（SLBM: Submarine-Launched Ballistic Missile）の実戦配備が始まり、**戦略核戦力の三本柱**（Triad）がそろっていた（Ball 1980, 47）。

　次の**ジョン・F・ケネディ**大統領（民主党、任 1961〜63）の政権は、大量報復戦略の批判（抑止困難論）から形成された**柔軟反応**（flexible response）**戦略**を採用した。柔軟反応（柔軟対応力）とは「敵の脅威あるいは攻撃に、適切で、現在の状況に応じた行動でもって、有効な反撃をする軍隊の能力」を意味する（アメリカ国防総省編 1983, 137）。反撃手段には、戦略核戦力のみならず、**戦術**

核戦力や通常戦力も含まれる。新しい戦略の形成を主導したのは、**ロバート・マクナマラ**国防長官（任1961〜68）であった。

　暗殺されたケネディを引き継いだ**リンドン・ジョンソン**大統領（民主党、任1963〜69）の政権で注目すべきは、抑止容易論に基づく**確証破壊**（assured destruction）**戦略**であろう。確証破壊という用語は、公式には、マクナマラが1965年2月に議会へ提出した『国防報告』（McNamara 1965）において取り上げられた。確証破壊能力とは、敵国からの先制攻撃によって壊滅されずに生き残り、相手に確実に報復攻撃を行って耐えがたい損害を与え得る能力のことである。マクナマラ長官が議会に送った最後の『国防報告』（マクナマラ 1968, 124, 127）によれば、ソ連に対して有効な抑止力の水準として「五分の一から四分の一の敵の人口と、二分の一の工業能力を破壊する能力」を挙げている。

　1970年代の半ばまでには、確証破壊戦略からの後退と柔軟反応戦略への回帰が見られた（Ball 1980, 204-205）。**リチャード・ニクソン**大統領（共和党、任1969〜74）の政権が核戦略を見直した結果、**国家安全保障決定覚書242号（NSDM-242）「核兵器使用計画に関する政策」**（NSC 1974）がとりまとめられた。これは、非戦闘員や人口密集地を攻撃対象からはずすことから**限定核オプション**（Limited Nuclear Option）**戦略**または当時の国防長官の名前を冠した**シュレジンジャー・ドクトリン**とも呼ばれている。また、柔軟反応戦略の基本的な考え方は、**ジミー・カーター**大統領（民主党、任1977〜81）の**大統領指令59号（PD/NSC-59）「核兵器使用政策」**（NSC 1980）にも引き継がれた。こちらは、ソ連の核攻撃の目標に合わせ、アメリカもさまざまな目標を設定しておくことから、**相殺戦略**（Countervailing Strategy）と呼ばれた。

2　ポスト冷戦期における核戦略

　冷戦終結後には、新しい安全保障環境に適合させた核戦略の模索が続けられたが、それが形になってきたのは、**ジョージ・W・ブッシュ**大統領（共和党、任2001〜09）の政権の時であった。同政権による「**核態勢見直し（NPR: Nuclear Posture Review）**」と呼ばれる2002年の報告書（USDoD 2002, 1）では、ミサイル防衛などの積極防衛や、基地の抗たん化（強靱化）などの消極防衛が重視された[3]。防衛の重視は、**懲罰的抑止**だけでは不十分であり、敵からの攻撃の効果を否定または限定する**拒否的抑止**も必要であるとの抑止困難論に基づ

いている。その背景としては、イラン、イラク、および北朝鮮のいわゆる「ならずもの国家（rogue state）」やテロ集団による大量破壊兵器使用の脅威が高まっていたことを挙げることができる[4]。

　バラク・オバマ大統領（民主党、任 2009〜17）の政権における 2010 年 NPR（USDoD 2010）は、オバマ大統領の個人的信条でもある「核なき世界」（オバマ 2009）を目指す理想主義および核抑止力強化を重視する現実主義のせめぎ合いから生まれたものである。2010 年 NPR における主要目標のうち、特徴的なのは最初の二つである（同, 2）。一つ目の主要目標は、「核拡散と核テロリズムの防止」である。イランや北朝鮮への核拡散や核兵器を使ったテロリズムが最重要視された。ロシアや中国との戦略的安定性を強化することにより「核拡散や核テロリズムの防止策について両国のアメリカとの緊密な協力を促進する可能性もある」とみていた（同, 29）。二つ目の主要目標は「アメリカの国家安全保障戦略における同国の核兵器の役割の低減」である。同報告書は、「アメリカの核兵器の基本的な役割は、（……）アメリカ、同盟国、パートナーに対する核攻撃を抑止すること」と明記した（同, 15）。ただし、当初検討されていた、相手から核攻撃を受けない限り核兵器を使わない**先行不使用**（**NFU**: No First Use）や、核攻撃の抑止を核兵器の**唯一の目的**（Sole Purpose）とする唯一目的化の宣言政策は採用されなかった。

　ドナルド・トランプ大統領（共和党、任 2017〜21）の政権における 2018 年 NPR（USDoD 2018）は、オバマ政権の 2010 年 NPR に比べて核抑止力強化を重視する現実主義的色彩が強くなっている。まず、「核拡散と核テロリズムの防止」の優先度が明らかに低くなり、代わりに、NSS 報告（2017）を受けて、ロシアや中国との「大国間競争への回帰」を強調している（本書第 11 章参照）。次に、核兵器の役割の低減は、まったく強調されなくなった。核攻撃の抑止は核兵器の唯一の目的でないことが明記されるとともに、核兵器の役割に非核攻撃の抑止が含まれた。

　ジョー・バイデン大統領（民主党、任 2021〜）の政権における 2022 年 NPR（USDoD 2022）は、2018 年 NPR を継続した面と 2010 年 NPR に回帰した面がある。安全保障環境の悪化に基づく 2018 年 NPR からの継続した面としては、中国やロシアの核の脅威が強調された点がある（同, 20）。他方で、2010 年 NPR との類似した面としては、オバマ政権時に副大統領を務めたバイデン

大統領の個人的信条を反映した、核兵器の役割低減の試みを挙げることができる。2022年NPRは、2018年NPRにおいて核兵器の役割に含められていた「不確実な将来への防御手段」を削除している（同, 3）。また、「アメリカの核兵器の基本的な役割」に関する記述など2010年NPRと同じ宣言政策を採用した（同, 9）。ただし、この時もNFUと唯一目的化の宣言政策は検討されたものの採択は見送られている。

Ⅲ　核兵器の軍備管理

　本節では、核兵器の**軍備管理**（arms control）について、米ソ二国間の制度と多国間の制度を分けて紹介する。また、最後に、前節も踏まえて、核兵器に対する日本の取り組みを説明する。

1　米ソ間の核軍備管理

　冷戦期前半においては、戦車等の通常戦力で勝るソ連中心の東側陣営に対して、アメリカ中心の西側陣営は核戦力の優位で対抗していた。ところが1960年代の末に、ソ連は、戦略核戦力の量においてアメリカと**パリティ**（対等）を達成した。『国防報告』において、マクナマラ国防長官（1968, 123）は、アメリカとソ連が**相互確証破壊**（MAD: mutual assured destruction）の関係にあることを事実上認め、相互確証破壊に基づく抑止が**戦略的安定性**を生み出しているという認識を持っていた。

　アメリカのニクソン政権は、軍拡競争やベトナム戦争で経済が疲弊していたため、核戦力の均衡を制度化して維持することに利益を見いだした。そこで、米ソ間において、**第1次戦略兵器制限交渉**（SALT I: Strategic Arms Limitation Talks 1）が進められ、**戦略攻撃兵器に関する暫定協定**（5年間有効）と、戦略防衛兵器である**弾道弾迎撃ミサイル**（ABM: antiballistic missile）**制限条約**（無期限有効）が1972年5月に調印された（同年10月発効）。

　SALT I暫定協定とABM制限条約は、抑止容易論の影響を受けた、米ソ間の**軍備管理**のための合意である。相互確証破壊の状況を維持することにより、**戦略的安定性**を高めることを狙いとしていた。その目的のために、SALT I暫定協定は、攻撃的な核弾頭運搬手段であるICBMとSLBMの発射基および弾

道ミサイル潜水艦を当時の数量で凍結して、戦略核兵器の量的な同等性を維持することを目指した。また、ABM 制限条約は、戦略弾道ミサイルを迎撃する自国の ABM を首都と ICBM 基地の 2 カ所（各 100 発射基・100 迎撃ミサイル以下）に限定することを相互に約束して、双方の防御態勢を意図的に手薄にしようとした（1974 年の議定書により各国 1 カ所、モスクワとノース・ダコタのみに制限）。

　冷戦の終結は、米ソ間における戦略核兵器の**軍縮**（disarmament）を促進した[5]。1982 年に開始されていた交渉がまとまったことを受けて、1991 年 7 月になって**第 1 次戦略兵器削減条約**（**START I**: Strategic Arms Reduction Treaty 1、15 年間有効）への署名が行われた（94 年 12 月発効）。この条約では、条約の発効後 7 年以降は、配備運搬手段の総数を 1,600 基・機以下に、配備弾頭の総数を 6,000 発以下に維持することなどが決められた。

　2000 年代では、前節において言及した W・ブッシュ政権が打ち出した新三本柱の概念が米ロ間の軍備管理・軍縮にも影響を与えている。まず、戦略防衛の重視により、冷戦期の相互確証破壊（MAD）体制からの脱却を図り、**弾道ミサイル防衛**（**BMD**）システムの実戦配備のため、2001 年 12 月に ABM 制限条約からの脱退をロシアに通知した。これにより、同条約は規定により半年後に失効している。次に、ミサイル防衛や通常戦力（精密誘導弾など）の重視により、戦略核戦力への依存をさらに低下させた。2002 年 5 月には、両政府は、**戦略攻撃能力削減条約**（**モスクワ条約**）に調印した。この条約により、2012 年までに各国の戦略核弾頭の総数を 1,700 発ないし 2,200 発以下に削減していくことを約束した。

　オバマ政権は、2009 年 12 月に失効していた START I を後継する条約の交渉をロシアとまとめて、2010 年 4 月、**新 START 条約**に署名した（2011 年 2 月発効）。新 START 条約では、条約の発効後 7 年以降は、配備運搬手段の総数を 700 基・機以下に、配備弾頭の総数を 1,550 発以下に維持することなどが決められた。なお、この条約の有効期間は 10 年とされたが、2021 年 2 月に 5 年延長となった。

2　多国間の核軍備管理

　1962 年 10 月にキューバ危機を経験したアメリカ（ケネディ政権）とソ連、

それに最初の核実験を 1952 年に行ったイギリスは、1963 年 8 月、**部分的核実験禁止条約**（**PTBT**: Partial Test Ban Treaty、無期限有効）に調印し、同年 10 月の発効までに 108 カ国が続いた（日本 63 年署名・64 年批准）。この条約は、大気圏、宇宙空間、および水中における核実験を禁止するものであったが、地下核実験は例外とした。すでに 1960 年に初の核実験を行っていたフランスと 1964 年に初の核実験を行うことになる中国は、地下核実験の技術がなかったこともあり、調印をしなかった。

アメリカ（ジョンソン政権）とソ連は、**核兵器不拡散条約**（**NPT**: Nuclear Non-Proliferation Treaty）の締結に向けて多国間交渉を推進した。この条約は、1968 年 7 月に署名開放され、1970 年 3 月に発効した（日本 70 年 2 月署名・76 年批准）。本条約の趣旨は、1966 年までに核爆発を行った国、すなわちアメリカ、ソ連、イギリス、フランス、および中国を「**核兵器国**」と指定して（9 条 3）、それ以外の**非核兵器国**への核兵器の拡散（**水平的拡散**）を防止することにある（1 条、2 条）。そのため、非核兵器国には**国際原子力機関**（**IAEA**: International Atomic Energy Agency）の保障措置（safeguard）受諾義務（3 条）も課した。他方で、締約国には、原子力の平和的利用などの権利（4 条）を認めるとともに、核兵器国の核兵器が増えること（**垂直的拡散**）を防止するため、核軍備競争の停止や核軍縮条約などについて「誠実に交渉を行う」義務（6 条）を負わせた。

今日の NPT 条約には、ほとんど全ての国家が参加している。2020 年 1 月の時点で締約国は 191 カ国・地域に達し、非締約国はインド、パキスタン、イスラエル、および南スーダンのみとなっている（外務省 2020）。南スーダンを除く非締約国と北朝鮮は、条約上核兵器国に指定されていないが、現在、核兵器を保有していると考えられている（セーガン・ウォルツ 2017）。なお、1995 年 5 月の締約国会議において、同条約の無期限延長が決定されている。ただし、2005 年、2015 年、および 2022 年に開催された NPT 運用検討会議では、実質事項に関する合意文書を採択することはできなかった。

冷戦後においても、核兵器に関する多国間条約が採択されてきた。1996 年採択の**包括的核実験禁止条約**（**CTBT**: Comprehensive Nuclear Test Ban Treaty）は、地下を含むあらゆる空間での核兵器の実験による爆発、その他の核爆発を禁止する条約である（日本 96 年署名・97 年批准）。現状（2023 年 8 月現

在）では、署名国 186 カ国・批准国 178 カ国に達しているものの、核兵器保有国を含む発効要件国 44 カ国のうち、署名国 41 カ国・批准国 36 カ国にとどまっているため、いまだに未発効となっている（外務省 2021）。なお、署名済みではあるがまだ批准を行っていないアメリカは、臨界前実験は禁止されていないとの解釈をとり、臨界前実験を実施してきた。

　また、核兵器の全廃と根絶を目的とする**核兵器禁止条約**（TPNW: Treaty on the Prohibition of Nuclear Weapons）が 2017 年に採択された（全核保有国とアメリカの核の傘下にある国家は不参加）。この条約の別の名称は、「核兵器の開発、実験、製造、備蓄、移譲、使用及び威嚇としての使用の禁止ならびにその廃絶に関する条約」である。この条約は、効力を生ずるために必要な 50 カ国の批准を集め、2021 年 1 月に発効している。

3　核兵器に対する日本の取り組み

　日本政府は、国是として、また、防衛の基本政策の一つとして非核三原則を堅持してきた。これは、「核兵器を持たず、作らず、持ち込ませず」という原則である。この原則は、**佐藤栄作**首相（自由民主党、任 1964～72）が 1967 年に衆議院予算委員会での小笠原の返還に関する質問への答弁で初めて明らかにした。そもそも核兵器の製造や保有は、1955 年の原子力基本法で禁止されていた。「持ち込ませない」という表現がその後定着したのは、アメリカ軍基地の「核抜き本土なみ」を強調することにより沖縄返還における国内政治上の困難を克服するという策の結果であった（田中 1997）。他方で、1976 年の防衛大綱に明記されているとおり、日本政府は「核の脅威に対しては、米国の核抑止力に依存するものとする」という基本方針を堅持してきている。

　日本の安保戦略（2022）は、「Ⅲ　我が国の安全保障に関する基本的な原則」の中で**非核三原則**の堅持に言及しつつ、「Ⅵ　我が国が優先する戦略的なアプローチ」において核軍縮・不拡散の取り組みを一層強化することを述べている。

　　唯一の戦争被爆国として、「核兵器のない世界」の実現に向けた国際的な取組を主導する。北朝鮮、イラン等の地域の不拡散問題も踏まえ、核兵器不拡散条約（NPT）を礎石とする国際的な核軍縮・不拡散体制を維持・強化し、現実の国際的な安全保障上の課題に適切に対処しつつ、実践的・現実的な取組を着実に進め

る。（同，15）

「核兵器のない世界」をライフワークに掲げる**岸田文雄**首相（自由民主党、任2021〜）は、2022年8月に日本の首相として初めてNPT運用検討会議に出席して一般討論演説を行った。

　他方で、日本の安保戦略や防衛戦略は、アメリカによって提供される核の傘が日本の安全保障にとって必要不可欠であることを主張している。安保戦略（2022, 20）は、「核を含むあらゆる能力によって裏打ちされた米国による拡大抑止の提供を含む日米同盟の抑止力と対処力を一層強化する」と記述している。防衛戦略（2022, 7, 14）は、「核兵器の脅威に対しては、核抑止力を中心とする米国の拡大抑止が不可欠であり」、「核抑止力を中心とした米国の拡大抑止が信頼でき、強靭なものであり続けることを確保するため、日米間の協議を閣僚レベルのものも含めて一層活発化・深化させる」としている。日本は、アメリカの核により**懲罰的抑止**を担保しているのである。

　日本政府は、究極的には「核兵器のない世界」を目指しながらも、現実の問題として同盟国の核兵器に依存せざるを得ないという困難な状況から抜け出せないでいる。この苦境を露呈したのが、2017年に採択された核兵器禁止条約に対する日本の態度であった。日本政府は、最初の会議において立場を表明して以降、核兵器国やNATO諸国等の同盟国と同様に、核兵器禁止条約の交渉に参加せず、2017年の採択後も同条約に署名していない。2023年版外交青書には、核兵器禁止条約に対する日本政府の考えが次のとおり書かれている。

> 核兵器禁止条約は、「核兵器のない世界」への出口とも言える重要な条約である。しかし、現実を変えるためには、核兵器国の協力が必要だが、同条約には核兵器国は1か国も参加していない。そのため、同条約の署名・批准といった対応よりも、日本は、唯一の戦争被爆国として、核兵器国を関与させるよう努力していかなければならず、そのためにも、まずは、「核兵器のない世界」の実現に向けて、唯一の同盟国である米国との信頼関係を基礎としつつ、現実的かつ実践的な取組を進めていく考えである。（外務省編 2023, 212）

すなわち、核兵器禁止条約は時期尚早であるというのが日本政府の考えのようである。

◆注

1)　シェリングは、「報復兵器の安全は、動かせることおよび隠せることにその源泉を求めざるを得ない」と指摘している。堅固な地下サイロで防護したミニットマンや、海の深いところを移動するため秘匿しやすい潜水艦に搭載されたポラリスといった兵器の場合、残存性は比較的高い。これらは発射前の燃料注入が不要な固体燃料ミサイルでもある。

2)　ウォルツによれば、特にソ連に対しては抑止が困難との信念が広まっているが、その信念を支えている三つの理由は全て間違っているという。第1に、ソ連の野心は無限大であると言われているが、その行動は慎重である。第2に、ソ連の軍事ドクトリンは抑止の考えを受け入れていないとされているが、核抑止は相手が受容していなくても有効である。第3に、ソ連は軍事的優位を追求しているという理由があるが、第2撃力を有している場合、戦力比較は無意味となる。

3)　W・ブッシュ政権が導入した核の**新三本柱**は、(1)「攻撃的打撃システム」、(2)「防衛」、および (3)「新たな脅威に対応するために時宜に適した新しい能力を提供する、再活性化された防衛基盤」からなる。

4)　2006 年の「4 年毎の国防政策の見直し」は、ならず者国家、国際テロ組織、およびほぼ同等の競争国といった相手ごとに抑止戦略を適合させる**「テーラード抑止」**という概念を提示している。

5)　米ソ間における**核軍縮**の嚆矢となったのは、冷戦末期にあたる 1987 年 12 月に署名された**中距離核戦力（INF）全廃条約**であった。廃棄対象となったのは、**準中距離**（射程 1,000-3,000 km）と**中距離**（射程 3,000-5,500 km）の地上配備型のミサイルであった。なお、トランプ政権が 2019 年 2 月に INF 全廃条約の破棄をロシアに通告したため、同条約は半年後に失効している。

文献案内

核兵器をめぐる議論

◆ カーン，ハーマン『考えられないことを考える―現代文明と核戦争の可能性』桃井真，松本要訳，ぺりかん社，1968 年［Kahn, Herman. *Thinking about the Unthinkable*. New York: Avon, 1962］．

◆ シェリング，トーマス『軍備と影響力―核兵器と駆け引きの論理』斎藤剛訳，勁草書房，2018 年［Schelling, Thomas C. *Arms and Influence*. Yale University Press, 1966］．

◆ 秋山信将，高橋杉雄編『「核の忘却」の終わり―核兵器復権の時代』勁草書房，2019 年．

アメリカの核戦略

◆ 吉田文彦『核のアメリカ―トルーマンからオバマまで』岩波書店，2009 年．

◆ 佐藤行雄『差し掛けられた傘―米国の核抑止力と日本の安全保障』時事通信出版局，2017 年．

◆ ロバーツ，ブラッド『正しい核戦略とは何か―冷戦後アメリカの模索』村野将監訳，勁草書房，2022 年［Roberts, Brad. *The Case for U.S. Nuclear Weapons in the 21st Century*. Stanford University Press, 2016］．

◆ 矢野義昭『核抑止の理論と歴史―核の傘の信頼性を焦点に』勉誠出版，2021 年．

◆ 岩間陽子編『核共有の現実―NATO の経験と日本』信山社出版，2023 年．

◆ 日本国際政治学会編『国際政治』第 163 号，2011 年 1 月．

◆ 国際安全保障学会編『国際安全保障』第 29 巻第 4 号，2002 年 3 月；第 40 巻第 4 号，2013 年 3 月．

核兵器の軍備管理

◆ 秋山信将『核不拡散をめぐる国際政治―規範の遵守，秩序の変容』有信堂高文社，2012 年．

◆ 岩田修一郎『21 世紀の軍備管理論』芙蓉書房出版，2016 年．

◆ 日本国際政治学会編『国際政治』203 号，2021 年 3 月．

◆ 国際安全保障学会編『国際安全保障』第 35 巻第 4 号，2008 年 3 月：第 44 巻第 2 号，2016 年 9 月；第 46 巻第 2 号，2018 年 9 月．

第11章　グローバル化

はじめに

　イスラエルの歴史学者**マーチン・ファン・クレフェルト**は、著書『**戦争の変遷**』（2011／原著1991）において、クラウゼヴィッツ（2001a）が強調してきた、政府、軍隊、および国民の**三位一体**である国家間の戦争という戦争形態が第二次世界大戦を境に少なくとも一方は非国家主体によるものに変わってしまったと主張している。

> 　現在について考え、将来に目を向けようとするとき、クラウゼヴィッツ的世界観は急速に時代遅れになりつつあり、もはや戦争を理解するための適切な枠組みを提示できないと筆者は言いたい。現代の非三位一体、低強度紛争は、ある程度第二次世界大戦に源を発している。特にドイツおよび日本軍による占領下での残忍な性質は、既成の倫理規範を壊したと広く考えられた。そのため被占領下の人民たちは、自国の軍隊が抵抗をやめていようが政府が降伏していようが、占領軍に対して反乱を起こす権利があった。この原則は連合国に認められ定着した。しかし、それからほどなくこの原則は、国家とは異なる存在による戦いが増える原因となり、これを擁護していた国々に不利になった。現在、世界のいたるところで行われている戦い──全体で二〇件程度──は、いずれも従来の三位一体戦争に該当しない。（クレフェルト 2011, 109）

　また、クレフェルトは、「将来の戦争は、今日我々がテロリスト、ゲリラ、山賊、強盗と呼んでいるような集団によって行われることになるだろう。……『職業軍人』というよりはむしろ狂信的かつイデオロギーに基づく忠誠心により動かされるだろう」と予言していた（同, 324）。1991年に原著が出版された『戦争の変遷』は、当初、多くの批判を受けたものの、1990年代の旧ユーゴスラヴィア諸国やアフリカ諸国などにおける内戦や、2000年代以降の対テロ戦争を予見していたように思われる。

　本章は、現代の安全保障課題の一つとして、第二次世界大戦以降における戦

争の変容を促進しているグローバル化を取り上げる。第Ⅰ節では、グローバル化という現象そのものについて述べる。第Ⅱ節では、グローバル化の国内紛争への影響について検討する。そして、第Ⅲ節では、グローバル化の国際テロへの影響や大国間競争の復活について考察する。

Ⅰ　グローバル化とは何か

　本節では、**グローバル化**（グローバリゼーション）について、その概念と歴史を紹介するとともに、複合的相互依存関係やグローバリズムなど関連する用語についても解説する。

1　グローバル化の概念と歴史

　グローバル化について広く使われている教科書は、**ディヴィッド・ヘルド**らの**『グローバル・トランスフォーメーションズ』**（2006／原著 1999）であろう。その書は、グローバル化の最も単純な定義として「地球的規模での相互連関性が拡大し、深化し、加速化する現象」を紹介している（同, 25）。そして、さまざまな分野における「差異化された多面的な現象」としてグローバル化を特徴付けている（同, 46）。その上で、政治（第1章）、軍事（第2章）、貿易（第3章）、金融（第4章）、生産（第5章）、人口移動（第6章）、文化（第7章）、環境（第8章）といった分野を取り上げている。

　歴史的には、グローバル化は決して新しい現象ではなく、約1万年前に定住農耕文明が発生してからゆっくりと進んできた。そのプロセスが加速し始めたのが、ヨーロッパ世界の拡大を特徴とする**近世**（約1500〜1850年）である。15世紀において、主にポルトガルとスペインがアフリカ・アジア・アメリカ大陸に進出して、その先鞭をつけた。

　さらにプロセスが加速したのが「**近代のグローバル化**（約1850〜1945年）」である。蒸気機関を利用した鉄道や船舶が輸送力を格段に高め、また、海底ケーブルで結ばれた電信のネットワークがグローバルな通信を可能にした。そうした技術面での発達や帝国主義の拡散により、特に貿易、投資、および移住の領域において、グローバルで緊密な関係が進展した。しかし、第一次世界大戦がこの時代のグローバル化に終止符を打った。また、大戦が終わっても、約

10 年後には世界恐慌が起こり、グローバル経済は、イギリスやフランスなどの帝国的なブロックに分割されてしまった（本書第 6 章参照）。

　第二次世界大戦が終結すると「**現代のグローバル化**」が始まった。内燃機関を利用した飛行機や船舶それに電気機関車が輸送力をさらに高め、また、コンピュータや人工衛星などの情報技術の進展もグローバル化を推し進めた。現代のグローバル化は、帝国主義が衰退し植民地が独立して、主権国家で世界が覆われるようになる過程で進展した。そして、先進資本主義諸国を中心に、貿易、投資、金融といった国際的経済活動が急増した。現代のグローバル化は、あらゆる分野における大きな広がり、高い強度、速い速度、および強いインパクトの傾向で特徴付けられる「濃厚なグローバル化」に近づいている（同，39）。

　さて、『グローバル・トランスフォーメーションズ』の原著が出版された1999 年ごろから、グローバル化に反対する主張や運動（**反グローバル化**）などが目立つようになった。その先駆けとなった出来事の一つが同年 11 月から12 月にかけてシアトルで開かれた世界貿易機関（WTO）総会への反対デモである。このようなデモは、国内外の経済格差の拡大や国内経済・地域経済の自律性の喪失感といったものなどに起因している。2010 年代後半以降、先進国においても、イギリスによる欧州連合（EU）からの離脱やトランプ政権以降のアメリカの保護主義化など、反グローバル化を背景とする動きが強まっている（本書第 6 章参照）。

2　複合的相互依存関係

　現代における国際安全保障環境の変化は、国際政治論の潮流に影響を与えてきた。冷戦前期では、米ソ二大陣営間の緊張関係が高まっていた。アメリカとソ連の対立関係は、核戦争の危険もあった 1962 年のキューバ危機で最高潮に達した。この頃は、古典的リアリズム全盛期である。その後、1960 年代末からの 10 年間、特に 1972 年から 75 年半ばにかけては、米ソ間のデタント（緊張緩和）が最も顕著だった時期である（スチーブンスン 1989）。この時は、リアリズムへの批判が高まり、空想主義などと揶揄されてきたリベラリズムの国際政治理論が復活を遂げている。

　1970 年代のデタント期を象徴する概念は、**複合的相互依存関係**である。それは、**ロバート・コヘインとジョセフ・ナイ**が共著（原著初版 1977）において

提示した概念である。グローバル化を理解する上でも有益なので、以下、翻訳書『**パワーと相互依存**』（コヘイン・ナイ 2012／原著第3版 2001）に基づき説明しておきたい。

　複合的相互依存関係という概念は、世界政治に関するリアリズムの基本的な前提を正反対にした**理念型**（モデル）である。**リアリズム**の基本的な前提とは、(1) 国家が世界政治における唯一の重要な主体である、(2) 軍事的安全保障が政策目標の対象となる主要な問題である、および (3) 軍事力が優越的な手段である、ということである。対照的に、複合的相互依存関係には、(1) 多数の接触ルート、(2) 多様な外交問題、および (3) 軍事力の低い役割という三つの主要な特徴がある。

　第1に、複合的相互依存関係には、国家間関係（外交関係）だけでなく、各国政府の省庁間および政府以外の組織間の国境を越えた関係も含めた、多数の接触ルートが存在する。国家は必ずしも一枚岩の組織ではなく、外務省以外の省庁が外国政府の類似の省庁と直接の接触を行っている（**トランスガバメンタルな関係**）。また、非政府組織（NGO）や多国籍企業などの政府以外の組織も、国境を横断した活動をしている（**トランスナショナルな関係**）。

　第2に、複合的相互依存の世界では、伝統的な意味での軍事的安全保障が外交問題を独占しているわけではなく、明確に優先順位をつけられない多様な外交問題が存在する。経済や社会、環境、エネルギーなどの問題よりも軍事安全保障の方が重要というわけではない。

　第3に、軍事安全保障が独占的な問題ではないため、軍事力の役割は低い。それ以外の政策目標を達成する手段としては、軍事力よりも経済力や国際組織の方が適切である。

　コヘインとナイが執筆当時（1970年代）の世界政治の状況を複合的相互依存関係と呼んだわけではないことには留意する必要がある。

　　複合的相互依存関係は、世界の政治的現実を忠実に反映したものであると言い張るつもりはない。全く逆で、複合的相互依存関係もリアリストの描く国際政治の姿もあくまでも理念型なのである。国際政治のほとんどの現実は、極端なこれら2つの理念の間のどこかに位置づけられるものである。（同, 31）

1970 年代の時点で複合的相互依存関係の状況に近いと言及されていたのは、海洋と通貨の問題領域における国際関係および米加と仏独の二国間関係だけであった。

　ただし、コヘインとナイは、単純化された理念型と異なり、実際の相互依存関係が複雑な性格を帯びることも指摘している。「相互依存関係が広く行き渡れば、国際紛争は消滅すると言っているのではない。それとは逆に、国際紛争は新しい形をとるようになって増加する可能性さえある」とも述べている（同, 10)。この点については、本章の第Ⅱ節と第Ⅲ節で詳しく見ていく。

3　グローバリズムとグローバル化

　その後、世界は複合的相互依存関係に向けて一直線には進まなかった。デタントは、1970 年代後半になると陰りを見せ始め、1979 年 12 月にソ連がアフガニスタンに侵攻した時に完全に終焉した。それからの約 10 年間の時期は、新冷戦または第 2 次冷戦と呼ばれている。この時期は、リアリズムがネオリアリズムと衣装替えをして復権している。

　しかし、1989 年の冷戦終結と 1991 年のソ連崩壊が本格的なグローバル化を促進した。冷戦期の 2 極構造も消滅して、アメリカを頂点とする単極構造の世界が登場した。そして、リベラルな国際秩序は、西側世界から世界全体へと拡大することになった（本書第 2・第 5 章参照）。共産主義陣営の崩壊により、民主主義や法の支配だけでなく経済体制としての資本主義の正当性も高まった。

　コヘインとナイは、共著『パワーと相互依存』の第 3 版に追加された第 10 章において、**グローバリズム**を「相互依存関係のネットワークがいくつかの大陸にまたがった世界の状態」と定義する一方、**グローバル化**をグローバリズムの拡大過程と捉えている（同, 338)。相互依存関係の概念とは異なり、グローバリズムは二国間や地域限定の関係に対して使うことができない。それは、地理的に広範囲にわたる多国間の相互依存関係を意味している。ただし、全世界的である必要はなく、また、希薄である地域もあれば濃密である地域もあるとされる。なお、コヘインとナイは、グローバリズムを経済、軍事、環境、および社会と文化に関する側面に分類している。現在のグローバル化に関する特徴の一つは、「ある地域でのある側面に関する出来事の影響が、他の地域の他の側面に根本的な影響を与えることができる」ことであるという（同, 358-359)。

軍事とそれ以外の側面との関係も密接化している。

　コヘインとナイは、1990 年代以降のグローバル化の原因として、近年の**情報技術革命**にも注目している。コンピュータやインターネットの急速な発展により情報伝達コストが大幅に低下したことが重要であるという。コストの低下により、コミュニケーションの量が飛躍的に拡大するとともに、市場やメディアなどの対応速度も格段に上がっている。また、コストの低下は、国境を横断する接触ルートの拡大を促進して、1970 年代に提唱した「複合的相互依存関係」の妥当性を高めているとも述べている。他方で、「今日でさえ、複合的相互依存関係は全世界的な現象とは程遠い」ことも指摘している（同，362）。この点では、冷戦後のグローバル化を過大視すべきではないと主張するウォルツ（Waltz 1999）と変わらない。

II　グローバル化と国内紛争

　冷戦が終わったばかりの 1990 年代には、ソマリア内戦やルワンダ内戦、ユーゴスラヴィア内戦などの**国内紛争**が注目された。本節では、グローバル化と国内紛争の関係に注目して、第二次世界大戦後における武力紛争の傾向やカルドーの「新しい戦争」論を紹介するとともに、国内紛争の多様な原因について考察する。

1　武力紛争の傾向

　スウェーデンのウプサラ大学にあるウプサラ紛争データプログラム（UCDP 2023）は、第二次世界大戦後の国家に基づく武力紛争に関するデータを提供している。ここで国家に基づく武力紛争（armed conflicts）とは、少なくとも当事者の一方が国家の政府であり、暦年における死者数が 25 人以上の紛争をいう。また、国家に基づく武力紛争は、四つの種類、すなわち国家外（extra-state）紛争（植民地紛争）、国家間（interstate）紛争、国家内（intrastate）紛争、および国際化した国家内（internationalized intrastate）紛争に分けられている。

　1946 年から 2018 年までの期間における種類別紛争の数の傾向について四つの指摘ができる（図 11-1 参照）。第 1 に、当初大きな割合を占めていた国家外紛争（植民地紛争）は、1970 年代の半ば以降消滅した。第 2 に、国家間紛

図 11-1　種類別の国家に基づく武力紛争、1946-2022 年

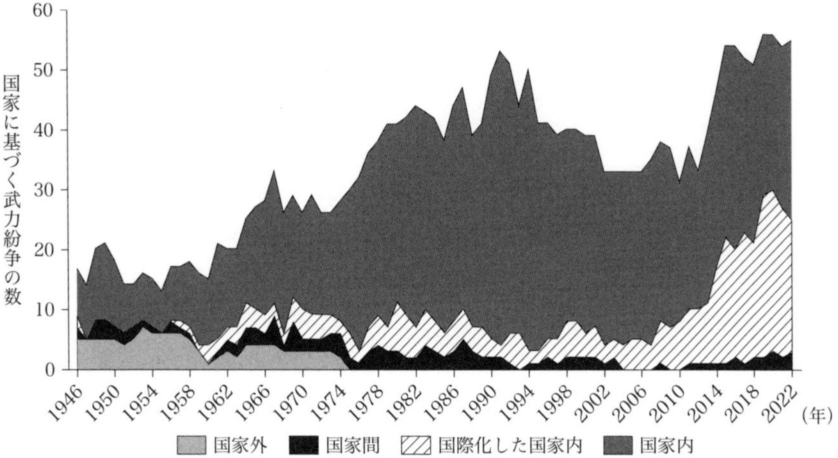

出典：UCDP 2023

争は常に少ない。第3に、国家内紛争は、1991 年にピークに達しその後減少したが、今日の紛争の主要な形態となっている。そして、第4に、過激派組織イスラミック・ステート（IS）のイラクからの拡散などにより、2014 年から外国政府を巻き込んだ国際化した国家内紛争が急増した。つまり、第二次世界大戦後の紛争の発生数としては、国家間紛争は極端に少なく、対照的に国家内紛争が支配的なのである。

　国家間紛争を抑制する要因の中には、冷戦の終結やアメリカの覇権の台頭、核兵器や他の強力な通常戦力の存在、反戦感情、領土保全規範などが含まれる（Ripsman and Paul 2010, 163）。しかし、2022 年に始まったロシア・ウクライナ戦争が警鐘を鳴らしているとおり、国家間の紛争が過去の遺物になってしまったと考えるのは早計である。

2　グローバル化と「新しい戦争」

　メアリー・カルドーは、代表作『**新戦争論—グローバル時代の組織的暴力**』（2003／原著 1999）において、旧ユーゴスラヴィアや旧ソ連、それにアフリカにおいて発生した「新しい戦争」は、情報技術革命の影響により 1980 年代および 90 年代に生起したグローバル化によって促進されていると主張している[1]。以下、第1章を中心にこの書の現状分析の部分をまとめておく。

表11-1　「旧い戦争」と「新しい戦争」

	旧い戦争	新しい戦争
戦争の目標	領土の獲得、イデオロギー拡大	アイデンティティの政治
戦争の方法	正規軍同士の交戦	多様な戦闘集団による住民の追放
戦費調達	税収	略奪、闇市場、外部からの支援

出典：カルドー（2003）を参考にして筆者作成

　クラウゼヴィッツが理論化した近代戦争を意味する「旧い戦争」は、ヨーロッパにおける近代国家の発展と密接に関わりあってきた（同，第2章）。それは「中央集権的で、『合理的』とみなされ、階層的に秩序付けられた領土に基づく近代国家を建設するためのものと考えられてきた」（同，22）。「旧い戦争」の目標は、領土の獲得やイデオロギー拡大であった。その主な方法は、国家によって独占された組織的暴力である正規軍同士の交戦である。そして、その資金は、国家が税収により調達した（同，12）。

　対照的に、「新しい戦争」には目標、方法、および資金調達において「旧い戦争」には見られない特徴がある（表11-1参照）。まず、「新しい戦争」の目標は、**アイデンティティの政治**である（同，第4章）。ここでアイデンティティの政治とは、「国家権力を掌握するために、民族的、人種的あるいは宗教的アイデンティティを中心として人々を動員する動き」をいう（同，127）。次に、「新しい戦争」の主要方法は、**多様な戦闘集団による住民の強制移住**である。そのため、異なるアイデンティティを持つ人々に対する暴力が劇的に増えている。そして、戦闘集団による資金調達は、**略奪、闇市場、外部からの支援**という方法により行われている（同，第5章）。

　以上の「新しい戦争」の三つの特徴は、どれも**グローバル化**による影響を強く受けている。第1に、アイデンティティ政治の源泉は、グローバル化と関連している二つの現象、すなわち国家の弱体化と「二重経済（parallel economy）」である。国家の弱体化は、政治的動員の新しい形態を必要としていた。他方で、二重経済、すなわち「社会の疎外された部分において、人々が合法的もしくは非合法的にでも生計を立てるために築いた新しい形態の経済」は、そのいがわしさの故に、正当化される必要があった（同，130）。それらの必要に応えたのがアイデンティティの政治であった。さらに、テレビやラジオなどのメディア技術も、政治的動員を行う能力を強化した。

　第2に、組織的暴力の多様化は、グローバル化により国家の自律性が低下し、組織的暴力の独占が侵食されてきていることの結果である。まず、国家よりも上のレベルでは、第二次世界大戦以降、同盟関係などを通じて軍事力の国際的統合が進んできた（脱国境化）。そして、国家よりも下のレベルでは、国家による統制が及ばない戦闘集団も登場してきている（私有化）。

　第3に、新しい戦費調達の方法は、まさに「グローバル化した戦争経済」を反映している。税収と国内生産が劇的に減少している状況において、武器、麻薬、ダイヤモンドのような物品の国境を越えた不法取引などの、グローバルな非合法的経済が確立している。また、外国政府や離散民からの資金供給などへの依存という傾向も見られる。国家間における通信と人の移動が容易になり国外にいる離散民の役割が高まった。

　つまり、グローバル化は、「包容的、普遍主義的、あるいは多文化的な価値観に基づく『コスモポリタニズム』」のみならず、「自集団中心主義的なアイデンティティに基づく政治」をも生み出し、両者の間における政治的亀裂を深めているという（同, 8）。

3　【発展】国内紛争の他の原因

　国内紛争が数多く発生する傾向は、グローバル化のみならず他の要因も影響を与えていると考えられている。本節では、**マイケル・ブラウン著「国内紛争 (internal conflict) の原因―概説」**という論文（Brown 2001）に基づき、グローバル化以外の国内紛争の多様な原因を説明する。まず、国内紛争の原因は、紛争が起きやすくなる状況を示す根本 (underlying) 原因と、紛争の引き金となる直接 (proximate) 原因の二つに分けることができる。

　さらに、国内紛争の**根本原因**は、(1) 構造的要因、(2) 政治的要因、(3) 経済・社会的要因、および (4) 文化・知覚的要因という四つに分類できる。

　　(1) **構造的要因**：治安を維持できない弱い国家構造や、それに起因する国内の安全保障上の懸念（安全保障ジレンマの発生）、および民族の地理（少数民族の割合・分布状況）など

　　(2) **政治的要因**：特定の民族集団に対して差別的な政治制度や排他的な国家のイデオロギー（市民ではなく民族に基づくナショナリズムなど）、国内集団間の政治、およびエリート政治（民族たたきや責任転嫁）など

（3）**経済・社会的要因**：国内の緊張を高める経済的問題、憤りや欲求不満を生む差別的な経済システム、および試練や苦難をもたらす経済発展と近代化など

（4）**文化・知覚的要因**：少数民族への文化的差別（不公平な教育機会など）や、民族集団が共有している神話などの疑わしい歴史など

　他方で、国内紛争の**直接原因**は、**国内の展開か国外の展開**かという軸と、**エリートレベルか大衆レベル**かという軸から、四つに分類できる。つまり、国内の大衆レベルの現象「悪い国内の問題」、国外の大衆レベルの現象「悪い近隣（neighborhoods）」、国外のエリートレベルの現象「悪い隣国の人々（neighbors）」、および国内のエリートレベルの現象「悪い指導者」という四つの分類が考えられる。なお、根本原因として挙げた構造的要因、政治的要因、経済・社会的要因、および文化・知覚的要因も、変化の度合いが大きい場合は直接原因になり得る。

　国内紛争の直接原因については、国内のエリートに注目することが重要である。紛争を引き起こすエリートの動機付けとしては、イデオロギー闘争における個人の信念、麻薬売買といった経済的誘因、および権力闘争における個人的な政治的誘因がある。敵対的な歴史的言説の存在や悪化する経済問題という根本原因があるところに、エリート間競争の激化という直接原因が加わると、エリートの言動に多くの追随者が現れ、国内紛争が発生しやすくなると言える。

　以上のことから、紛争予防について三つの政策的含意を引き出すことができる。第１に、根本原因と直接原因のそれぞれに焦点を当てる二重（two-track）戦略を取るべきである。第２に、紛争予防は、国内の大衆レベルの現象、国外の大衆レベルの現象、国外のエリートレベルの現象、および国内のエリートレベルの現象という紛争のタイプによって異なるべきである。そして、第３に、国内エリートの決定や行動に焦点を当てるべきである。

　最後に、国内紛争研究への含意としては、国内紛争にはいろいろなタイプがあるため、「いにしえの憎しみ」といった単一の要因・要因群では全ての国内紛争を説明することはできないという点を指摘できる。

Ⅲ　グローバル化と国際テロ

　2001 年 9 月 11 日にアメリカで同時多発テロ事件が起こると、アメリカ政府や日米同盟にとって、グローバルな対テロ戦争が最優先課題となった（本書第 8 章参照）。本節では、グローバル化と**国際テロ**の関係に注目して、グローバル化の要因となった情報技術革命の安全保障面での影響を概観するとともに、グローバル化と国際テロに関する日本政府の認識および対テロ戦争から大国間競争への移行に関する日米両政府の認識について安保戦略や NSS 報告で確認していく。

1　情報技術革命と国際テロ

　アルビン・トフラー（1980／原著 1980）は、コンピュータ化・情報化などを中心とする「**第三の波**」が産業国に押し寄せて来ていると主張した。この波こそ、現代のグローバル化を推し進めた要因である（本章第Ⅰ節参照）。彼は、後にハイジ夫人との共著において、この出現しつつある新しい文明を「**脱近代文明**」と呼んでいる（トフラー・トフラー 1993, 39）。それは、農業革命に基づく「第一の波」の「前近代文明」や、蒸気機関の導入による産業革命を基盤とする「第二の波」の「近代文明」に続く文明との位置付けである。脱近代文明においては、近代文明の大量生産は時代遅れとなり、情報の活用によって多くの異なる物を少しだけ迅速に生産するという加速化された「少量多種生産」が主要な生産形態になるという（同, 43）。

　トフラー夫妻によれば、技術革新は、富の創出方法（生産形態）のみならず戦争の方法（戦争形態）にも影響を与えている（同, 2 部）。17 世紀後半に始まった産業革命は、産業大衆社会と近代国家を生み出した一方で、大量徴兵と大量破壊を特徴とする総力戦の時代をもたらした。情報技術革命が進行中である今日、非大量化や加速化といった変化は軍事面でも起きている。脱近代戦争は、破壊の非大量化を可能にする精密誘導兵器、小規模で多様な部隊編成、および加速化された情報・指揮伝達などの特徴を持つ。

　情報技術革命を最も熱心に自国の軍事力に取り入れてきたのがアメリカである。アメリカは、情報技術の革新が兵器システムのみならず軍隊の運用法や編成・組織にも著しく影響を与えるという**軍事革命**（**RMA**: Revolution in Military Affairs）を進めてきた。1991 年の湾岸戦争は、近代文明と脱近代文明の特徴を併せ持つ初めての戦争となった。

　情報技術革命は、もちろん国家だけではなく非国家主体にも恩恵を与えた。しかし、ナイとデイヴィッド・ウェルチ（2017, 404）が指摘しているように、「すべての脱国家的主体が良性なわけではない」のである。彼らは続けて、次のとおり指摘している。

　　麻薬密売、人身売買、サイバースペース犯罪のシンジケートはすべて、この事例である。こうした集団にとって、情報革命は以前より長距離の行動にとっての新たな機会を提供した。だが、最も危険な脱国家的主体として人々の想像力を喚起してきたのは、テロリスト集団である。

テロリズムを行使する国際テロ組織も、自分たちの主義・主張の宣伝、要員の補充、作戦の準備・遂行などにおいて、情報技術革命の恩恵を受けている。

　テロリズムに関する著作は多数存在するが、中でも**ブルース・ホフマン**による『**テロリズム―正義という名の邪悪な殺戮**』（1999／原著初版 1998）は最も定評のある本の一冊であろう。ホフマンは、**テロリズム**の定義が難しいことを認めつつ、慎重にそれを「政治的な変化を求めて、暴力を使い、または暴力を使うとおどして恐怖を引きおこし、それを利用すること」と定義している（同，55）。ホフマンは、1998 年に出版した原著初版の最後で、宗教的な国際テロリズムの台頭や、インターネットでのテロ攻撃の手段・方法に関する情報の拡散に注目し「どの時代よりも、ずっと多くの血が流れ、もっと破壊的な暴力が行われる時代を予告している」と予言していた（同，280）。それから間もない 2001 年 9 月 11 日に、アメリカにおいてテロ組織アルカイダによる同時多発テロ事件（邦人 24 人を含む約 3,000 人が死亡）が起きている。この事件は、国際テロリズムを最重要の国際安全保障問題に押し上げた[2]。

2　日本政府の認識

　日本の安保戦略（2013）は、第Ⅲ章第 1 節「グローバルな安全保障環境と課題」において、「グローバル化」という用語を 5 回使っている。まず、「パワーバランスの変化」に関する記述の後に、「グローバル化の進展」や「技術

革新の急速な進展」が国際テロ組織といった非国家主体の相対的影響力を増大させていることを指摘している。

　　また、**グローバル化**の進展や技術革新の急速な進展は、国家間の相互依存を深める一方、国家と非国家主体との間の相対的影響力の変化を助長するなど、グローバルな安全保障環境に複雑な影響を与えている。
　　主権国家は、引き続き国際社会における主要な主体であり、国家間の対立や協調が国際社会の安定を左右する最大の要因である。しかし、**グローバル化**の進展により、人、物、資本、情報等の国境を越えた移動が容易になった結果、国家以外の主体も、国際社会における意思決定により重要な役割を果たしつつある。
　　同時に、**グローバル化**や技術革新の進展の負の側面として、非国家主体によるテロや犯罪が国家の安全保障を脅かす状況が拡大しつつある。加えて、こうした脅威が、世界のどの地域において発生しても、瞬時に地球を回り、我が国の安全保障にも直接的な影響を及ぼし得る状況になっている。(同, 5-6、太字は筆者)

　次に、国際テロの脅威については、安保戦略 (2013) は「**グローバル化**の進展により、国際テロ組織にとって、組織内又は他の組織との間の情報共有・連携、地理的アクセスの確保や武器の入手等がより容易になっている」と分析している。そして、グローバル化が国際社会の繁栄をもたらすとともに「人間の安全保障」という地球規模の課題を突きつけている点も指摘している (同, 6, 8-9、太字は筆者)。
　安保戦略 (2022) では、グローバル化の代わりにグローバリゼーションという訳が使われているが、この用語への注目度は低下し、文書の冒頭で 2 回使われているだけである。「**グローバリゼーション**と相互依存のみによって国際社会の平和と発展は保証されないことが、改めて明らかになった」、「途上国を含む国際社会の多くの国も、こうした国際秩序を前提に、**グローバリゼーション**の中で、国際社会の平和と安定と経済発展の果実を享受してきた」、「しかし、同時に、拡大する経済格差等に起因する不満は、国内、更には国家間の関係において新たな緊張をもたらしている」(同, 3、太字は筆者)。ここでは、グローバリゼーションの功罪について一般的に言われていることがごく簡単に述べられているにすぎず、国際テロ組織への影響については書かれていない。
　安保戦略 (2022) においては、外交分野の戦略的アプローチのところに国際テロ対策について簡単に書いてある。

　　テロはいかなる理由をもってしても正当化できず、強く非難されるべきもので
　あり、国際社会と共に、断固とした姿勢を示し、テロ対策を講じていく。具体的
　には、国際テロ対策を推進し、また、原子力発電所等の重要な生活関連施設の安
　全確保に関する我が国国内での対策を徹底する。
　　さらに、在外邦人等の安全を確保するための情報の共有を始め、各国、民間企
　業等との協力体制を構築する。また、国際テロ情勢に関する情報収集・分析の体
　制や能力を強化する。(同，15)

ただし、安保戦略（2022）には、国際テロの現状分析などは見当たらない。

3　対テロ戦争から大国間競争へ

　2010年代の後半になると、グローバルな**対テロ戦争**に代わり、安全保障上
の最優先課題として**大国間の競争**が再浮上してきた（本書第3章参照）。その兆
候は2期目のオバマ政権のNSS報告（2015）に見られるが[3]、現状変更的な
中国やロシアとの大国間競争を冷戦後初めて本格的に強調したのは、トランプ
大統領が公表したNSS報告（2017）であった。

　　前世紀の現象としてしりぞけられた後、大国間の競争が戻ってきた。中国とロシ
　アは、地域的にも世界的にも影響力を再び行使し始めた。今日、危機の際にはア
　メリカのアクセスを拒否するように、また、彼らは、平時にはきわめて重要な商
　業上の地帯において、自由に作戦行動する我々の能力に挑むように設計された軍
　事力を展開している。つまり、彼らは、我々の地政学的な強みと争い、国際秩序
　を彼らの利益になるように変えようとしているのである。(同，27)

中国やロシアとの大国間競争は、NSS報告（2022）が示すとおり、バイデン
政権になっても熾烈さを増している。本書第3章で紹介したとおり、米中戦
争が発生する可能性を指摘する分析も少なくない。他方で、2021年のアメリ
カ軍のアフガニスタン撤退は、2001年に始まった対テロ戦争の終結を象徴的
に示している。

　ロシアによるウクライナ侵略を受け、日本政府も国家間紛争への懸念を深め
ている。日本の安保戦略（2022）も、「戦後最も厳しく複雑な安全保障環境」
という表現を繰り返しつつ、以下のとおり国家間の競争や対立を強調している。

　　具体的には、他国の国益を減ずる形で自国の国益を増大させることも排除しない
　　一部の国家が、軍事的・非軍事的な力を通じて、自国の勢力を拡大し、一方的な
　　現状変更を試み、国際秩序に挑戦する動きを加速させている。このような動きが、
　　軍事、外交、経済、技術等の幅広い分野での国家間の競争や対立を先鋭化させ、
　　国際秩序の根幹を揺るがしている。その結果、現在の国際的な安全保障環境は、
　　国家間の関係や利害がモザイクのように入り組む、複雑で厳しいものとなってい
　　る。(同，6-7)

　2018（平成 30）年の 30 防衛大綱は、日本周辺の安全保障環境について「冷
戦期に懸念されていたような主要国間の大規模武力紛争の蓋然性は引き続き低
いと考えられる」としていたが、後継の防衛戦略（2022）からはそのような
表現は消えている。
　　現代における国家間の競争においては、純然たる平時（白）でも有事（黒）
でもない事態、いわば**グレーゾーンの事態**が生じている。防衛白書は、グレー
ゾーンの事態を次のとおり説明している。

　　例えば、国家間において、領土、主権、海洋を含む経済権益などについて主張の
　　対立があり、少なくとも一方の当事者が、武力攻撃に当たらない範囲で、実力組
　　織などを用いて、問題にかかわる地域において頻繁にプレゼンスを示すことなど
　　により、現状の変更を試み、自国の主張・要求の受け入れを強要しようとする行
　　為が行われる状況（2022 年版防衛白書，1)

日本政府としては、特に尖閣諸島周辺における中国の（軍艦ではない）海上法
執行機関である海警局所属の公船の動向（領海侵入を含む）に注目している。
　　また、現代における国家間の競争においては、「軍事と非軍事の境界を意図
的に曖昧にした手法」いわゆる「**ハイブリッド戦**」の脅威が高まっている。そ
れには「例えば、国籍を隠した不明部隊を用いた作戦、サイバー攻撃による通
信・重要インフラの妨害、インターネットやメディアを通じた偽情報の流布な
どによる影響工作を複合的に用いた手法」などが含まれる。「ハイブリッド戦」
の狙いとしては、「外形上、「武力の行使」と明確には認定しがたい手段をとる
ことにより、軍の初動対応を遅らせるなど相手方の対応を困難なものにすると
ともに、自国の関与を否定する」ことが指摘されている（2022 年版防衛白書，

1)。例えば、ロシアは、2014 年、この手段によりウクライナ領のクリミア半島を併合している（本書第 1 章参照）。

◆注
1) カルドーは、日本語版へのエピローグにおいて、2001 年 9 月のアメリカ同時多発テロ事件も新しい戦争の一つであると述べている。なお、原著では第 2 版（2006）と第 3 版（2012）が出ている。
2) 邦訳のある初版は、2001 年に起きたアメリカでの同時多発テロの前に書かれたものの、テロリズムの歴史や本質を考える上で有益である。なお、原著では改訂・拡大版（2006）と第 3 版（2017）が出ている。
3) NSS 報告（2015, 24）の中国に関連する段落には、「競争」という用語が 2 回登場している。

 文献案内

グローバル化
◆ スティグリッツ，ジョセフ・E『世界を不幸にしたグローバリズムの正体』鈴木主税訳，徳間書店，2002 年［Stiglitz, Joseph E. *Globalization and its Discontents*. New York: W. W. Norton & Company, 2002］.
◆ クラーク，イアン『グローバリゼーションと国際関係理論―グレート・ディヴァイドを超えて』滝田賢治訳，中央大学出版部，2010 年［Clark, Ian. *Globalization and International Relations Theory*. Oxford University Press, 1999］.
◆ ボールドウィン，リチャード『世界経済大いなる収斂―IT がもたらす新次元のグローバリゼーション』遠藤真美訳，日本経済新聞出版社，2018 年［Baldwin, Richard. *The Great Convergence: Information Technology and the New Globalization*. Belknap Press of Harvard University Press, 2016］.

国内紛争
◆ 佐原徹哉『ボスニア内戦―グローバリゼーションとカオスの民族化』有志舎，2008 年.
◆ 月村太郎『民族紛争』岩波書店，2013 年.
◆ スミス，ルパート『軍事力の効用―新時代「戦争論」』山口昇監修・佐藤友紀訳，原書房，2014 年［Smith, Rupert. *The Utility of Force: The Art of War in the Modern World*. London: Allen Lane, 2005］.
◆ 遠藤貢『崩壊国家と国際安全保障―ソマリアにみる新たな国家像の誕生』有斐閣，2015 年.
◆ 多湖淳『戦争とは何か―国際政治学の挑戦』中央公論新社，2020 年.
◆ ボニファス，パスカル，ユベール・ヴェドリーヌ『最新世界紛争地図』神奈川夏子訳，ディスカヴァー・トゥエンティワン，2020 年［Boniface, Pascal, and Hubert Védrine. *Atlas des Crises et des Conflits*, 4th ed. Malakoff: Armand Colin, 2019］.

- 日本政治学会編『年報政治学』（内戦をめぐる政治学的考察）第 51 巻，2000 年．
- 国際安全保障学会編『国際安全保障』（「イスラーム国」後の中東地域における安全保障）第 48 巻第 1 号，2020 年 6 月．

テロリズムと国家間競争
- 中村好寿『軍事革命（RMA）—〈情報〉が戦争を変える』中央公論新社，2001年．
- 小林良樹『テロリズムとは何か—「恐怖」を読み解くリテラシー』慶應義塾大学出版会，2020 年．
- 喬良，王湘穂『超限戦—21 世紀の「新しい戦争」』劉琦訳，KADOKAWA，2020 年．
- 廣瀬陽子『ハイブリッド戦争—ロシアの新しい国家戦略』講談社，2021 年．
- 増田雅之編著『大国間競争の新常態』インターブックス，2023 年．
- 国際安全保障学会編『国際安全保障』（対テロ戦争の諸相）第 32 巻第 4 号，2005 年 3 月；（テロ対策と大量破壊兵器の不拡散）第 44 巻第 2 号，2016 年 9月．

第12章　グローバル・コモンズ

はじめに

　古代ギリシアの史家トゥキディデスは、ペロポネソス戦争に至るまでのギリシア海軍史を語る中で、「海を制する者がギリシアを制する」という考えが当時すでにあったことを教えてくれる。

> アテーナイ人とアイギーナ人とのあいだに戦が起こり、またペルシア勢の侵入が目前に迫ったとき、テミストクレースはアテーナイ人を説いて軍船を建造させ、こうして生まれた船隊によって海戦を挑んだのである。しかしこのときの船は、まだ全船体を被う甲板装備をもっていなかった。（……）しかし海軍の実体がこのようなものであっても、これに意を用いたものは、物質的な収益や版図の拡張をえて、侮りがたい勢力を蓄えることができた。かれらは攻撃の船隊をさしむけて島嶼を従わせることができたし、ことに充分な領地をもたない国々にとっては願ってもない手段となったからである。（トゥーキュディデス 1966（上），68-69）

　トゥキディデスは、アテーナイの政治家・軍人テミストクレース（前524ごろ～前460ごろ）について「アテーナイの発展は海洋制覇にかかっている、と断言した最初の人物」と紹介している（同，140）。海軍強化を主張するテミストクレースは、アッティカ半島南部にある銀山から得た収益を活用して、当時最新鋭の三段櫂船を建造させたのである（ヘロドトス 2007, 105；アリストテレス 1980, 47-48）[1]。

　19世紀末にアメリカ海軍大学校校長を務めた**アルフレッド・マハン**（2008, 41）は、海洋のことを「一大公路（great highway）」とか「広大な公有地（wide common）」と呼び、「その上を通って人々はあらゆる方向に行くことができる」と書き記した。ここで公有地または共有地とは、開放されている牧草地のような場所を意味している。

　近年では、海洋をはじめ宇宙、サイバー空間などを意味する**グローバル・コ**

モンズ（global commons）が安全保障の分野でも注目を集めている。それは「単独の国家や個人によって領有または支配されていない物理的または仮想的な領域（domains）」の総称と定義できる。この概念には、公海とその上空、宇宙、サイバー空間を含んでいる（Leavitt 2012, 25)[2]。バリー・ポーゼンは、自らの論文（Posen 2003）において、公海、宇宙、および空といったコモンズの支配権がアメリカ覇権の軍事的基盤であることを論じている。しかし、日本の安保戦略（2022, 7）が指摘しているとおり、現代の国際的な安全保障環境においては、アメリカによるコモンズの支配権が弱まり「サイバー空間、海洋、宇宙空間、電磁波領域において、自由なアクセスやその活用を妨げるリスクが深刻化している」のである。

　本章は、現代の安全保障課題の一つとしてグローバル・コモンズを取り上げ、海洋、宇宙空間、およびサイバー空間に焦点を当てる。以下、第 I 節では、海洋、宇宙空間、およびサイバー空間の領域について説明する。第 II 節では、三つの領域ごとに日本政府の取り組みについて紹介する。そして、第 III 節では、サイバー革命論をめぐる論争について検討する。

I　海洋・宇宙・サイバーの領域

　本節では、海洋と宇宙空間について国際法（杉原ほか 2012）と軍事戦略の観点から説明するとともに、サイバー空間の基本事項について解説する。

1　海洋と宇宙空間の法

　グローバル・コモンズの一つである公海とその上空については、1982 年に採択された**国連海洋法条約**（UNCLOS: Convention on the Law of the Sea、94 年発効、96 年日本批准）で規定されている。同条約によると、**公海**（high seas）は、「いずれの国の排他的経済水域、領海若しくは内水又はいずれの群島国の群島水域にも含まれない海洋のすべての部分」（86 条）である。領土に近い方から説明すると、まず、**内水**は、湾、内海、港など「領海の基線の陸地側の水域」（8 条）を指す。次に、**領海**（territorial sea）とは、基準となる海岸の低潮線（通常基線）から海側へ 12 海里（約 22 km）までの、沿岸国の主権が及ぶ海域のことをいう（2、3、5 条）。そして、**排他的経済水域**（EEZ: exclusive economic zone）とは、基線から海側へ 200 海里（約 370 km）までの、生物資源の保存や利用などの経済的活動について沿岸国が主権的権利を有する海域（領海を除く）のことである（55〜57 条）。なお、**群島水域**（archipelagic waters）は、「群島の最も外側の島及び常に水面上にある礁の最も外側の点を結ぶ直線の」「群島基線により取り囲まれる水域」（47、49 条）で群島国家にのみ認められている。

　航行と上空飛行の自由度は、水域によって異なる。公海は、全ての国家に開放されており、**航行の自由**や**上空飛行の自由**などが認められている（87 条）。排他的経済水域では、全ての国家が享受できる自由の範囲がより限定的であるが、航行と上空飛行の自由については公海と同様に認められる（58 条）。他方で、領海や群島水域においては、どの国の船舶も**無害通航権**を持っている（17、52 条）。通航が無害であるためには、「沿岸国の平和、秩序又は安全を害し」（19 条 1 項）てはならない。また、「潜水船その他の水中航行機器は、領海においては、海面上を航行し、かつ、その旗を掲げなければならない」（20 条）。なお、領空に対する主権は絶対的であるため、航空機には無害通航権に類する権利は認められていない。

　宇宙空間に関する基本条約としては、国連総会で 1966 年に採択された**宇宙条約**（Outer Space Treaty、67 年発効、同年日本批准）がある。正式には、「月その他の天体を含む宇宙空間の探査及び利用における国家活動を律する原則に関する条約」という。本書の観点から三つの重要な規定を挙げておく。第 1 に、全ての国に宇宙空間の探査利用の自由が認められている（1 条）。宇宙空間の探査と利用は「全人類に認められる活動分野（province）」であるとの表現も含まれている。第 2 に、領有権は否定されている。「月その他の天体を含む宇宙空間は、主権の主張、使用若しくは占拠又はその他のいかなる手段によっても国家による取得の対象とはならない」（2 条）。そして、第 3 に、宇宙空間では、大量破壊兵器の配置（地球周回軌道への投入、天体への設置を含む）は禁止され、天体の利用は平和的目的に限るとしている（4 条）。ただし、同条約は、大量破壊兵器を運搬する弾道ミサイルによる宇宙空間の通過まで禁止するものではない。

　なお、宇宙空間と**領空**（領土と領水（内水・領海）の上方にある空域）の境界に関する国際法上のルールは存在していない。ちなみに、一般的には、カーマ

ン・ライン（Kármán line）と呼ばれる海抜高度100 kmの境界から上が宇宙と定義されることが多いが、アメリカ空軍は海抜高度80 kmを境界としている（McDowell 2018）。ただし、空はジェットエンジン搭載の航空機が飛行できる高度50 kmまでで、宇宙空間は人工衛星が円周軌道を維持できる高度150 km以上であり、両者は連続していないという見方も存在している（スローン 2019）。

2　海洋と宇宙空間における戦略

　本章の冒頭で出てきた**アルフレッド・マハン**は、『**海上権力史論**』（2008／原著 1890）の中で、**シーパワー**（sea power）が歴史の流れや国家の繁栄に及ぼす影響について分析している。マハンはシーパワーについて明確に定義していないが、「武力によって海洋ないしその一部分を支配する海上の軍事力のみならず、平和的な通商及び海運をも含んでいる」と述べている。陸路と比べて容易かつ安価な海上輸送の重要性に着目し、シーパワーを構成する**要素**として、通商保護のために存在する海軍とともに、「連鎖の環」をなす生産、海運、および植民地（基地・拠点）を挙げている（同，46，327）。そして、諸国家のシーパワーの大きさは、次の六つの外的な**条件**から影響されてきたとしている。すなわち「(1)地理的位置、(2)自然的形態（それに関連して天然の産物及び気候を含む）、(3)領土の範囲、(4)人口の数、(5)国民性、(6)政府の性格（国家の諸制度を含む）」である（同，47）。

　マハンは、帆船時代（1660-1783年）の歴史を考察することにより、いつも「海上の支配権（mastery）が勝者側にあった」ことを指摘して、海上の管制または**制海**（control of the sea）を握っている国家が平時においては繁栄し戦時においては勝者となり偉大になれたことを主張している（同，2）。そして、次の蒸気船時代以降にも当てはまるであろう一般原則的な教訓を引き出している。それには、補給や増援を行うための**海上交通路**（SLOC: sea lines of communication）または**シーレーン**を自国には確保して敵国には拒否することの重要性の指摘（同，緒論）や、「海軍戦略は、戦時におけると同様平時においても、国のシーパワーを建設し、支援し、増大することをその目的とする」という主張が含まれている（同，36）。

　マハンの戦略は、アメリカ海軍のドクトリンに大きな影響を及ぼしてきたが、

冷戦終結後しばらく影響力を失っていた時期があった。アメリカ海軍が世界の海洋を支配していたため、海上交通線の制海を追求する必要性が低下したからである。代わりに、沿岸域から陸への戦力投射が重視されるようになった。しかし、2000年代後半になると、中国の外洋艦隊が台頭してきたためマハン的なドクトリンが復活した。さらに2010年代後半になると、ほぼ同等の競争相手の出現によりマハン的な考え方により傾いている（スローン 2019）。

　さて、**コリン・グレイ**は、『**現代の戦略**』（2015／原著 1999）の中で、研究がまだあまり進んでいないスペースパワーの分析には、陸・海・空の環境に特化した戦略論からの類推が有益であると述べている。まず、**スペースパワー**の概念については、「平時、危機、そして戦時において、宇宙空間において、そして宇宙空間から、迅速かつ長期的に影響力を発揮できる能力」という広義の定義と、**制宙**（space control）に近い「自らは宇宙を使用しつつ、敵にそのような使用を拒否できる能力」という狭義の定義を行っている。加えて、シーパワーからの類推としては、「『海上権力史論』の最初の章でマハンによって鮮やかに示された例を見れば、スペースパワーには「要素」と「条件」の両方があることが納得できるはずだ」とも述べている（同，357，373）。他方で、無批判の類推がもたらす弊害に警鐘を鳴らしつつ、スペースパワーと他の地理環境のパワーとの違いにも注意を向けるよう促している。

3　サイバー空間とは

　サイバーに関する包括的な入門書として、**ピーター・シンガー**と**アラン・フリードマン**の共著『**サイバーセキュリティとサイバー戦争**』（Singer and Friedman 2014）は定評がある。本項では、同書に基づきサイバー空間の基本的な事項について解説したい。

　サイバー空間にはいろいろな定義が存在しているが、単純な定義を挙げれば「情報がオンライン上で記憶、共有、および伝達される諸コンピュータネットワークの領域（とそれらの背後にいる利用者）」というものがある（同，13）。サイバー空間の構成要素としては、デジタル化されたデータ、データを記憶しておくコンピュータ、それに情報を伝えるシステムやインフラ（開かれたインターネット、閉じられたイントラネット、携帯電話技術、光ファイバー網、および衛星通信を含む）がある。また、サイバー空間は、そのシステムや技術が人造物

であることから、人間の認識面も重要であるとの特徴を有している。

　サイバー空間は物質的なインフラや人間の利用者に依拠している以上、特定の場所に位置するだけでなく、主権、国籍、所有物という概念の影響も受ける[3]。ただし、サイバー空間は、技術やわれわれの認識とともに発展しており、その実態は常に流動的である。今日では、交通機関や水道、電気などの重要インフラともリンクして文明を支えているのみならず、ビジネス、文化、および人間関係の中心的な基盤となりつつある。

　さて、サイバー戦争の主な要素は、陸、海、空、および宇宙などの他の領域における戦争と類似点や関連性を持っている。すなわち、各領域の戦争は、政治的目標や暴力という要素で共通している。ちなみに、アメリカ政府は、効果に着目して、武力行使としてのサイバー攻撃を死傷や重大な破壊をもたらすものに限定している。

　サイバー空間に関する国際法の整備は始まったばかりである。1945 年の国連憲章や 1949 年の**ジュネーヴ条約**などの戦争法は、新しい技術によって創出されたサイバー空間にそのまま当てはめることはできない。情報の自由な流通を重視する諸国やそれに反対する中国や北朝鮮のような国があるように、サイバー空間の規範に関する世界的なコンセンサスを形成していくのは決して容易なことではない。ただし、戦争が政治的な行為であることから、やはりある行為が戦争に当たるのかどうかを決めるのには、法的というよりも政治的な判断が重要になってくる。

　サイバー攻撃を含む軍事作戦としては、イスラエルによる**オーチャード作戦**が有名である。これは、シリアが北朝鮮の援助を受けて秘密裏に進めようとしていた核開発を阻止するために、イスラエル空軍が 2007 年にアル・キバールにある核施設を空爆して破壊した作戦である。イスラエルは、事前にシリアの軍事コンピュータネットワークに侵入し防空システムを乗っ取り、シリア国内に侵入するイスラエルの戦闘機を発見できないようにしただけでなく、何事も起きていないかのような偽像をモニターに映し出すことに成功した。これこそ、通常の軍事攻撃を補完する「コンピュータネットワーク作戦」であった。

　ネットワーク中心に組織されている現代の軍隊は、サイバー攻撃に対する脆弱性を抱えている。コンピュータネットワーク作戦は、敵側の指揮統制を妨害し、無能にすることや、偽りの情報・命令を伝えることを狙って行われる。今

後は、敵の無人兵器やロボット兵器の操作を妨害したり、乗っ取ったりする可能性も考えられる。また、サイバー攻撃には、敵軍の破壊を目的としてサイバー空間とつながっている船のエンジンを攻撃対象とするものや、より攻撃しやすい対象と言える一般市民の殺害や民間のネットワークの破壊を目的とするものが考えられる。

II　日本の領域別戦略

　本節では、海洋や宇宙空間、サイバー空間の領域ごとに日本政府の取り組みについて紹介する。

1　日本の海洋戦略

　国土面積では世界第 60 位でしかない日本は、海岸線の長さと日本の権利が及ぶ海域の面積の両方では世界第 6 位となっている（国土技術研究センター・ウェブサイト）。日本の海岸線は、29,751 km の長さであり、オーストラリアやアメリカ、中国の海岸線よりも長い。また、日本の権利が及ぶ海域、つまり領海と排他的経済水域の面積は約 447 万平方 km あり、日本の国土の約 12 倍という広さである。

　しかし、広大な海を持つ国が全て海洋国家というわけではない。**高坂正堯**は、今から半世紀前に公表された論文「**海洋国家日本の構想**」（2008, 232–233／原著 1965）において、内向きで視野の狭い日本を「海洋国」ではなく「島国」と規定した。

　日本政府が海洋立国に向けて真剣に取り組み始めたのはそう昔のことではなく、2007 年 7 月になって**海洋基本法**が成立した。この法律は、「新たな海洋立国を実現することが重要であることにかんがみ海洋に関する施策を総合的かつ計画的に推進」（1 条）するために制定されたものである。この法律の基本理念としては、海洋の開発・利用と海洋環境の保全との調和、海洋の安全の確保、海洋に関する科学的知見の充実、海洋産業の健全な発展、海洋の総合的管理、および海洋に関する国際的協調（2〜7 条）などが挙げられている（岩沢編 2018, 895）。同法に基づき、海洋に関する施策を推進するために、**総合海洋政策本部**が内閣に設置されるとともに、これまで 2008 年から 5 年ごとに**海洋基**

本計画が策定されている⁴⁾[4]。なお、防衛白書において、「海洋国家であるわが国」との表現が出現し始めたのは、海洋基本法が制定された翌年の2008年版であった。

安保戦略（2022）は、「我が国を全方位でシームレスに守るための取組」の一つとして「海洋安全保障の推進と海上保安能力の強化」について取り上げている。そこでは、「四方を海に囲まれ、世界有数の広大な管轄海域を有する海洋国家」という日本のアイデンティティを示すとともに、次の方針などを示している。

> シーレーンにおける脅威に対応するための海洋状況監視、他国との積極的な共同訓練・演習や海外における寄港等を推進し、多国間の海洋安全保障協力を強化する。また、海上交通の安全を確保するために、海賊対処や情報収集活動等を実施する。
>
> そして、これらの取組に関連する国際協力を進めつつ、南シナ海等における航行及び上空飛行の自由の確保、国際法に基づく紛争の平和的解決の推進、シーレーン沿岸国との関係の強化、北極海航路の利活用等を図る。さらに、シーレーンの安定的利用の確保等のためにも、ジブチにおける拠点を引き続き活用する。（同，22）

また、海上保安能力の強化については、「有事の際の防衛大臣による海上保安庁に対する統制を含め、海上保安庁と自衛隊の連携・協力を不断に強化する」などとした（同，22-23）。これらの方針は、2023年4月に閣議決定された四つ目の海洋基本計画に反映されている。

2　日本の宇宙戦略

日本政府による地球観測（偵察）衛星の保有と運用は、1998年8月末に北朝鮮が発射した弾道ミサイルが日本列島の上空を通過して太平洋に落下したことが契機となった⁵⁾[5]。日本政府は、「外交・防衛等の安全保障及び大規模災害等への危機管理のために必要な情報の収集を主な目的として」「**情報収集衛星**」の導入を閣議決定した（1999年版防衛白書，332）。そして、情報収集衛星の運用を行う**内閣衛星情報センター**を設置するとともに、2003年から情報収集衛星の打ち上げを行ってきた。

　日本の宇宙開発にとって画期的である**宇宙基本法**が 2008 年 5 月に成立した。この法律は、「宇宙開発利用に関する施策を総合的かつ計画的に推進」（1 条）するために制定されたものである。この法律の基本理念としては、宇宙の平和的利用、国民生活の向上、産業の振興、人類社会の発展、国際協力、および環境への配慮（2〜7 条）などが挙げられている（岩沢編 2018, 904）。また、本章の観点からより重要なのは、宇宙平和利用原則を再解釈した結果、次の条文により、宇宙の軍事的利用が可能となったことである（鳥嶋 2019）。「国は、国際社会の平和及び安全の確保並びに我が国の安全保障に資する宇宙開発利用を推進するため、必要な施策を講ずるものとする」（14 条）。同法に基づき、宇宙開発利用に関する施策を推進するために、**宇宙開発戦略本部**が内閣に設置されるとともに、2009 年から数年ごとに**宇宙基本計画**が策定されている[6]。

　2015 年ガイドライン（本書第 8 章参照）には初めて、「宇宙及びサイバー空間に関する協力」という章（第Ⅵ章）が設けられた（コラム 12-1 参照）。宇宙に関する協力については、宇宙システムの**抗たん性**（強靱性）の確保[7]や宇宙状況監視に関わる協力が含められた。なお、2023 年 1 月の日米安全保障協議委員会は、一定の場合には宇宙空間を使った攻撃が日米安保条約第 5 条の発動につながり得ることを確認している。

　安保戦略（2022）は、「我が国を全方位でシームレスに守るための取組」の一つとして「宇宙の安全保障に関する総合的な取組の強化」についても取り上げている。そこでは、民間の宇宙技術の防衛への活用の他、次の方針などが示されている。

　　自衛隊、海上保安庁等による宇宙空間の利用を強化しつつ、宇宙航空研究開発機構（JAXA）等と自衛隊の連携の強化等、我が国全体の宇宙に関する能力を安全保障分野で活用するための施策を進める。
　　また、不測の事態における政府の意思決定に関する体制の構築、宇宙領域の把握のための体制の強化、スペースデブリへの対応の推進、相手方の指揮統制・情報通信等を妨げる能力の整備の拡充、国際的な行動の規範策定を含む同盟国・同志国等との連携の強化を進める。（同, 23）

防衛戦略（2022）には、多数の小型衛星を連携させて一体的に運用する衛星コンステレーション等によるニアリアルタイムの情報収集能力の整備や、航空

自衛隊の名称を航空宇宙自衛隊とすることなどが盛り込まれた。これらの方針は、2023年6月に決定された初めての**宇宙安全保障構想**（宇宙開発戦略本部2023）や五つ目の宇宙基本計画に反映されている。

　なお、防衛省・自衛隊の取り組みとしては、宇宙状況監視体制の構築などの他、宇宙領域を専門とする部隊の新設などの体制構築を挙げることができる。航空自衛隊は、2018（平成30）年の30防衛大綱を受けて、2020年5月に初めての宇宙領域専門部隊として宇宙作戦隊（隊長は2佐職）を、翌年度には、宇宙作戦指揮所運用隊と各部隊の上級部隊に当たる宇宙作戦群（群司令は1佐職）を新編した。2022年度には、宇宙作戦群隷下の組織を再編して、二つの宇宙作戦隊と宇宙システム管理隊などを新編した。なお、整備計画（2022）には「将官を指揮官とする宇宙領域専門部隊を新編する」と明記されている（同，15）。

コラム 12-1　領域横断的な作戦

　日米防衛協力の2015年ガイドラインにおいて、作戦構想に**領域横断的な作戦**が追加された。領域横断的な作戦とは、「複数の領域を横断して同時に効果を達成することを目的とする」ものである。領域横断的な協力の例として、情報収集・警戒監視・偵察（ISR: intelligence, surveillance, and reconnaissance）活動、打撃作戦、宇宙とサイバー空間における脅威への対処、特殊作戦部隊による作戦が挙げられている。

　同指針を受けて、2018（平成30）年に策定された30防衛大綱は、**多次元統合防衛力**構想を打ち出した（本書第7章参照）。また、同大綱では、**領域横断（クロス・ドメイン）作戦**やそのための統合運用が重視されている。第Ⅳ章「防衛力強化に当たっての優先事項」においても、「宇宙・サイバー・電磁波の領域における能力の獲得・強化」は最優先事項となっている。

3　日本のサイバー戦略

　2012年4月の日米首脳会談において「政府一体となった関与を一層強めるような枠組を作っていくとの意図」の表明があってから（外務省2012）、日本政府内においてサイバー攻撃対処に向けた取り組みが加速した。その結果、2014年11月になって**サイバーセキュリティ基本法**が成立した。この法律は、「サイバーセキュリティに関する施策を総合的かつ効果的に推進し、もって経

済社会の活力の向上及び持続的発展並びに国民が安全で安心して暮らせる社会の実現を図るとともに、国際社会の平和及び安全の確保並びに我が国の安全保障に寄与」（第 1 条）するために制定されたものである。この法律の基本理念としては、多様な主体の連携、強靭な体制の構築、活力ある経済社会の構築、サイバーセキュリティに関する国際的な秩序の形成および発展に向けた先導的な役割、デジタル社会形成基本法の基本理念への配慮、国民の権利への配慮（第 3 条）などが挙げられている。同法に基づき、翌年 1 月には**サイバーセキュリティ戦略本部**とその事務局である**内閣サイバーセキュリティセンター**（NISC: National Center of Incident readiness and Strategy for Cybersecurity）がそれぞれ内閣と内閣官房に設置された。また、これまで 2015 年から 3 年ごとに**サイバーセキュリティ戦略**が策定されている（2022 年版防衛白書）[8]。

　2015 年ガイドラインにおけるサイバー空間に関する日米協力については、「日本の安全に影響を与える深刻なサイバー事案が発生した場合、日米両政府は、緊密に協議し、適切な協力行動をとり対処する」という一文が注目される。2019 年 4 月の日米安全保障協議委員会は、一定の場合にはサイバー攻撃が日米安保条約第 5 条の武力攻撃に該当し得ることを確認している。

　安保戦略（2022）は、「我が国を全方位でシームレスに守るための取組」の一つとして「サイバー安全保障分野での対応能力の向上」についても取り上げている。そこで注目されるのは、**能動的サイバー防御**の導入である。この用語の定義は見当たらないが、「武力攻撃に至らないものの、国、重要インフラ等に対する安全保障上の懸念を生じさせる重大なサイバー攻撃のおそれがある場合、これを未然に排除し、また、このようなサイバー攻撃が発生した場合の被害の拡大を防止するため」のものとされている（同，21）。また、能動的サイバー防御の導入に必要な措置として、（1）サイバー攻撃を受けた民間事業者等から政府への情報共有、政府から民間事業者等への支援、（2）国内の通信事業者からの情報の活用、疑わしいサーバ等の検知、そして（3）攻撃者のサーバ等への侵入・無害化が挙げられている。これらの措置は、欧米諸国ではすでに実施されていることではあるが、日本では、憲法 21 条（通信秘密の保護）に抵触する恐れが指摘され、能動的サイバー防御の導入が遅れていた。今後、同条に関連する電気通信事業法や不正アクセス禁止法等の改正が議論されていくことになるであろう。

　なお、防衛省・自衛隊の取り組みとしては、自衛隊の情報システムの安全性確保などの他、サイバー領域を専門とする部隊の新設などの体制構築を挙げることができる。サイバーセキュリティ基本法が成立する前に当たる2014年3月には自衛隊指揮通信システム隊（隊司令は1佐職）の下に**サイバー防衛隊**が新編された。また、2018（平成30）年に策定された防衛大綱や中期防を受けて、「サイバー防衛能力を抜本的に強化し得るよう」にするため、2022年3月には自衛隊指揮通信システム隊を廃止して代わりに約540人規模の**自衛隊サイバー防衛隊**（隊司令は将補職）の新編を行った。整備計画（2022）には、2027年度を目途に自衛隊サイバー防衛隊等のサイバー関連部隊を約4,000人に拡充するとともに「サイバー関連部隊の要員と合わせて防衛省・自衛隊のサイバー要員を約2万人体制」とすること等が明記されている（同，6）。

Ⅲ　サイバー革命論をめぐる論争

　本節では、サイバー技術が戦争に革命をもたらしつつあるという主張（**サイバー革命論**）とその反論について紹介する。

1　サイバー革命論

　アメリカ政府内では、サイバー技術が戦争に**軍事革命**（RMA、本書第11章参照）をもたらしつつあり、重要な経済や軍事のインフラが危険なまでに脆弱になっていると広く信じられている。コンピュータ科学の修士号を持つ政治学者**ジョン・リンジー**（Lindsay 2013）は、そうした「サイバー革命論」の根拠として、以下のとおり、非対称性、攻撃優位、および抑止力の弱体化の三点が挙げられることが多いと指摘している。

　第1に、インターネットが軍事的に弱いアクターに非対称的な強みを与えている（**非対称性**）。一方で、インターネットにより弱小なアクターのパワーが強化されている。サイバー攻撃能力は比較的安価に獲得することができ、また、攻撃対象に関する情報もインターネットを通じて費用をかけずに入手できる場合があるからである。そして、弱小なアクターは探知や報復を回避するようサイバー空間を匿名で利用できる。他方で、強力なアクターは脆弱になっている。先進国であるほどサイバー空間に依存しており、ネットワークでつなが

れた数多くの重要インフラが侵入・攻撃の対象となり得る。

　第2に、攻撃がより容易になりつつある一方、防御がより困難になりつつある（**攻撃優位**、本書第2章参照）。匿名性があるため、どこからでも安全にサイバー攻撃が可能である。防御側が検知し対処できるよりも速く、攻撃側はマルウェア（悪意のあるソフトウェア）を修正していくことができる。また、攻撃側は多数の攻撃のうち一回でも成功すればよいが、防御側は全ての攻撃に対して効果的に防御する必要がある。それに、ネットワークが拡大すればするほど、サイバー防御の費用は上昇していく。さまざまな利益を持つアクターの寄せ集めである防御側は、協調するインセンティブを欠いている。特に重要なインフラは侵入防止よりも効率性と信頼性が重視されているため、その防御は困難である。

　第3に、誰が攻撃を仕掛けたのかを特定することが困難であることが抑止力を弱めている（**抑止力の弱体化**）。ここでもまたサイバー空間における匿名性が問題となる。サイバー攻撃の出所がはっきりしないことが多いため、被害を受ける側は将来あり得る攻撃に対して報復するという信憑性のある威嚇をすることができない。懲罰的抑止だけではない。防御の向上を通じた拒否的抑止についても、上記のサイバー空間特有の非対称性と攻撃優位のために困難である（懲罰的と拒否的な抑止については本書第7章参照）。

　さて、日本の政府内でも、サイバー革命論は広い支持を集めている。防衛省が2012年に策定した「防衛省・自衛隊によるサイバー空間の安定的・効果的な利用に向けて」では、サイバー攻撃の特性として、(1) **多様性**（主体・手法・目的・状況）、(2) **匿名性**、(3) **隠密性**（攻撃の存在を察知し難いもの・そもそも被害発生の認識すら困難なもの）、(4) **攻撃側の優位性**、および (5) **抑止の困難性**を挙げている（防衛省2012）。

　陸上自衛隊でサイバー防衛を任務とするシステム防護隊初代隊長であった**伊東寛**は、著書『**サイバー戦争論**』(2016, 29) の中で、サイバー技術が「軍事革命のひとつを提供した」と述べている。そして、特にサイバー空間における攻撃優位を強調している。「繰り返すが、サイバー戦争はすでに始まっている。そしてこの戦争では守っているだけでは必ず負けてしまう。サイバー攻撃に対する攻防両面からの国際的防衛戦略の構築が早急に必要である」(同, 225)。こうした主張は、日本国内で広く共有されており、安保戦略 (2022) での能

動的サイバー防御の導入につながったと考えられる。

2 【発展】サイバー革命論への懐疑

　「サイバー革命論」については、政策分析の専門家の間では支持者が多いが、より学術的な研究者には批判者も散見される。例えば、批判者の一人であるリンジーは、国境を越えて物理的な損害を引き起こしたサイバー戦の唯一の事例であったスタックスネット事件を検証することによって、非対称性、攻撃優位、および抑止力の弱体化という通念に反論を試みている（Lindsay 2013）。なお、スタックスネット（Stuxnet）とは、イランのナタンツにあるウラン濃縮施設の遠心分離機に損害を与えたコンピュータ・ワーム（自己増殖し感染していくマルウェア）のことで、2010 年に発見された。リンジーによる議論の概要は次のとおりである。

　第 1 に、スタックスネットは、明らかに弱者の兵器ではなかった。報道によると、イランの核開発を少しでも遅らせたいアメリカとイスラエルが攻撃を行ったとされる。意味のある損害を引き起こすサイバー兵器を開発・実験するとともに、攻撃対象システムの情報を得るには、かなりの時間や資金、諜報機関などの組織的な努力が必要となる。また、強国の場合は、サイバー攻撃のリスクに対してもハードな軍事力という、失敗しても保険となる手段を持っている。相当に高いレベルでの資源やリスク受容の必要性は、弱小アクターにとって参入障壁となる。

　第 2 に、サイバー空間では、必ずしも攻撃が防御よりも優位であるとは限らない。スタックスネットの効果は、小さく一時的なものであった。スタックスネット攻撃は、外交交渉や経済制裁の効果が出るまでの時間稼ぎのために長期にわたって濃縮のレベルを低下させることを狙っていた。そこで、サイバー攻撃の隠密性を維持するためには、損害を与えすぎないことが必要であった。そのため、攻撃によるウラン濃縮計画の遅れは 1 年程度にすぎなかった。また、ナタンツ施設の組織的な複雑性や、マルウェア対策の無料のパッチを提供した世界的な情報セキュリティ共同体の存在が防御側を有利にしたと考えられる。サイバー空間における攻撃優位というのは、無差別に人や機械を狙う低強度のサイバー攻撃（サイバー犯罪やサイバースパイ活動）には当てはまるであろうが、固有の特性を持つ複雑な対象を狙う高強度のサイバー攻撃（サイバー戦）

では正しいとは言えないであろう。

　第3に、ナタンツへのサイバー攻撃は、抑止の成功例と解釈できる。サイバー攻撃そのものを防止するという意味では失敗しているが、サイバー兵器によるか否かにかかわらず、許容できない武力行使を防止するという意味では成功しているのである。報復や自己への悪影響などサイバー戦の危険な不確実性があったため、アメリカとしては攻撃の烈度を制限せざるを得なかった。また、攻撃者が誰であるかを特定するのが困難であるという**帰属**（attribution）問題もいつも解決不可能であるわけではない。攻撃防御バランスと同様、サイバー攻撃の烈度によって帰属問題の程度が異なってくる。つまり、攻撃烈度が高くなるほど、防御側は攻撃の帰属について精査するようになり、匿名性を維持するのが困難になるのである。

　ちなみに、サイバー・パワーに関心のあるジョセフ・ナイも、サイバー革命論に対して慎重な立場をとっている。サイバー攻撃の匿名性や弱い破壊力から懲罰的抑止の困難さは認めるものの、防衛力の強化による拒否的抑止のみならず、他者への攻撃が自己への悪影響を引き起こすかもしれない相互依存関係の深化による抑止や、アクターの評判を左右する規範的制度の強化による抑止なども国家間関係では作用するとしている（Nye 2016/17）。

　以上のとおり、サイバー革命論には賛否がある。現状での軍事的なサイバー攻撃は、敵の行動の自由を拒否するなど、通常兵器による攻撃を補完する役割を担っていると考えるのが妥当であるように思われる（スローン 2019）。ちなみに、ロシアはウクライナへの軍事侵攻の1カ月以上前から同国に対してサイバー攻撃を本格化させたが、欧米のIT企業による支援もあって、ウクライナはサイバー防御において善戦している。

◆注
1)　テミストクレースが建造した三段櫂船の数について、ヘロドトス（2007）は200隻、アリストテレス（1980）は100隻としている。
2)　安保戦略（2013）や防衛白書は、グローバル・コモンズを「国際公共財」と訳している。しかし、コモンズは領域・空間のことであり、財とは異なる。学術文献においては、コモンズは、公共財と異なる概念として使われている。例えば、サンドラ・リービットは、グローバル・コモンズをグローバルな「公共財の源（sources）」と位置付けている（Leavitt 2012, 25）。

3) シンガーとフリードマンによれば、政府やメディアのように、サイバー空間をグローバル・コモンズとして位置付けるのは間違っているという（同様の主張については伊東 2016, 202；ナイ 2011, 187 参照）。

4) 詳細については内閣府の海洋政策に関するサイト（https://www8.cao.go.jp/ocean/index.html）を参照。

5) 日本における宇宙平和利用原則の変遷については本書初版第 12 章参照。

6) 詳細については内閣府の宇宙政策に関するサイト（https://www8.cao.go.jp/space/index.html）を参照。

7) 抗たん性の確保とは、「基地や施設などが敵の攻撃を受けた場合でも、簡単にはその機能を停止することがないように対策を講じておくこと」をいう（1987 年版防衛白書）。

8) 詳細については内閣サイバーセキュリティセンターのサイト（https://www.nisc.go.jp/）を参照。

文献案内

海洋
◆ 村田良平『海が日本の将来を決める』成山堂書店，2006 年．
◆ 立川京一ほか編著『シー・パワー—その理論と実践』芙蓉書房出版，2008 年．
◆ 後瀉桂太郎『海洋戦略論—大国は海でどのように戦うのか』勁草書房，2019 年．
◆ スパイクマン，ニコラス・J『米国を巡る地政学と戦略—スパイクマンの勢力均衡論』小野圭司訳，芙蓉書房出版，2021 年 [Spykman, Nicholas J. *America's Strategy in World Politics: The United States and the Balance of Power.* New York: Harcourt, Brace, 1942].
◆ 国際安全保障学会編『国際安全保障』（海洋権益と国家の海洋力）第 35 巻第 1 号，2007 年 6 月；（海洋安全保障の今日的課題）第 42 巻第 1 号，2014 年 6 月．
宇宙空間
◆ 青木節子『日本の宇宙戦略』慶應義塾大学出版会，2006 年．
◆ 鈴木一人『宇宙開発と国際政治』岩波書店，2011 年．
◆ 福島康仁『宇宙と安全保障—軍事利用の潮流とガバナンスの模索』千倉書房，2020 年．
サイバー空間
◆ 土屋大洋『サイバーセキュリティと国際政治』千倉書房，2015 年．
◆ 猪俣敦夫『サイバーセキュリティ入門—私たちを取り巻く光と闇』共立出版，2016 年．
作戦領域全般
◆ 日本安全保障戦略研究所編著『近未来戦を決する「マルチドメイン作戦」—日本は中国の軍事的挑戦を打破できるか』国書刊行会，2020 年．
◆ 国際安全保障学会編『国際安全保障』（作戦領域の拡大と日本の対応）第 41 巻第 1 号，2013 年 6 月．

第2版あとがき

　初版の原稿を提出してからまだ3年半しかたっていない。しかし、本書で説明してきたとおり、国際情勢は悪化の一途をたどり、日米両国において国家安全保障戦略の全面的な改定が行われている。アメリカの文書は「冷戦後の時代は決定的に終わった」と言い切る一方、日本の文書には「我が国は戦後最も厳しく複雑な安全保障環境に直面している」と明記された。このような国際情勢の劇的な変化によって、伝統的な安全保障論に焦点を当てた本書の価値が一層高まるとともに、国際政治の現状や日米の戦略の進展を本書に反映する必要性も高まっていた。

　改訂版を出したいという気持ちは当初からあった。初版の原稿は、4カ月近く続いた入院生活において仕上げたこともあり、正直なところ、自分としても完成度に自信が持てなかった。初版のあとがきには「まだまだ不完全な内容であることは重々承知している……しかし完璧を期していてはいつまでも出版はできない。今後、いろいろなご批判を真摯に受け止め、機会があれば次の改訂版に生かしたいと考えている」と書いていた。やや拙速に初版を出版したのは、体力が低下していた退院後の授業において自分のテキストがあると便利であろうとおぼろげながら考えたからであった。

　幸いなことに退院後、体調は順調に回復した。実際、自分で本書初版を授業で使ってみて、多くの改善点を見いだすことができた。また、本書の書評やレビューからもいろいろと学ばせていただいた。もちろん今回も万全を期すことはできないが、第2版を出す機は熟したのである。（ただし、入院のため諦めざるを得なかったアテネとデロス島への訪問はまだ実現していない。ここにも、そのことについて書くことができないことが惜しまれる。）

　第2版の執筆時にも、多くの方々のお世話になった。群馬県立女子大学の野口和彦教授からは、本書の初版を授業で使ったご経験からたくさんの有意義なコメントを頂戴した。2022年度と2023年度の担当科目「国際政治論特殊研究」を履修した院生のみなさんには、初版の改善点を見つけてもらったり、第2版の原稿を丁寧にチェックしてもらったりした。慶應義塾大学出版会の

乗みどり氏には、出版状況が厳しい中で本書の改訂にご賛同いただくとともに、初版に引き続き本書の執筆と校正に対しきめ細やかなご支援をいただいた。ここに、いつも私を応援し続けてくれた家族をはじめ、お世話になった全ての方々に心よりお礼申し上げる。

2023 年 10 月

宮岡　勲

初版あとがき

　正直に言えば、学生の頃には政治学を専攻していたにもかかわらず安全保障論にはあまり関心がなかった。私が 1998 年に提出した博士論文は、野生生物保護の国際規範（調査捕鯨、公海流し網漁業および象牙貿易を禁止する規範）に対する日本政府の対応を分析したものである。しかし、その後、1999〜2001 年のハーヴァード大学国際問題研究所への留学や、2002〜04 年の平和・安全保障研究所の安全保障研究奨学プログラムと 2007 年 7 月のコロンビア大学ザルツマン戦争平和研究所主催の軍事作戦・戦略分析サマーワークショップ（SWA-MOS）などへの参加を通じて、私の学問的関心は「動物の安全保障（？）」から「国家の安全保障」へ完全に移ってしまった。本書は、それ以来、約 20 年間にわたり安全保障論の分野で研究と教育を実践してきた成果である。

　実は、国際政治論の入門書を執筆する企画は、2014 年に遡る。当初は、国際政治理論のみを扱う予定であったが、なかなか執筆に専念できずにどんどん後回しになってしまった。しかし、その後、安全保障論のテキストとして仕切り直し、2019 年度後半には大学の特別研究期間という執筆のためのまとまった時間を確保することができた。しかし、特別研究期間が始まるや否や予期しない出来事が起こった。

　本書を書き上げるに際して、ペロポネソス戦争と関係の深いアテネとデロス島を訪れ、そこで感じたことをこの「あとがき」に書こうと計画していた。ところが、ギリシアに飛び立つ前日に、新潟市で開催されていた日本国際政治学会・研究大会の会場において、何の前触れもなく、突然、胸のあたりが苦しくなり倒れてしまったのである。そして、長岡市にある立川綜合病院に救急車で運び込まれ緊急手術を受けた。長時間かかったこの手術は幸いにも成功し、なんとか一命をとりとめることができたのだが、その後も入院生活が 4 カ月近く続くことになった。

　私は、過去の偉大な学者に思いを馳せ、自分を励ました。古代ギリシアのトゥキディデスは、ペロポネソス戦争ではアテーナイ（アテネ）の指揮官に任命されたが、アテーナイ植民都市アムピポリスの救援に失敗し、20 年の追放刑

を受け亡命生活を余儀なくされた。しかし「亡命者たることが幸いしてペロポネソス側の実情にも接して、経過の一々を一そう冷静に知る機会にめぐまれた」と『戦史』の中で回想している（第5巻第26章）。他にも、フィレンツェ共和国の官僚であったニッコロ・マキアヴェリは、政変により政府から追放されて山荘での隠遁生活を余儀なくされたことがあった。また、プロイセン王国の軍人クラウゼヴィッツは、ナポレオン戦争後に陸軍大学校校長の任に就いたものの軍政改革派であったことが災いして、限定的な管理業務しか託されなかったことがあった。しかしこれらの例でも災いが転じて、彼らは不遇の時期にそれぞれ名著『君主論』と『戦争論』の執筆に専念することができたのである。

　私には「災いが転じて」という実感はまだない。入院生活では思うように本書の執筆に専念することはできなかった。倒れる前までに9割方は脱稿していたものの、まだまだ不完全な内容であることは重々承知している（例えば、日本の安全保障政策において重要性を増している、オーストラリア、インド、韓国、東南アジア諸国およびヨーロッパ諸国との安全保障協力については紙幅の都合で取り上げられなかった）。しかし完璧を期していてはいつまでも出版はできない。今後、いろいろなご批判を真摯に受け止め、機会があれば次の改訂版に生かしたいと考えている。

　学問の基礎を身に着ける上でお世話になった方は数限りない。特に学生時代に研究指導をしてくださった田中宏先生、故リチャード・ケナウェイ先生、アーサー・ストックウィン先生、安全保障研究奨学プログラムにおいてディレクターをされていた山本吉宣先生と土山實男先生、そして現在の職場で以前、安全保障論の授業を担当されていた赤木完爾先生は、私の恩師と言える方々である。

　本書の執筆が進められたのも多くの人々のご厚意によるところが大きい。まとまった研究時間を与えてくださった慶應義塾大学法学部の岩谷十郎学部長をはじめとする同僚の方々、国際関係理論研究会に集う研究者の方々、本書の原稿をチェックしてくれた2019年度国際政治論特殊研究に出席した院生のみなさん、長い間辛抱強く本書の執筆を支援していただいた慶應義塾大学出版会の乗みどり氏、それに東京の職場から長岡の病院に資料を届けるなどいろいろな手伝いをしてくれた妻・聡子と長男・賢太郎にも心からの謝意を表したい。

　そして、昨秋に一命をとりとめ本書を完成することができたのは、緊急入院と手術、その後の入院生活を支えてくださった方々のおかげである。倒れた現場付近にいた日本国際政治学会の書評小委員会の先生方、病院への緊急搬送をしてくれた消防士・救急救命士の方々、主治医の葛仁猛先生をはじめとする立川綜合病院の心臓血管外科、形成外科、泌尿器科、およびリハビリテーション科の医師とスタッフ、そして何度も見舞いに来てくれた私と妻の両親や弟など、お世話になった全ての方々に心よりお礼申し上げる。

　2020 年 2 月

宮岡　勲

引用参考文献リスト

日本語文献

アイケンベリー，G・ジョン．2004．『アフター・ヴィクトリー——戦後構築の論理と行動』鈴木康雄訳，NTT 出版［Ikenberry, G. John. 2001. *After Victory: Institutions, Strategic Restraint, and the Rebuilding of Order after Major Wars*. Princeton University Press］．

アイケンベリー，G・ジョン．2012．『リベラルな秩序か帝国か——アメリカと世界政治の行方（下）』細谷雄一監訳，勁草書房［Ikenberry, G. John. 2006. *Liberal Order and Imperial Ambition: Essays on American Power and World Politics*. Cambridge, U. K.: Polity Press］．

赤木完爾，国際安全保障学会編．近刊．『国際安全保障がわかるブックガイド（仮題）』慶應義塾大学出版会．

明石欽司．1998．「欧州近代国家系形成期の多数国間条約における『勢力均衡』概念」『法學研究』第 71 巻第 7 号，7 月，49-80 頁．

朝雲新聞社編集局編著．2023．『防衛ハンドブック　2023』朝雲新聞社．

芦部信喜．2019．『憲法』第 7 版，高橋和之補訂，岩波書店．

アメリカ国防総省編．1983．『英和和英最新軍事用語辞典』吉原恒雄ほか訳編，三修社．

アリストテレス．1980．『アテナイ人の国制』村川堅太郎訳，岩波書店．

アリソン，グレアム．2017．『米中戦争前夜——新旧大国を衝突させる歴史の法則と回避のシナリオ』藤原朝子訳，ダイヤモンド社［Allison, Graham. 2017. *Destined for War: Can America and China Escape Thucydides's Trap?* Boston: Houghton Mifflin Harcourt］．

板山真弓．2020．『日米同盟における共同防衛体制の形成——条約締結から「日米防衛協力のための指針」策定まで』ミネルヴァ書房．

伊東寛．2016．『サイバー戦争論——ナショナルセキュリティの現在』原書房．

岩沢雄司編．2018．『国際条約集』2018 年版，有斐閣．

ヴェーバー，マックス．1980．『職業としての政治』脇圭平訳，岩波書店．

ウェルチ，デイヴィッド・A．2016．『苦渋の選択——対外政策変更に関する理論』田所昌幸監訳，千倉書房［Welch, David A. 2011. *Painful Choices: A Theory of Foreign Policy Change*. Princeton University Press］．

ウォールステッター，アルバート．1973．「こわれやすい恐怖の均衡」高坂正堯，桃井真共編『多極化時代の戦略　上——核理論の史的展開』日本国際問題研究所［Wohlstetter, Albert. 1958. *The Delicate Balance of Terror*. Rev. ed. California: RAND Corporation］．

ウォルツ，ケネス．2010．『国際政治の理論』河野勝，岡垣知子訳，勁草書房［Waltz, Kenneth N. 1979. *Theory of International Politics*. New York: McGraw-Hill］．

ウォルツ，ケネス．2013．『人間・国家・戦争——国際政治の 3 つのイメージ』渡邉昭夫，岡垣知子訳，勁草書房［Waltz, Kenneth N. 1959. *Man, the State, and War: A Theoretical Analysis*. Columbia University Press］．

ウォルト，スティーヴン・M．2008．『米国世界戦略の核心——世界は「アメリカン・パワー」を制御できるか？』奥山真司訳，五月書房［Walt, Stephen M. 2005. *Taming American Power: The*

Global Response to U. S. Primacy. New York: Norton］.

宇宙開発戦略本部．2023．「宇宙安全保障構想」6月13日，内閣府．https://www8.cao.go.jp/space/anpo/kaitei_fy05/anpo_fy05.pdf，2023年7月8日アクセス．

江藤淳．1995．『占領史録 下』新装版，講談社．

NHK取材班，渡邊裕鴻．2015．『山本五十六戦後70年の真実』NHK出版．

エンセル，ノルマン．1912．『現代戦争論―兵力と国利の関係』安部磯雄訳，博文館［Angell, Norman. 1910. *The Great Illusion: A Study of the Relation of Military Power in Nations to their Economic and Social Advantage.* London: W. Heinemann］．

オバマ，バラク．2009．「バラク・オバマ大統領のフラチャニ広場（プラハ）での演説」4月5日，アメリカンセンターJapan．https://americancenterjapan.com/aboutusa/translations/4089/#jplist，2021年1月21日アクセス．

カー，E・H.2011．『危機の二十年―理想と現実』原彬久訳．岩波書店［Carr, E. H. 1946. *The Twenty Years' Crisis, 1919-1939: An Introduction to the Study of International Relations.* 2nd ed. London: Macmillan］．

外務省．2005．「2005年世界サミット成果文書（仮訳）」9月16日．https://www.mofa.go.jp/mofaj/gaiko/unsokai/pdfs/050916_seika.pdf，2023年2月15日アクセス．

外務省．2012．「ファクトシート―日米協力イニシアティブ（仮訳）」4月30日．https://www.mofa.go.jp/mofaj/kaidan/s_noda/usa_120429/pdfs/Fact_Sheet_jp.pdf，2023年7月9日アクセス．

外務省．2020．「核兵器不拡散条約（NPT）の概要」2月7日．https://www.mofa.go.jp/mofaj/gaiko/kaku/npt/gaiyo.html，2021年1月19日アクセス．

外務省．2021．「包括的核実験禁止条約」3月1日．https://www.mofa.go.jp/mofaj/gaiko/kaku/ctbt/gaiyo.html，2023年8月6日アクセス．

外務省編．各年．『外交青書―我が外交の近況』．https://www.mofa.go.jp/mofaj/gaiko/bluebook/index.html，2023年6月23日アクセス．

カルドー，メアリー．2003．『新戦争論―グローバル時代の組織的暴力』山本武彦，渡部正樹訳，岩波書店［Kaldor, Mary. 1999. *New and Old Wars: Organized Violence in a Global Era.* Stanford University Press］．

カント．2006．『永遠平和のために／啓蒙とは何か他3編』中山元訳，光文社．

木村靖二，岸本美緒，小松久男編．2017．『詳説世界史研究』山川出版社．

キャンベル，カート，イーライ・ラトナー．2018．「対中幻想に決別した新アプローチを―中国の変化に期待するのは止めよ」『フォーリン・アフェアーズ・リポート』4月号，6-16頁［Campbell, Kurt M., and Ely Ratner. 2018. The China Reckoning: How Beijing Defied American Expectations. *Foreign Affairs* 97, no. 2（March/April）: 60–70］．

ギルピン，ロバート．1990．『世界システムの政治経済学―国際関係の新段階』佐藤誠三郎，竹内透監修，大蔵省世界システム研究会訳，東洋経済新報社［Gilpin, Robert. 1987. *The Political Economy of International Relations.* Princeton University Press］．

ギルピン，ロバート．2022．『覇権国の交代―戦争と変動の国際政治学』納家政嗣監訳，徳川家広訳，勁草書房［Gilpin, Robert. 1981. *War and Change in World Politics.* Cambridge University

Press].

クラウゼヴィッツ．2001a．『戦争論　上』清水多吉訳，中央公論新社．

クラウゼヴィッツ．2001b．『戦争論　下』清水多吉訳，中央公論新社．

クラズナー，スティーヴン・D. 2020．「構造的原因とレジームの結果—媒介変数としてのレジーム」スティーヴン・D. クラズナー編『国際レジーム』河野勝監訳，勁草書房［Krasner, Stephen D. 1983. Structural Causes and Regime Consequences: Regimes as Intervening Variables. In *International Regimes*, ed. Stephen D. Krasner, 1–21. Cornell University Press［also *International Organization* 36, no. 2（Spring 1982）: 185–205]].

クラズナー，スティーヴン・D. 編．2020．『国際レジーム』河野勝監訳，勁草書房［Krasner, Stephen D., ed. 1983. *International Regimes*. Cornell University Press.].

グレイ，コリン．2015．『現代の戦略』奥山真司訳，中央公論新社［Gray, Colin S. 1999. *Modern Strategy*. Oxford University Press].

クレフェルト，マーチン・ファン．2011．『戦争の変遷』石津朋之監訳，原書房［Van Creveld, Martin. 1991. *The Transformation of War*. New York: Free Press].

経済産業省編．各年．『通商白書』．https://www.meti.go.jp/report/whitepaper/index_tuhaku.html, 2023 年 7 月 16 日アクセス．

ケンドール゠テイラー，アンドレア，デビッド・シュルマン．2018．『フォーリン・アフェアーズ・リポート』11 月号，60–65 頁［Kendall-Taylor, Andrea, and David O. Shullman. 2018. How Russia and China Undermine Democracy: Can the West Counter the Threat? Foreign Affairs. October 2. https://www.foreignaffairs.com/articles/china/2018-10-02/how-russia-and-china-undermine-democracy（accessed August 10, 2023)].

高坂正堯．1968．『宰相吉田茂』中央公論社．

高坂正堯．1989．「日本外交の弁証」渡辺昭夫ほか編『講座　国際政治 4—日本の外交』東京大学出版会．

高坂正堯．2008．『海洋国家日本の構想』中央公論新社．

厚生労働省．2020．「原子爆弾被爆者援護施策の概要及び対象地域について」11 月．https://www.mhlw.go.jp/content/10901000/000694758.pdf，2023 年 8 月 6 日アクセス．

国際連合．2008．『国連平和維持活動—原則と指針』平和維持活動局，フィールド支援局．https://www.unic.or.jp/files/pko_100126.pdf，2019 年 7 月 6 日アクセス［United Nations. 2008. *United Nations Peacekeeping Operations: Principles and Guidelines*. Department of Peacekeeping Operations and Department of Field Support].

国際連合広報センター．「国連を正しく知るために」．http://www.unic.or.jp/info/un/un_organization/setting_the_record_straight/，2018 年 5 月 7 日アクセス．

国土技術研究センター．「海に囲まれている国，日本」．http://www.jice.or.jp/knowledge/japan/commentary03，2019 年 12 月 15 日アクセス．

コックス，ロバート・W. 1995．「社会勢力，国家，世界秩序—国際関係論を超えて」遠藤誠治訳，坂本義和編『世界政治の構造変動 2　国家』岩波書店［Cox, Robert W. 1981. Social Forces, States and World Orders: Beyond International Relations Theory. *Millennium* 10, no. 2（Summer): 126–155].

コヘイン，ロバート．1998．『覇権後の国際政治経済学』石黒馨，小林誠訳，晃洋書房［Keohane, Robert. 1984. *After Hegemony: Cooperation and Discord in the World Political Economy*. Princeton University Press］．

コヘイン，ロバート・O，ジョセフ・S・ナイ．2012．『パワーと相互依存』滝田賢治監訳，ミネルヴァ書房［Keohane, Robert O., and Joseph S. Nye. 2001. *Power and Interdependence*. 3rd ed. New York: Longman］．

今野茂充．2010．「ネオクラシカル・リアリズムの対外政策理論」『法學研究』第83巻第3号，3月，391–421頁．

坂元一哉．2000．『日米同盟の絆―安保条約と相互性の模索』有斐閣．

佐々木卓也編著．2011．『ハンドブック　アメリカ外交史―建国から冷戦後まで』ミネルヴァ書房．

佐瀬昌盛．2012．『集団的自衛権―新たな論争のために』新版，一藝社．

シェリング，トーマス．2008．『紛争の戦略―ゲーム理論のエッセンス』河野勝訳，勁草書房［Schelling, Thomas C. 1960. *The Strategy of Conflict*. Harvard University Press］．

ジャーヴィス，ロバート．2020．「安全保障レジーム」スティーヴン・D・クラズナー編『国際レジーム』河野勝監訳，勁草書房［Jervis, Robert. 1983. Security Regimes. In *International Regimes*, ed. Stephen D. Krasner, 173–194. Cornell University Press［also *International Organization* 36, no. 2（Spring 1982）: 357–378］］．

シュナイダー，グレン・H．1973．「拒否と懲罰による抑止力」桃井真訳，高坂正堯，桃井真共編『多極化時代の戦略　上―核理論の史的展開』日本国際問題研究所［Snyder, Glenn H. 1965. Deterrence by Denial and Punishment. In *Components of Defense Policy*, ed. Davis B. Bobrow, 209–237. Chicago: Rand McNally & Company］．

ジョージ，アレキサンダー，アンドリュー・ベネット．2013．『社会科学のケース・スタディ―理論形成のための定性的手法』泉川泰博訳，勁草書房［George, Alexander L., and Andrew Bennett. 2005. *Case Studies and Theory Development in the Social Sciences*. MIT Press］．

杉原高嶺ほか．2012．『現代国際法講義』第5版，有斐閣．

スチーブンスン，R・W．1989．『デタントの成立と変容―現代米ソ関係の政治力学』滝田賢治訳，中央大学出版部［Stevenson, Richard W. 1985. *The Rise and Fall of Détente: Relaxations of Tension in US-Soviet Relations, 1953–84*. University of Illinois Press］．

スミス，アダム．2000．『国富論 (2)』水田洋監訳，岩波書店．

スミス，アダム．2001．『国富論 (3)』水田洋監訳，岩波書店．

スローン，エリノア．2019．『現代の軍事戦略入門―陸海空からPKO，サイバー，核，宇宙まで』増補新版，奥山真司，平山茂敏訳，芙蓉書房出版［Sloan, Elinor C. 2017. *Modern Military Strategy: An Introduction*. Rev. and Upd. 2nd ed. New York: Routledge］．

セーガン，スコット，ケネス・ウォルツ．2017．『核兵器の拡散―終わりなき論争』斎藤剛訳，勁草書房［Sagan, Scott D., and Kenneth N. Waltz. 2013. *The Spread of Nuclear Weapons: An Enduring Debate*. 3rd ed. New York: W. W. Norton］．

外岡秀俊，本田優，三浦俊章．2001．『日米同盟半世紀―安保と密約』朝日新聞社．

ダイアモンド，ラリー．2021．「アメリカなき民主世界―民主的後退の世界的帰結」『フォー

リン・アフェアーズ・リポート』8月号，82–88頁［Diamond, Larry. 2021. A World Without American Democracy? The Global Consequences of the United States' Democratic Backsliding. Foreign Affairs. July 2. https://www.foreignaffairs.com/articles/americas/2021-07-02/world-without-american-democracy（accessed August 10, 2023）］.

多田実．1982．『日米安保条約―日本国とアメリカ合衆国との間の相互協力及び安全保障条約』三笠書房.

田中明彦．1997．『安全保障―戦後50年の模索』読売新聞社.

田村重信編著．2018．『新・防衛法制』内外出版.

ダレス，ジョン・F．1973．「外交政策の進展」高坂正堯，桃井真共編『多極化時代の戦略上―核理論の史的展開』日本国際問題研究所［Dulles, John Foster. 1954. Revolution of Foreign Policy. The Department of State Bulletin 30, no. 761（January 25）: 107–110］.

ドイル，マイケル・W．2004．「カント，自由主義の遺産，外交」猪口孝編『国際関係リーディングズ』東洋書林［Doyle, Michael. 1983. Kant, Liberal Legacies, and Foreign Affairs, Part I. Philosophy and Public Affairs 12, no. 3（Summer）: 205–235］.

トゥーキュディデース．1966–67．『戦史（上）（中）（下）』久保正彰訳，岩波書店.

トフラー，アルビン．1980．『第三の波』徳山二郎監修，鈴木健次，桜井元雄ほか訳，日本放送出版協会［Toffler, Alvin. 1980. The Third Wave. New York: Morrow］.

トフラー，アルビン，ハイジ・トフラー．1993．『アルビン・トフラーの戦争と平和―21世紀，日本への警鐘』徳山二郎訳，フジテレビ出版［刊行された原著なし．類書にToffler, Alvin, and Heidi Toffler. 1993. War and Anti-War: Survival at the Dawn of the 21st Century. Boston: Little, Brown がある］.

鳥嶋真也．2019．「日本版GPS『みちびき』の軍事利用が始まる 衛星攻撃兵器やキラー衛星に本格的に対処『令和』時代の自衛隊による宇宙戦争」『軍事研究』第54巻第6号，6月，70–81頁.

ナイ，ジョセフ・S．1996．「米軍の撤退など論外だ」『新脅威時代の「安全保障」―『フォーリン・アフェアーズ』アンソロジー』中央公論社［Nye, Joseph S. Jr. 1995. The Case for Deep Engagement. Foreign Affairs 74, no. 4（July/August）: 90–102］.

ナイ，ジョセフ・S．2011．『スマート・パワー―21世紀を支配する新しい力』山岡洋一，藤島京子訳，日本経済新聞出版社［Nye, Joseph S. 2011. The Future of Power. New York: PublicAffairs］.

ナイ，ジョセフ・S・ジュニア，デイヴィッド・A・ウェルチ．2017．『国際紛争―理論と歴史』原書第10版，田中明彦，村田晃嗣訳，有斐閣［Nye, Joseph S. Jr., and David A. Welch. 2017. Understanding Global Conflict and Cooperation: An Introduction to Theory and History. 10th ed. Boston: Pearson］.

内閣官房（国家安全保障会議設置準備室）．2013．「『国家安全保障会議』について（説明資料）」．http://www.kantei.go.jp/jp/singi/ka_yusiki/dai6/siryou1.pdf，2018年3月23日アクセス.

内閣官房．2014．「国の存立を全うし，国民を守るための切れ目のない安全保障法制の整備について」国家安全保障会議決定・閣議決定，7月1日．https://www.cas.go.jp/jp/gaiyou/jimu/pdf/anpohosei.pdf，2019年6月22日アクセス.

内閣官房（内閣審議室分室，内閣総理大臣補佐官室）編．1980．『総合安全保障戦略—総合安全保障研究グループ』大蔵省印刷局．

中江兆民．2014．『三酔人経綸問答』鶴ヶ谷真一訳，光文社．

中西寛．2007．「安全保障概念の歴史的再検討」赤根谷達雄，落合浩太郎編著『「新しい安全保障」論の視座—人間　環境　経済　情報』増補改訂版，亜紀書房．

人間の安全保障委員会．2003．『安全保障の今日的課題—人間の安全保障委員会報告書』朝日新聞社．

バイデン，ジョセフ．2020．「アメリカのリーダーシップと同盟関係—トランプ後の米外交に向けて」『フォーリン・アフェアーズ・リポート』3月号，30–41頁［Biden, Joseph R., Jr. 2020. Why America Must Lead Again Rescuing U. S. Foreign Policy After Trump. *Foreign Affairs* 99, no. 2（March/April）: 64–68, 70–76］．

バターフィールド，H．2010．「勢力均衡」H．バターフィールド，M．ワイト編『国際関係理論の探究—英国学派のパラダイム』佐藤誠ほか訳，日本経済評論社［Butterfield, Herbert. 1966. Balance of Power. In *Diplomatic Investigations: Essays in the Theory of International Politics*, ed. Herbert Butterfield and Martin G. Wight. London: Allen & Unwin］．

花井等，木村卓司．1993．『アメリカの国家安全保障政策—決定プロセスの政治学』原書房．

バーリン，アイザィア．2000．『自由論』新装版，小川晃一ほか共訳，みすず書房［Berlin, Isaiah. 1979. *Four Essays on Liberty*. Oxford University Press］．

ハワード，マイケル．2010．『ヨーロッパ史における戦争』改訂版，奥村房夫，奥村大作訳，中央公論新社［Howard, Michael. 2009. *War in European History*. Upd. ed. Oxford University Press］．

ハンチントン，S・P．1995．『第三の波—20世紀後半の民主化』坪郷實，中道寿一，藪野裕三訳，三嶺書房［Huntington, Samuel P. 1991. *The Third Wave: Democratization in the Late Twentieth Century*. Oklahoma University Press］．

ヒル，フィオナ，アンジェラ・ステント．2022．「プーチンが再現したい過去—歴史の曲解と大いなる幻想」『フォーリン・アフェアーズ・リポート』10月号，6–18頁［Hill, Fiona, and Angela Stent. 2022. The World Putin Wants: How Distortions about the Past Feed Delusions about the Future. *Foreign Affairs* 101, no. 5（September/October）: 108–122］．

福田歓一．1985．『政治学史』東京大学出版会．

福田毅．2011．『アメリカの国防政策—冷戦後の再編と戦略文化』昭和堂．

フクヤマ，フランシス．2005．『歴史の終わり　上巻』新装版，渡部昇一訳・特別解説，三笠書房［Fukuyama, Francis. 1992. *The End of History and the Last Man*. New York: Free Press］．

プーチン，ウラジーミル．2021．「ロシア人とウクライナ人の歴史的一体性」The Embassy of the Russian Federation in Japan，7月13日，Facebook．https://www.facebook.com/317708145042383/posts/2654867514659756/?paipv=0&eav=AfYAsJNYQSuzL9A8QPCoKnRGDaXG9XtVIFcDSnCcpNC7sK_JMUIMwOEfnAvmdhCVahg&_rdr，2023年7月16日アクセス．

ブラント委員会．1980．『南と北—生存のための戦略』ブラント委員会報告，森治樹監訳，日本経済新聞社．

フリーデン，マイケル．2021．『リベラリズムとは何か』山岡龍一監訳，寺尾範野，森達也訳，筑摩書房［Freeden, Michael. 2015. *Liberalism: A Very Short Introduction*. Oxford University

Press].

ブル，ヘドリー．2000．『国際社会論―アナーキーカル・ソサイエティ』臼杵英一訳，岩波
　　書店［Bull, Hedley. 1995. *The Anarchical Society: A Study of Order in World Politics*. 2nd ed. Basingstoke,
　　Hampshire: Macmillan Press］．

ブレイニー，ジェフリー．1975．『戦争と平和の条件―近代戦争原因の史的考察』中野泰雄，
　　川畑寿，呉忠根訳，新光閣書店［Blainey, Geoffrey. 1973. *The Causes of War*. London: Macmillan］．

米国大使館レファレンス資料室編．2008．『米国の歴史と民主主義の基本文書』米国大使館
　　レファレンス資料室．

ベイリス，ジョン，ジェームズ・ウィルツ，コリン・グレイ編．2012．『戦略論―現代世界
　　の軍事と戦争』石津朋之監訳，勁草書房［Baylis, John, James J. Wirtz, and Colin Gray, eds. 2010.
　　Strategy in the Contemporary World: An Introduction to Strategic Studies. 3rd ed. Oxford University Press］．

ヘルド，デイヴィッドほか．2006．『グローバル・トランスフォーメーションズ―政治・経
　　済・文化』古城利明ほか訳，中央大学出版部［Held, David et al. 1999. *Global Transformations:
　　Politics, Economics and Culture*. Cambridge, U. K.: Polity Press］．

ヘロドトス．2007．『歴史（下）』改版，松平千秋訳，岩波書店．

防衛省．2012．「防衛省・自衛隊によるサイバー空間の安定的・効果的な利用に向けて」9
　　月．http://www.mod.go.jp/j/approach/others/security/cyber_security_sisin. Pdf，2019 年 12 月 15
　　日アクセス．

細谷千博ほか編．1999．『日米関係資料集　1945–97』東京大学出版会．

ホッブズ．1954．『リヴァイアサン（1）』水田洋訳，岩波書店．

ホッブズ．1964．『リヴァイアサン（2）』水田洋訳，岩波書店．

ホフマン，ブルース．1999．『テロリズム―正義という名の邪悪な殺戮』上野元美訳，原書
　　房［Hoffman, Bruce. 1998. *Inside Terrorism*. Columbia University Press］．

前田哲男，飯島滋明編．2003．『国会審議から防衛論を読み解く』三省堂．

マキアヴェリ．2018．『君主論』新版，池田廉訳，中央公論新社．

マクナマラ，ロバート・S　1968．「ロバート・S・マクナマラ国防長官の上院軍事委員会に
　　おける一九六九――九七三会計年度国防計画および一九六九会計年度国防予算に関するス
　　テートメント」『国防』第 17 巻第 5 号，5 月［Statement of Secretary of Defense Robert S. Mc-
　　Namara before the House Armed Service Committee on the Fiscal Year 1966–70 Defense Program and
　　1966 Defense Budget. February. https://cdn.loc.gov/service/sgp/sgpmbb/00416159968/00416159968.
　　pdf（accessed August 7, 2019）］．

松田康博，細野英揮．2009．「第 8 章　日本―安全保障会議と内閣官房」松田康博編『NSC
　　国家安全保障会議―危機管理・安保政策統合メカニズムの比較研究』彩流社．

松葉真美．2010．「国連平和維持活動（PKO）の発展と武力行使をめぐる原則の変化」『レフ
　　ァレンス』第 60 巻第 1 号，1 月号，15–36 頁．

マハン，アルフレッド・セイヤー．2008．『マハン海上権力史論』北村謙一訳，原書房［Mah-
　　an, Alfred T. 2012. *The Influence of Sea Power upon History, 1660–1783*. Newburyport: Dover Publica-
　　tions］．

マンスフィールド，エドワード，ジャック・スナイダー．1995．「民主化は本当に世界を平

和にするか」『中央公論』第 110 巻第 10 号，7 月号，367–385 頁 ［Mansfield, Edward D., and Jack Snyder. 1995. Democratization and War. *Foreign Affairs* 74, no. 3 （May-June）: 79–97］.

ミアシャイマー，ジョン．2014.「悪いのはロシアではなく欧米だ―プーチンを挑発した欧米のリベラルな幻想」『フォーリン・アフェアーズ・リポート』9 月号，6–17 頁［Mearsheimer, John J. Why the Ukraine Crisis Is the West's Fault: The Liberal Delusions That Provoked Putin. *Foreign Affairs* 93, no. 5 （September/October）: 77–89］.

ミアシャイマー，ジョン・J.2019.『大国政治の悲劇』新装完全版，奥山真司訳，五月書房新社［Mearsheimer, John J. 2014. *The Tragedy of Great Power Politics.* Upd. ed. New York: W. W. Norton］.

宮岡勲.2006.「『規範の学校』としての欧州安全保障協力機構―旧ソ連諸国における民主的軍統制の国内法制化」『国際政治』第 144 号，2 月，16–31 頁.

宮岡勲.2018.「対外政策変更とリーダーの個性に関する諸理論」『国際安全保障』第 46 巻第 1 号，6 月，1–13 頁.

宮岡勲.2019.「国際関係論におけるパラダイム間論争―学説史からの考察」『法学研究』第 92 巻第 1 号，1 月，73–96 頁.

室山義正.1992.『日米安保体制―冷戦後の安全保障戦略を構想する（上）』有斐閣.

室山義正.1997.「冷戦後の日米安保体制―「冷戦安保」から「再定義安保」へ」『国際政治』第 115 号，5 月.

モーゲンソー.2013.『国際政治―権力と平和（上）（中）（下）』原彬久監訳，岩波書店 ［Morgenthau, Hans J. 1978. *Politics among Nations: The Struggle for Power and Peace.* 5th ed., Rev. New York: Knopf］.

ラギー，ジョン・ジェラルド.2020.「国際レジーム，取引，そして変化―戦後経済秩序に埋め込まれた自由主義」スティーヴン・D. クラズナー編『国際レジーム』河野勝監訳，勁草書房［Ruggie, John G. 1983. International Regimes, Transactions, and Change: Embedded Liberalism in the Post-War Economic Order. In *International Regimes*, ed. Stephen D. Krasner, 195–231. Cornell University Press ［also *International Organization* 36, no. 2 （Spring 1982）: 379–415］］.

ラセット，ブルース.1996.『パクス・デモクラティア―冷戦後世界への原理』東京大学出版会 ［Russett, Bruce. 1993. *Grasping the Democratic Peace: Principles for a Post-Cold War World.* Princeton University Press］.

ルソー.2008.『人間不平等起源論』中山元訳，光文社.

レイン，クリストファー.2011.『幻想の平和―1940 年から現在までのアメリカの大戦略』奥山真司訳，五月書房［Layne, Christopher. 2006. *The Peace of Illusions: American Grand Strategy from 1940 to the Present.* Cornell University Press］.

ローズクランス，リチャード.1987.『新貿易国家論』土屋政雄訳，中央公論社.［Rosecrance, Richard. 1986. *The Rise of the Trading State: Commerce and Conquest in the Modern World.* New York: Basic Books］.

ローレン，ポール・ゴードン，ゴードン・A・クレイグ，アレキサンダー・L・ジョージ.2009.『軍事力と現代外交―現代における外交的課題』木村修三ほか訳，有斐閣［Lauren, Paul Gordon, Gordon A. Craig, and Alexander L. George. 2007. *Force and Statecraft: Diplomatic Chal-*

lenges of Our Time. 4th ed. Oxford University Press〕．

ロック．2011．『市民政府論』角田安正訳，光文社．

英語文献

Art, Robert J., and Kelly M. Greenhill, eds. 2015. *The Use of Force: Military Power and International Politics*. 8th ed. Lanham: Rowman & Littlefield.

Baldwin, David A. 1997. The Concept of Security. *Review of International Studies* 23, no. 1 (January): 5–26.

Ball, Desmond. 1980. *Politics and Force Levels: The Strategic Missile Program of the Kennedy Administration*. University of California Press.

Berkowitz, Morton, and P. G. Bock. 1965. *American National Security*. New York: Free Press.

Brooks, Stephen G., and William C. Wohlforth. 2008. *World out of Balance: International Relations and the Challenge of American Primacy*. Princeton University Press.

Brown, Michael E. 2001. The Causes of Internal Conflict: An Overview. In *Nationalism and Ethnic Conflict*, ed. Michael E. Brown et al., 3–25. MIT Press.

Buzan, Barry. 1983. *People, States, and Fear: The National Security Problem in International Relations*. Brighton, Sussex: Wheatsheaf Books, 1983.

Buzan, Barry, and Lene Hansen. 2009. *The Evolution of International Security Studies*. Cambridge University Press.

Carter, Ashton B., William J. Perry, and John D. Steinbruner. 1992. *A New Concept of Cooperative Security*, Occasional Paper. Washington, D. C.: Brookings Institution.

Claude, Inis L., Jr. 1959. *Swords into Plowshares: The Problems and Progress of International Organization*. 2nd. ed., Rev. and Enl. New York: Random House.

Conference on Security and Co-operation in Europe (CSCE). 1990. Charter of Paris for A New Europe. November. http://www.osce.org/mc/39516 (accessed October 6, 2013).

Copeland, Dale C. 1996. Economic Interdependence and War: A Theory of Trade Expectations. *International Security* 20, no. 4 (Spring): 5–41.

Copeland, Dale C. 2000. *The Origins of Major Wars*. Cornell University Press.

Doyle, Michael W. 1997. *Ways of War and Peace: Realism, Liberalism, and Socialism*. New York: W. W. Norton.

Edelstein, David M. 2010. Realists Don't Go for Bombs and Bullets. Foreign Policy. Blog post, July 21. https://foreignpolicy.com/2010/07/21/why-realists-dont-go-for-bombs-and-bullets/ (accessed October 13, 2019).

The Editors. 1976. Foreword. *International Security* 1, no. 1 (Summer): 2.

Ekbladh, David. 2011. Present at the Creation: Edward Mead Earle and the Depression-Era Origins of Security Studies. *International Security* 36, no. 3 (Winter): 107–141.

Elrod, Richard B. 1976. Concert of Europe: Fresh Look at an International System. *World Politics* 28, no. 2 (January): 159–174.

Fazal, Tanisha M. 2004. State Death in the International System. *International Organization* 58, no. 2

(Spring): 311–344.

Freedman, Lawrence, and Jeffrey Michaels. 2019. *The Evolution of Nuclear Strategy*. 4th ed. London: Palgrave Macmillan.

Freedom House. 2022. *Freedom in the World 2022: The Global Expansion of Authoritarian Rule*. https://freedomhouse.org/sites/default/files/2022-02/FIW_2022_PDF_Booklet_Digital_Final_Web.pdf (accessed August 10, 2023).

Fukuyama, Francis. 1989. The End of History? *The National Interest* 16 (Summer): 3–18.

Gilpin, Robert. 1984. The Richness of the Tradition of Political Realism. *International Organization* 38, no. 2 (Spring): 287–304.

Gilpin, Robert. 1988. The Theory of Hegemonic War. *Journal of Interdisciplinary History* 18, no. 4 (Spring): 591–614.

Gray, Colin S. 1982. *Strategic Studies and Public Policy: The American Experience*. The University Press of Kentucky.

Grieco, Joseph M. 1988. Anarchy and the Limits of Cooperation: A Realist Critique of the Newest Liberal Institutionalism. *International Organization* 42, no. 3 (Summer): 485–507.

Heginbotham, Eric, et al. 2015. *The U. S.-China Military Scorecard: Forces, Geography, and the Evolving Balance of Power, 1996–2017*. Santa Monica, CA: RAND Corporation. https://www.rand.org/pubs/research_reports/RR392.html (accessed February 20, 2023).

Herz, John H. 1950. Idealist Internationalism and the Security Dilemma. *World Politics* 2, no. 2 (January): 157–180.

Ikenberry, G. John. 2011. *Liberal Leviathan: The Origins, Crisis, and Transformation of the American World Order*. Princeton University Press.

Jervis, Robert. 1976. *Perception and Misperception in International Politics*. Princeton University Press.

Jervis, Robert. 1978. Cooperation under the Security Dilemma. *World Politics* 30, no. 2 (January): 167–214.

Jervis, Robert. 1989. *The Meaning of the Nuclear Revolution: Statecraft and the Prospect of Armageddon*. Cornell University Press.

Keohane, Robert O. 1989. *International Institutions and State Power: Essays in International Relations Theory*. Boulder: Westview Press.

Keohane, Robert O. 1990. International Liberalism Reconsidered. In *The Economic Limits to Modern Politics*, ed. John Dunn, 165–194. Cambridge University Press [also in *Power and Governance in a Partially Globalized World*, ed. Robert O. Keohane, 39–62. London: Routledge, 2002].

Krause, Keith, and Michael Williams. 1996. Broadening the Agenda of Security Studies. *Mershon International Studies Review* 40, no. 2 (October): 229–254.

Layne, Christopher. 1993. The Unipolar Illusion: Why New Great Powers Will Rise. *International Security* 17, no. 4 (Spring): 5–51.

Layne, Christopher. 1994. Kant or Cant: The Myth of the Democratic Peace. *International Security* 19, no. 2 (Fall): 5–49.

Layne, Christopher. 2006. The Unipolar Illusion Revisited: The Coming End of the United States' Unipolar

Moment. *International Security* 31, no. 2（Fall）: 7–41.

Layne, Christopher. 2012. This Time It's Real: The End of Unipolarity and the Pax Americana. *International Studies Quarterly* 56, no. 1（March）: 203–213.

Leavitt, Sandra R. 2012. Problems in Collective Action. In *Conflict and Cooperation in the Commons a Comprehensive Approach for International Security*, ed. Scott Jasper, 23–39. Georgetown University Press.

Lebow, Richard Ned. 2022. International Relations Theory and the Ukrainian War. *Analyse & Kritik* 44, no. 1（May）: 111–135.

Levy, Jack S., and William R. Thompson. 2010a. *Causes of War*. Chichester: Wiley-Blackwell.

Levy, Jack S., and William R. Thompson. 2010b. Balancing on Land and at Sea: Do States Ally against the Leading Global Power? *International Security* 35, no. 1（Summer）: 7–43.

Lieber, Keir A., and Daryl G. Press. 2017. The New Era of Counterforce: Technological Change and the Future of Nuclear Deterrence. *International Security* 41, no. 4（Spring）: 9–49.

Lindsay, Jon R. 2013. Stuxnet and the Limits of Cyber Warfare. *Security Studies* 22, no. 3（July）: 365–404.

Locke, John. 1980. *Second Treatise of Government*, ed. C. B. Macpherson. Cambridge, Mass.: Hackett Publishing Company, Inc.

Luard, Evan, ed. 1992. *Basic Texts in International Relations: The Evolution of Ideas about International Society*. Basingstoke, Hants: Macmillan Academic and Professional.

McCalla, Robert B. 1996. NATO's Persistence after the Cold War. *International Organization* 50, no. 3（Summer）: 445–475.

McDowell, Jonathan C. 2018. The Edge of Space: Revisiting the Karman Line. *Acta Astronautica* 151（October）: 668–677.

McFaul, Michael. 2020. Putin, Putinism, and the Domestic Determinants of Russian Foreign Policy. *International Security* 45, no. 2（Fall）: 95–139.

McNamara, Robert S. 1965. Statement of Secretary of Defense Robert S. McNamara before the House Armed Service Committee on the Fiscal Year 1966–70 Defense Program and 1966 Defense Budget. February. https: //cdn.loc.gov/service/sgp/sgpmbb/00416159579/00416159579.pdf（accessed August 7, 2019）.

Mearsheimer, John J. 1990. Back to the Future: Instability in Europe after the Cold War. *International Security* 15, no. 1（Summer）: 5–56.

Monteiro, Nuno P. 2011. Unrest Assured: Why Unipolarity is Not Peaceful. *International Security* 36, no. 3（Winter）: 9–40.

Morgenthau, Hans J. 1952. Another "Great Debate": The National Interest of the United States. *American Political Science Review* 46, no. 4（December）: 961–988.

Morrow, James D. 1991. Alliances and Asymmetry: An Alternative to the Capability Aggregation Model of Alliances. *American Journal of Political Science* 35, no. 4（November）: 904–933.

Morrow, James. 1993. Arms Versus Allies. *International Organization* 47, no. 2（Spring）: 207–234.

Nuechterlein, Donald E. 1985. *America Overcommitted: United States National Interests in the 1980s*. University Press of Kentucky.

Nye, Joseph S. Jr. 2016/17. Deterrence and Dissuasion in Cyberspace. *International Security* 41, no. 3（Winter): 44–71.

Nye, Joseph S. Jr., and Sean M. Lynn-Jones. 1988. International Security Studies: A Report of a Conference on the State of the Field. *International Security* 12, no. 4 (Spring): 5–27.

Office of the Chairman of the Joint Chiefs of Staff (OCJCS). 2021. *DOD Dictionary of Military and Associated Terms*. Washington DC: The Joint Staff, November. https://irp.fas.org/doddir/dod/dictionary.pdf (accessed July 16, 2023).

Oneal, John R., and Bruce Russett. 1999. The Kantian Peace: The Pacific Benefits of Democracy, Interdependence, and International Organizations, 1885–1992. *World Politics* 52, no. 1 (October): 1–37.

Organski, A. F. K. 1968. *World Politics*. 2nd ed. New York: Knopf.

Paris, Roland. 2001. Human Security: Paradigm Shift or Hot Air? *International Security* 26, no. 2 (Fall): 87–102.

Payne, Keith B. 2020. The Great Divide in US Deterrence Thought. *Strategic Studies Quarterly* 14, no. 2 (Summer): 16–48.

Posen, Barry R. 2003. Command of the Commons: The Military Foundations of U. S. Hegemony. *International Security* 28, no. 1 (Summer): 5–46.

Ripsman, Norrin M., and T. V. Paul. 2010. *Globalization and the National Security State*. Oxford University Press.

Rosato, Sebastian, and John Schuessler. 2011. A Realist Foreign Policy for the United States. *Perspectives on Politics* 9, no. 4 (December): 803–819.

Russett, Bruce, and John R. Oneal. 2001. *Triangulating Peace: Democracy, Interdependence, and International Organizations*. New York: Norton.

Schweller, Randall L. 1999. Managing the Rise of Great Powers: History and Theory. In *Engaging China: The Management of an Emerging Power*, ed. Alastair Iain Johnston and Robert S. Ross, 1–31. London: Routledge.

Singer, P. W., and Allan Friedman. 2014. *Cybersecurity and Cyberwar*. Oxford University Press.

Smith, Steve. 1996. Positivism and Beyond. In *International Theory: Positivism and Beyond*, ed. Steve Smith, Ken Booth, and Marysia Zalewski, 11–44. Cambridge University Press.

Snyder, Glenn H. 1961. *Defense and Deterrence: Toward a Theory of National Security*. Princeton University Press.

Snyder, Glenn H. 1965. The Balance of Power and the Balance of Terror. In *The Balance of Power*, ed. Paul Seabury, 185–201. Scranton: Chandler.

Snyder, Glenn H. 1997. *Alliance Politics*. Cornell University Press.

Tunsjø, Øystein. 2018. *The Return of Bipolarity in World Politics: China, the United States, and Geostructural Realism*. Columbia University Press.

Uppsala Conflict Data Program (UCDP). 2023. State-based Armed Conflicts by Type of Conflict (1946–2022). https://ucdp.uu.se/downloads/charts/ (accessed August 6, 2023).

U.S. Department of Defense (USDoD). 2002. *Excerpts of Classified Nuclear Posture Review/S*. January 8. https://fas.org/wp-content/uploads/media/Excerpts-of-Classified-Nuclear-Posture-Review.pdf (accessed August 25, 2019).

U.S. Department of Defense（USDoD）. 2010. *Nuclear Posture Review Report*. Office of the Secretary of Defense. April. https://dod.defense.gov/Portals/1/features/defenseReviews/NPR/2010_Nuclear_Posture_Review_Report.pdf（accessed January 22, 2021）.

U.S. Department of Defense（USDoD）. 2018. *Nuclear Posture Review*. Office of the Secretary of Defense. February. https://media.defense.gov/2018/Feb/02/2001872886/-1/-1/1/2018-NUCLEAR-POSTURE-REVIEW-FINAL-REPORT.PDF（accessed January 22, 2021）.

U.S. Department of Defense（USDoD）. 2022. *2022 Nuclear Posture Review*. Office of the Secretary of Defense. October. https://media.defense.gov/2022/Oct/27/2003103845/-1/-1/1/2022-NATIONAL-DEFENSE-STRATEGY-NPR-MDR.PDF（accessed June 23, 2023）.

Viner, Jacob. 1948. Power Versus Plenty as Objectives of Foreign Policy in the Seventeenth and Eighteenth Centuries. *World Politics* 1, no. 1（October）: 1–29.

Wallander, Celeste A. 2000. Institutional Assets and Adaptability: NATO After the Cold War. *International Organization* 54, no. 4（September）: 705–735.

Walt, Stephen M. 1991. The Renaissance of Security Studies. *International Studies Quarterly* 35, no. 2（June）: 211–239.

Walt, Stephen M. 1997. Why Alliances Endure or Collapse. *Survival* 39, no. 1（Spring）: 156–179.

Walt, Stephen M. 2009. Alliances in a Unipolar World. *World Politics* 61, no. 1（January）: 86–120.

Waltz, Kenneth N. 1964. The Stability of a Bipolar World. *Daedalus* 93, no. 3（Summer）: 881–909.

Waltz, Kenneth N. 1990a. Nuclear Myths and Political Realities. *American Political Science Review* 84, no. 3（September）: 731–745.

Waltz, Kenneth N. 1990b. Realist Thought and Neorealist Theory. *Journal of International Affairs* 44, no. 1（Spring/Summer）: 21–37.

Waltz, Kenneth N. 1993. The Emerging Structure of International Politics. *International Security* 18, no. 2（Fall）: 44–79.

Waltz, Kenneth N. 1999. Globalization and Governance. *PS: Political Science and Politics* 32, no. 4（December）: 693–700.

Waltz, Kenneth N. 2000. Structural Realism after the Cold War. *International Security* 25, no. 1（Summer）: 137–173.

Wohlforth, William C. 1999. The Stability of a Unipolar World. *International Security* 24, no. 1（Summer）: 5–41.

Wohlstetter, Albert. 1959. The Delicate Balance of Terror. *Foreign Affairs* 37, no. 2（January）: 211–234.

Wolfers, Arnold. 1962. *Discord and Collaboration: Essays on International Politics*. Baltimore: Johns Hopkins Press.

World Bank. 2022. GDP（current US$）. December 22. World Development Indicators. https://data.worldbank.org/indicator/NY.GDP.MKTP.CD（accessed February 20, 2023）.

Wæver, Ole. 1996. The Rise and Fall of the Inter-Paradigm Debate. In *International Theory: Positivism and Beyond*, ed. Steve Smith, Ken Booth, and Marysia Zalewski, 149–185. Cambridge University Press.

Yergin, Daniel. 1977. *Shattered Peace: The Origins of the Cold War and the National Security State*. Boston: Houghton Mifflin.

索　引

【人名】

ア行

アイケンベリー，ジョン　96-99, 105
アイゼンハワー，ドワイト　179
安倍晋三　12, 100
アリソン，グレアム　64-66
池田勇人　95
伊東寛　219
ヴァイナー，ヤコブ　107
ヴェーバー，マックス　22
ウェルチ，デイヴィッド　109, 200
ウォールステッター，アルバート　175
ウォランダー，セレスト　147
ウォルツ，ケネス　18, 19, 33, 35, 38-42, 52-
　　55, 79, 111, 124-126, 145, 146, 156, 176-178,
　　194
ウォルト，スティーヴン　5, 55
ウォルファーズ，アーノルド　1, 2, 140, 141
ウォルフォース，ウィリアム　54, 56
エンジェル／エンセル，ノーマン　110
大平正芳　11, 150
オバマ，バラク　9, 10, 64, 83, 181, 183, 202
オルガンスキー，A・F・K　59

カ行

カーター，アシュトン　157
カーター，ジミー　180
カルドー，メアリー　194-196
カント，イマヌエル　70, 71, 79, 87, 103, 109
岸信介　153
岸田文雄　186
キャンベル，カート　64
ギルピン，ロバート　51, 57, 58, 90, 104, 108,
　　112
クラウゼヴィッツ，カール・フォン　123,
　　172, 173, 189, 196
クラズナー，スティーヴン　88-90
クリントン，ビル　82, 83, 151, 157
グレイ，コリン　211
クレフェルト，マーチン・ファン　189

クロード，イニス　91
ケインズ，ジョン　117
ケネディ，ジョン　179, 180, 183
小泉純一郎　167
高坂正堯　115, 213
コープランド，デール　60, 111
コブデン，リチャード　105, 110
コヘイン，ロバート　88, 90, 191-194

サ行

佐藤栄作　185
シェリング，トーマス　174
ジャーヴィス，ロバート　42-45, 47, 89, 126-
　　127
シュレジンジャー，ジェームズ　180
ジョンソン，リンドン　180, 184
シンガー，ピーター　211
鈴木善幸　95, 150
スタインブルーナー，ジョン　157
スチーブンスン，リチャード　53, 191
スナイダー／シュナイダー，グレン　127,
　　128
スナイダー，ジャック　80, 81
スミス，アダム　70, 75, 104, 108-110
セーガン，スコット　177, 178

タ行

竹下登　163, 164
ダレス，ジョン　179
チャーチル，ウィンストン　74
ドイル，マイケル　58, 75
トゥキュディデス／トゥーキュディデース　16,
　　51, 57, 58, 64, 66, 139, 207
トフラー，アルビン　199
トランプ，ドナルド　9, 10, 28, 83, 106, 181,
　　191, 202
トルーマン，ハリー　52

ナ行

ナイ，ジョセフ　1, 4, 191-194, 200, 221

中江兆民　42, 43
中曽根康弘　131
中山太郎　164
ニクソン，リチャード　64, 180, 182
ニヒターライン，ドナルド　9, 37, 38

ハ行
ハーツ，ジョン　43
バイデン，ジョー　9, 10, 83, 84, 107, 181, 202
橋本龍太郎　151
ハンチントン，サミュエル　76
プーチン，ウラジーミル　29–31
フェヌロン，フランソワ　23
フォード，ジェラルド　150
福田赳夫　131
フクヤマ，フランシス　76
ブザン，バリー　3, 6
ブッシュ，ジョージ・H・W　82
ブッシュ，ジョージ・W　9, 83, 167, 180, 183
ブラウン，マイケル　197
フリードマン，アラン　211
ブル，ヘドリー　87, 91
ブレイニー，ジェフリー　110
プレス，ダリル　177
ペリー，ウィリアム　157
ヘルド，デイヴィッド　190
ヘロドトス　207
ポーゼン，バリー　208
ボダン，ジャン　34
ホッブズ，トマス　16, 33, 34, 72, 73
ホフマン，ブルース　200

マ行
マキアヴェリ，ニッコロ　16, 17, 37
マクナマラ，ロバート　180, 182
マッカーサー，ダグラス　81, 82
マッカーラ，ロバート　147
マハン，アルフレッド　207, 210, 211
マンスフィールド，エドワード　80, 81
ミアシャイマー，ジョン　20, 30, 51, 55, 62, 74, 108, 111
三木武夫　150
モーゲンソー，ハンス　17–27, 30, 31, 36–38, 40, 41, 92, 126, 141, 145, 148
モロー，ジェームズ　143, 144
モンテイロ，ヌーノ　56
モンテスキュー　73

ヤ行
ヤーギン，ダニエル　7
山本五十六　124
吉田茂　115

ラ行
ラセット，ブルース　76–79
リーバー，ケイル　177
リカード，デイヴィド　104
リン＝ジョンズ，ショーン　4
リンジー，ジョン　218, 220
ルソー，ジャン＝ジャック　16, 19, 43, 155
ルボウ，リチャード　29
レイン，クリストファー　54, 55, 79, 80
レーガン，ロナルド　9, 150（共同声明）
ローズクランス，リチャード　110, 113–115
ロック，ジョン　70, 72, 73, 75, 83

【事項】

ア行

アジア太平洋　151, 158

アナーキー（無政府状態）　19, 39–41, 91, 145

アメリカ合衆国憲法　73

アメリカ独立宣言　73, 82

安心供与　124, 127, 129, 131, 147

安全保障（定義）　1, 2

安全保障のジレンマ　33, 42–44, 46, 47, 89, 126, 127, 129, 147

安全保障論　1, 4–6, 51

安定・不安定のパラドックス　175

イラク人道復興支援特別措置法　167, 168

インド太平洋　62, 64, 84, 99, 100, 107

宇宙安全保障構想　216

宇宙基本法　215

宇宙条約　209

エスカレーション支配　176

カ行

海上交通路／シーレーン　210, 214

海外派遣／海外派兵　95, 130, 149

ガイドライン→日米防衛協力のための指針

海洋基本法　213, 214

核革命論　176, 177

確証破壊戦略　180

拡大・深化主義（安全保障概念の）　4–6

核態勢見直し（NPR）　180–182

核兵器国　173, 174, 186

核兵器の拡散（核拡散）　177, 178, 181, 184

核兵器不拡散条約（NPT）　184–186

関与（政策）　62–64, 83

危害射撃　134

帰属（サイバー攻撃の）　221

北大西洋条約機構（NATO）　30, 52, 77, 146, 147, 159, 186

基盤的防衛力　136

客体（安全保障の）　3, 6, 10, 11

旧日米安保条約　148, 149

協調的安全保障　156–158

極東　53, 148–151, 153

拒否的抑止　128, 137, 175, 180, 219, 221

グレーゾーンの事態　203

グローバリズム　190, 193

グローバル化／グローバリゼーション（定義）　190

グローバル・コモンズ　172, 207, 208

軍事革命　199, 218, 219

軍事大国　60, 61, 131

軍縮　155, 159, 176, 183–85

軍事力の二面性　124

軍備管理　5, 159, 174, 182, 183

経済安全保障　11, 12, 98, 116, 117

経済安全保障推進法　117

現実主義（概要）　16

限定核オプション戦略　180

公共財　98, 112, 113

航行と上空飛行の自由　209, 214

交戦権　129, 130

構造・制度的モデル　78–80

公平性（国連PKOの）　92, 162, 163

後方地域　151, 168

国際緊急援助隊法　165

国際政治システムの構造（国際政治構造）　38–41, 177

　──多極構造　39, 144

　──2極構造　39, 52, 54, 156, 193

　──単極構造　51, 54, 62, 193

国際秩序（定義）　87, 97

国際平和共同対処事態　163, 167

国際平和協力活動　133, 156, 159, 163, 165, 167, 168

国際平和協力法　166, 168

国際平和支援法　163, 167, 168

国内紛争／内戦　33, 53, 78, 111, 158, 162, 163, 189, 190, 194, 197, 198

国内問題不干渉義務　35

国防の基本方針　11, 37

国連海洋法条約（UNCLOS）　208

国連憲章　35, 36, 74, 93, 94, 96, 123, 129, 141, 149, 161, 163, 167, 212

国家安全保障（定義）　10

国家安全保障戦略（日、安保戦略）　iv

国家安全保障戦略報告（米、NSS報告）　iv

国家の国内構造（国内構造）　18, 19, 30, 58

国家防衛戦略（防衛戦略）　iv, 122, 131, 132, 134, 137, 153, 159, 186, 203, 215, 219

サ行

サイバー革命論　208, 218–221
サイバー空間　152, 172, 207, 208, 211–213, 215–220
サイバーセキュリティ基本法　216, 218
シーパワー　210, 211
自衛権　94, 123, 129, 130, 133
　　個別的——　101, 130
　　集団的——　82, 95, 101, 130, 152
自衛隊法　96, 130, 132, 133, 151, 152, 167, 168
資産の特定性　147
自助の原則　39
事態対処法　152
自由主義（概要）　70
重商主義　104, 107, 108, 110
修正主義　27, 56
集団安全保障　36, 87, 88, 91–96, 99, 100, 123, 140, 141, 157, 161
集団的防衛　140, 141
柔軟反応戦略　180
周辺事態安全確保法　151, 159, 168
自由放任主義　75, 104, 107, 109, 110
重要影響事態安全確保法　159
十四カ条の平和原則　74, 93
主権　3, 4, 11, 31, 33–37, 39, 40, 73, 82, 92, 97, 98, 129, 140, 148, 191, 201, 203, 208, 209, 212
商業的平和論　103, 109, 110, 113, 116
情報技術革命　194, 195, 199, 200
スペースパワー　211
制海　210, 211
制宙　211
制度（定義）　88
制度的平和論　88, 91
制度的抑制戦略　97
勢力均衡／バランス・オブ・パワー（定義）　24
責任転嫁　42, 146, 197
セクター（安全保障の）　3, 6, 10, 11
積極的平和主義　158, 167
絶対的利得　156
先行不使用（NFU，核兵器の）　181, 182
戦術核戦力　175
専守防衛　131, 135
潜水艦発射弾道ミサイル（SLBM）　179, 182

先制攻撃／第 1 撃　46, 47, 79, 135, 174–177, 180
戦争（定義）　123
戦争状態　16, 33, 37, 70, 73, 87, 109
戦争放棄　93, 129
船舶検査活動法　151
戦略（定義）　122
戦略核戦力　175, 179, 182, 183
戦略的安定性　174, 175, 181, 182
戦略兵器制限交渉（SALT）　182
戦略兵器削減条約（START）　183
戦略論　4, 5, 211
戦力（憲法 9 条）　129, 130
相互依存　3, 19, 59, 71, 109–114, 116, 117, 190–194, 201, 221
総合安全保障　11
相互確証破壊（MAD）　182, 183
相殺戦略　180
相対的利得　156
存立危機事態　133, 152

タ行

第三の波　76, 199
大陸間弾道ミサイル（ICBM）　45, 130, 179, 182, 183
大量報復戦略／ニュールック戦略　179
多極平和論　26, 41
多次元統合防衛力　137, 216
単極平和論　52, 55
弾道弾迎撃ミサイル（ABM）制限条約　182, 183
弾道ミサイル防衛（BMD）　135, 183
力／権力（パワー）　2, 6, 16–21, 23, 26, 27, 33, 34, 38, 40, 54–62, 71–73, 79, 80, 87, 89–92, 97, 98, 103, 107, 108, 112, 113, 125, 126, 178, 192, 193, 196, 198, 210, 211
中期防衛力整備計画（中期防）　iv, 46, 218
中距離核戦力（INF）全廃条約　187
中立性／中立的（国連 PKO の）　163, 166
長距離爆撃機　179
懲罰的抑止　128, 174–176, 180, 186, 219, 221
帝国主義　17, 25–27, 30, 31, 59, 125, 143, 190, 191
テーラード抑止　187

デタント（緊張緩和）　3, 53, 70, 113, 191, 193
テロ対策特別措置法　167, 168
テロリズム（テロ）　3, 10, 28, 56, 151, 158,
　　167, 168, 181, 189, 190, 199–202
伝統主義（安全保障概念の）　4–6
統合機動防衛力　137
動的格差理論　57, 60
動的防衛力　136, 137
同盟（定義）　140
同盟調整メカニズム　152
同盟のジレンマ　144
トレードオフ・モデル　144

ナ行
内乱条項　148
2極平和論　38, 41, 42, 53
日米安全保障共同宣言　151
日米安保条約　148–150, 215, 217
日米同盟（定義）　154
日米防衛協力のための指針（ガイドライン）
　　150–153, 215–217
日本国憲法（憲法）　45, 82, 95, 96, 129–132,
　　134, 135, 149, 152, 154, 164, 165, 168, 217
人間性　16, 18–20, 27, 29, 87
人間の安全保障　3, 4, 6, 12, 201
ネオリベラル制度論　90, 145, 146
能動的サイバー防御　217

ハ行
ハイブリッド戦　203
覇権（定義）　51
覇権移行理論／覇権戦争理論／覇権安定論
　　57, 58, 90, 112
バランシング　40–42, 54–56, 145
パワー移行理論　57, 59, 61
反グローバル化　191
反撃能力　134, 135, 174, 175
バンドワゴニング　56, 145
非核三原則　131, 185
非戦闘地域　168
武器（の）使用　133, 134, 166, 168
普遍的価値（例示）　83, 84
複合的相互依存関係　190–194
武力攻撃　94, 130, 131, 133, 135, 137, 140, 149,

　　150, 152, 203, 217
武力攻撃事態等　133
武力（の）行使　61, 66, 79, 91–96, 114, 129,
　　130, 133–135, 152, 161, 163, 165, 167, 168,
　　203, 212, 221
　　──の三要件　130, 133–135, 137, 152, 168
文化・規範的モデル　78, 80
分析（の）レベル／イメージ　17–19, 32
紛争予防　147, 160, 161, 198
文民統制　131, 132, 148, 178
平和安全法制整備法　152, 159, 168
平和安全法制　152, 159, 167, 168
平和維持（定義）　161
平和維持活動（PKO）　160, 161, 166
　　──参加5原則　166
平和維持隊／平和維持軍（PKF）　162, 166
平和構築　99, 161, 162
平和国家　114, 129, 131
平和執行　160, 161, 169
平和主義　82, 92, 129, 131, 167
平和状態　70, 87
平和創造　160, 161
平和の不可分性　92
防衛（定義）　128
防衛計画の大綱（防衛大綱）　iv, 46, 118, 122,
　　136, 137, 150, 159, 185, 203, 216, 218
防衛力整備計画（整備計画）　iv, 153, 216,
　　218
貿易期待理論　112
貿易国家論　113, 114
報復攻撃／第2撃　174, 175, 177, 180
補給支援特別措置法　169
保護する責任　36
本来任務　133, 167

マ行
民主的平和論　72, 76, 77, 79, 80, 86
無害通航　209
無政府状態（アナーキー）　16, 19, 33–36, 38–
　　40, 42, 111, 124, 156

ヤ行
唯一（の）目的（核兵器使用の）　157, 181,
　　182

宥和　　7, 8, 63, 127
ヨーロッパの協調　89
抑止（定義）　127
抑止困難論　174, 175, 179, 180
抑止モデル　124, 126, 127
抑止容易論　174, 175, 179, 180, 182
吉田ドクトリン　113, 115, 116
四つの自由　74
予防戦争　25, 60, 61, 178

ラ行
リアリズム（概要）　16
　古典的（クラシカル）――　16–19, 21, 22,
　　27, 29, 32, 37, 145, 191

新古典的（ネオクラシカル）――　31
　ネオ／構造的――　19, 31
　攻撃的――　30, 31
　防御的――　31, 44
リベラリズム（概要）　70
　民主的――　19, 70, 72
　制度的――　19, 70, 87
　商業的――　19, 70, 103
リベラルな国際秩序　96–99, 193
領域横断（クロス・ドメイン）　216
レジーム（定義）　88
連鎖反応（スパイラル）モデル　124, 126,
　127

宮岡　勲（みやおか　いさお）

慶應義塾大学法学部教授。1965 年生まれ。
オックスフォード大学大学院社会科学研究科博士課程政治学専攻修了、
D.Phil. 取得。
専門領域：国際政治理論、安全保障研究。
主要業績： *Legitimacy in International Society: Japan's Reaction to
Global Wildlife Preservation* （Palgrave Macmillan、2004）、『日米同
盟論──歴史・機能・周辺諸国の視点』（共著、ミネルヴァ書房、2011
年）、*Security, Strategy and Military Change in the 21st Century:
Cross-Regional Perspectives* （共著、Routledge、2015）、『安全保障
政策と戦後日本 1972〜1994──記憶と記録の中の日米安保』（共著、
千倉書房、2016 年）、ほか。

入門講義　安全保障論 ［第 2 版］

2020 年 5 月 30 日　初　版第 1 刷発行
2023 年 11 月 25 日　第 2 版第 1 刷発行

著　　者─────宮岡　勲
発行者─────大野友寛
発行所─────慶應義塾大学出版会株式会社
　　　　　　　〒 108-8346　東京都港区三田 2-19-30
　　　　　　　TEL〔編集部〕03-3451-0931
　　　　　　　　　〔営業部〕03-3451-3584〈ご注文〉
　　　　　　　　　〔　〃　〕03-3451-6926
　　　　　　　FAX〔営業部〕03-3451-3122
　　　　　　　振替　00190-8-155497
　　　　　　　https://www.keio-up.co.jp/
装　　丁─────Boogie Design
印刷・製本──株式会社理想社
カバー印刷──株式会社太平印刷社

入門講義　戦後日本外交史

添谷芳秀著　憲法、日米安保、歴史問題、沖縄基地問題、北方領土問題……。日本が抱える外交問題の起源はここにあった。占領期から現在までの日本外交を、変動する国際政治のなかで読みとき、将来への視界を切りひらく、日本外交史入門の決定版。定価 2,640 円（本体 2,400 円）

入門講義　戦後国際政治史

森聡・福田円編著　米・中・露の大国外交とヨーロッパ・中東・アジアの地域情勢が複雑に絡み合う現代。主要国の外交や地域政治の構図とその変化を浮き彫りにし、激動する時代に日本がどう向き合ってきたかをたどる、新しい視点の入門書。　定価 2,860 円（本体 2,600 円）

戦後国際関係史
──二極化世界から混迷の時代へ

モーリス・ヴァイス 著／細谷雄一・宮下雄一郎監訳　国際政治史の世界的権威が、激動の戦後史を外交や軍事のみならず、経済・社会・文化の広い視点からダイナミックに描き出す。日本や中国を含む東アジア地域についての記述を大幅に追加した最新版の翻訳。　定価 3,850 円（本体 3,500 円）